RESEARCH ON THE EVALUATION
OF SCHOOL CONSOLIDATION IN RURAL AREAS

教育部"长江学者奖励计划"青年学者项目（2015 年）研究成果
吉林省人民政府"长白山学者奖励计划"特聘教授项目（2014 年）研究成果
教育部人文社会科学重点研究基地重大项目（2012 年）研究成果

社会变迁中的农村教育

秦玉友　等　著

农村学校布局调整评价研究

社会科学文献出版社
SOCIAL SCIENCES ACADEMIC PRESS (CHINA)

总　序

党的十九大报告提出"实施乡村振兴战略"和"推动城乡义务教育一体化发展，高度重视农村义务教育"。一时间，农村教育再度成为热点。在我看来，农村教育问题在很大程度上不只是一个教育问题，还是一个社会问题；农村教育话题在许多情况下也不只是一个教育学关心的话题，还是一个多学科共同关心的话题。在一定意义上，仅在乡村学校推广和应用一般教育理论并不能解决乡村教育难题，还要进行基于乡村的教育现代化探索和实验。正是基于这样的认识，我们策划了三套丛书，即"社会变迁中的农村教育"丛书、"学科交叉中的农村教育"丛书和"教育实验中的农村教育"丛书，作为未来十年农村教育学基本学科建设的重点任务。"社会变迁中的农村教育"丛书着重把农村教育放置在社会变迁这一宏大背景中来考察，以辨识社会变迁与农村教育变迁之间的互动关系。"学科交叉中的农村教育"丛书着重以问题为导向，综合运用社会学、经济学、文化学、政治学、心理学等学科视角分析农村教育的重点、热点、难点、盲点问题。"教育实验中的农村教育"丛书着重回到教育过程本身，通过随机对照实验、行动形成实验等方法，探索结果导向的、有助于提升农村少年儿童认知技能和社会能力的教育策略。

历史证明，教育变迁和社会变迁之间是存在一定因果关系的，有时教育变迁是社会变迁的动因，有时教育变迁是社会变迁的结果，有时两者又互为因果和条件。对中国乡村而言，近代以来最重大的社会变迁莫过于欧洲"工业文明"和"都市文明"的引入，即所谓的现代化运动。梁漱溟先生说："原来中国社会是以乡村为基础，并以乡村为主体的；所有文化，多半是从乡村而来，又为乡村而设——法制、礼俗、工商业等莫不如是。在近百年中，帝国主义的侵略，固然直接间接都在破坏乡村，即中国人所作所为，一切维新革命民族自救，也无非是破坏乡村。所以中国近百年史，也可以说是一部乡村破坏史。"随着国家工业化进程的推进，原来维系乡村社会秩序的开明士绅，带着知识、资金、人才等全部进城了，留下来的大多为土豪劣绅，因此维系乡村原有义学、社学、私塾等教育秩序的力量逐渐从乡村抽离出去。特别是1905年"废科举、兴学堂"后，由于新式学堂几乎全部设在州县以上城市地区，乡村面临"一乡十里、数十里之中，求一旧有之蒙学馆而不得"的教育停滞状况，乡村子弟向上进学的阶梯也被中断了，乡村教育遭到破坏之情状可见一斑。针对乡村教育几近崩溃的残酷现实，20世纪二三十年代以晏阳初、陶行知、梁漱溟等为代表的一大批教育家发出了"到乡村去""到民间去""复兴农村""建设农村"的号召，并身先士卒开展乡村教育实验，催生了一场轰轰烈烈的乡村教育运动。

新中国成立不仅是一项重大的宏观结构性或制度性社会变迁，也是一场国民心理性或心态性社会变迁。为了充分体现新社会教育之新性质，国家提出了"教育为工农服务""学校向工农子女和工农青年开门"的方针，大力兴办工农速成中学和工农干部文化补习学校，并积极开展工农群众业余教育，人民群众及其子女的学习热情日益高涨，但伴随而来的是轻视体力劳动和学位供不应求的问题。针对这种情况，刘少奇同志提出了"全日制"和"半工（农）半读"两种学校教育制度构想，在此构想下乡村教育获得了较快发展。到1965年，小学数量达到168.2万所，在校生数达1.16亿人。尽管"文革"十年先后经历了从"停课闹革命"到"复课闹革命"的"教育革命"浪潮，教育秩序遭到严重破坏，但"接受贫下中农再教育"的城市知识青年"上山下乡运动"却为穷乡僻壤的孩子们送来了一群独特的"乡村知识分子"——知青教师。知青教师在乡村播撒文明的种子，在十余年的时间里让近1000万名农村儿童获益终生。

改革开放后，国家逐步确立了社会主义市场经济体制，农村社会先后经历了从"家庭联产承包责任制"到"农地三权分离制度创新"、从"农村税费改革"到"全面取消农业税"、从"计划生育政策"到"全面二孩政策"等重大变迁。农村教育也经历了从"普及小学教育"到"普及九年义务教育"、从城乡义务教育"非均衡发展"到城乡义务教育"一体化发展"、从"农村教育人民办"到"农村教育政府办"等制度变迁。21世纪以来，当"城乡教育不均衡"遇上"新型城镇化"时，城乡社会变迁与城乡教育变迁不协调、乡村教育发展不充分的矛盾被加剧放大，引发了一系列重大问题，譬如农村学校布局调整问题、农村学校标准化建设问题、农村小规模学校问题、农村寄宿制学校问题、城镇大班大校问题、乡村教师队伍建设问题、农村留守儿童教育关爱问题、农民工随迁子女在流入地就学升学问题、农村初中生辍学问题、城乡学生大学入学机会公平问题等。所有这些问题，都是宏观社会变迁对城乡教育制度和城乡教育形态带来的挑战与影响。

本套"社会变迁中的农村教育"丛书以 21 世纪我国重大社会结构变迁为宏观视角，重点探讨社会变迁对农村教育的影响以及农村教育的自主调适过程。农村教育变迁既有"被动"的一面，也有"主动"的一面，只是由于城镇化的力量过于强大、城乡教育质量不均等问题过于严峻，乡村教育面临"凋敝"困境。但是值得欣喜的是，在同样的宏观社会变迁背景下却出现了四川蒲江、江西弋阳、甘肃平凉等乡村教育现代化的样板，这里的乡村教育不仅是高质量的、有特色的，而且是现代的、田园的。尽管优质乡村教育的力量还很微弱，但我们坚信"星星之火，可以燎原"，我们完全可以在乡村振兴战略驱动下，汇聚起气势磅礴的力量去振兴乡村教育，并通过乡村教育促进乡村社会的现代转型。

城乡是一体化社会，是教育命运共同体。如果乡村教育质量不高，国家不仅难以大面积地获得高质量的人才资本，城市也难以普遍地获得高素质的劳动力量。为此，我们要秉持"政府主体责任"的治理理念。政府在直接提供有形教育公共产品的同时，还要提供制度、规则和政策等无形教育公共产品，激发社会力量广泛参与农村教育治理，推进基层教育创新。我们要坚持"城乡包容一体"的发展理念。积极适应新型城镇化和新农村建设需要，统筹规划城乡教育，做强农村教育、做大城镇教育，推进城乡教育一体化和同步实现教育现代化。我们要确立"城乡共同利益"的价值理念。发展现代化农村教育不只是农村居民的群体福祉，更是全社会的共同利益，实现农村教育现代化对农村、城镇和国家均有裨益。城乡是互益共享的利益共同体，农村人口思想和行为的现代性转变是城乡共同的资本与财富。

我们生长在一个大变革的时代，扎根中国大地，真实记录并勇于思考农村教育这一时代课题，是历史赋予我们的光荣使命。当前，学术界对农村教育的现实性研究居多，理论性探索略有不足。本套丛书的研究成果，多是研究者在长期学术积累基础上，经反复修改提炼而成的，具有一定的学术前沿性和创新性。我衷心期待本套丛书的出版能激发更多高水平农村教育研究成果的涌现。

邬志辉

教育部人文社会科学重点研究基地

东北师范大学中国农村教育发展研究院院长

2018 年 6 月 3 日于长春

序 言

随着我国农村地区义务教育普及任务的完成，提升义务教育质量逐渐成为农村教育发展的主要任务。但农村地区长期以来形成的点多、面广、规模小的学校布局特征增加了义务教育质量全面提升的难度。近年来，计划生育政策深入推进背景下农村地区学龄儿童逐年减少趋势，以及城镇化背景下农村人口的向城性流动趋势的形成，为农村地区义务教育学校布局调整、农村教育质量提升提供了有利条件。从 2001 年《国务院关于基础教育改革与发展的决定》提出应"因地制宜调整农村义务教育学校布局"，到 2012 年《国务院办公厅关于规范农村义务教育学校布局调整的意见》发布，我国农村地区进行了大规模的义务教育学校布局调整，这一过程被视为过去 10 多年间我国基础教育领域发生的最为突出的变化之一。学校布局调整的最终目的是提升农村义务教育的整体质量，其方式是通过集中有限的教育资源，优化农村教育结构，提升教育资源利用效率。但是，这一政策在落实的过程中却出现了诸多异化现象，如脱离因地制宜原则的一刀切式、指标式的学校撤并，学校撤并后的校产处置纠纷、学生上学安全，以及农村社区文化抽离等问题。对农村学校布局调整政策及其执行过程的系统性评价显得十分必要。东北师范大学中国农村教育发展研究院秦玉友教授及其团队在理论研究的基础上进行了大规模的实地调研，并完成了《农村学校布局调整评价研究》一书，系统分析了学校布局调整政策文本与学校布局调整实践发展脉络，深入研究了农村学校布局调整评价的相关问题，具有重要的理论价值与实践意义。

本书认为，从逻辑上讲，研究农村学校布局调整，需要厘清三个重要的问题，农村学校布局调整评价研究沿着这三个问题展开。首先，为什么要进行农村学校布局调整？这一问题可以分解为三个关键的小问题：农村学校布局调整的价值追求是什么？布局调整的价值是否实现？它的效果和影响如何？如果将第一个小问题看成农村学校布局调整价值追求的本体，那么后两个小问题则可以看作对农村学校布局调整价值追求的评价。秦玉友教授通过实地调研，深度利用访谈中所获得的质性资料对该系列问题做出了相对全面又精彩的回答。本书指出，轰轰烈烈持续数年的农村学校布局调整部分地完成了其最初设定的价值追求，但也引发了一些意料之外的问题。本书从经济效益、学校环境改善、师资优化、课程丰富性和有质量教学等主题维度对学校布局调整的价值追求进行了评价。发现布局调整后农村学校在环境、师资、课程丰富性等方面有一定程度的改善，但预期的规模经济效益并未能很好地实现，而且出现了诸如学校管理成本增加、家校距离变远、教师和学生适应困难、家庭经济负担加重，以及社区文化抽离等一系列亟待解决的难题。本书辩证地分析了学校布局调整的价值追求和社会代价，克服了过分夸大价值或过分夸大代价的片面化取向，体现出农村学校布局调整价值研究的辩证性与全面性。

其次，农村学校布局要调整到何种程度？本书指出，在某一特定的区域内，学校数量、学校规模和家校距离是学校布局的三个关键变量，从变量关系的角度看，学校规模越大，学校数量就越少，家校距离就越长；相反，学校规模小，学校数量就越多，家校距离就越短。由此，学校数量可看作学校规模和家校距离的函数，学校的撤并与否应充分考虑其当前规模及其服务范围。政策对学校规模与家校距离有一些具体规定。本书巧妙地采用了学校规模和家校距离来度量农村学校布局调整的程度问题。在变量的选择上，本书充分体现了变量的系统性和简约性。在此基础上，本书通过对农村中小学校长和学生的问卷调查，采用量化分析的方法，计算得出了校长视角下的理想学校规模，以及学生视角下的理想家校距离范围。这一发现对后布局调整时代农村地区学校布局评价与微调具有重要的现实价值，同时也为后续的农村学校布局调整研究提供了数理基础。

最后，如何进行农村学校布局调整？本书提出，农村学校布局调整是由于一些客观原因和为了一定目标，一定区域内学校分布格局变化的过程。因此，不同区域的农村学校布局调整面临不尽相同的问题。在当前我国快速城镇化的过程中，人口流动为义务教育学校的布局带来了挑战。本书采用个案研究的方式，以人口流动特征为依据将所研究地区类型划分为三类——人口流入主导型、人口稳定型和人口流出主导型，并分别对这三类地区的学校布局调整过程进行了较为详尽的记录和分析。本书研究发现，在人口流入主导型地区，学校布局调整超出了狭义的学校布局调整范畴，教育均衡发展是本地学龄人口的主要教育诉求，能入学特别是进入公办学校成为外来人口子女的主要教育诉求，该类型地区面临有质量的教育公平与教育扩容的双重压力；在人口稳定型地区，人口的微观流动决定了人口稳定型学校布局调整的特点，县城、乡镇学校规模增大，村屯学校规模减小；而在人口流出主导型地区，则面临乡村学校特别是村屯学校大量撤并、学校数量大幅减少的局面。通过这种区分，本书在个案研究的基础上，兼顾典型性与代表性，为我们呈现了复杂多样的学校布局调整画面，为不同特征地区的后续学校布局调整提供了一定的具有典型意义的样本参考。对不同地区农村学校布局调整过程合理性的分析，构成了农村学校布局调整过程的评价关注。

可以预见，作为 21 世纪以来基础教育领域最为突出的事件，持续数年的学校布局调整对农村教育的发展所产生的影响将是深远的。本书无疑是回应这一课题的一部力作。一方面本书指出，在某种程度上学校布局调整终结了传统的农村学校布局结构，为提升教育资源的利用效率，继而为农村义务教育质量的全面提升提供了某种条件。另一方面本书又提示我们，审慎地直面农村学校布局调整所带来的负面效应，这些负面效应的产生可能来自政策文本在顶层设计上的改进空间，也可能来自顶层政策在落地推行过程中的某种异化。无论如何，在面对政策诱导型的农村学校布局调整问题时，我们有必要从政策文本本身、政策制定、政策实施等方面进行全面、客观而谨慎的评价，这不仅是对已然过去的农村学校布局调整历史的尊重和反思，也可为后布局调整时代相关政策的制定和落实提供经验和教训。这正是本书的主要关注。以史为鉴、担当前行，每一步才能走得踏实！

范先佐

2018 年 1 月于武汉

目　录

导　论 ·· 001

　一　研究背景 ································· 001

　二　相关研究 ································· 003

　三　研究内容 ································· 009

　四　研究思路 ································· 010

　五　研究意义 ································· 012

　六　研究方法与调研说明 ················· 013

第一编　价值追求与社会代价：质性分析

第一章　农村学校布局调整的价值诉求 ············· 019

　一　规模经济效益：节约资源与提高资源使用效率 ··········· 019

　二　办学条件改善：提升设施设备质量 ············· 023

　三　师资整合优势：建设和优化农村学校师资队伍 ········· 026

　四　课程资源丰富：开齐开足开好相关课程 ········· 033

　五　教学活动优质：丰富教学方式与教学组织形式 ········· 040

第二章　农村学校布局调整的社会代价 ············· 045

　一　政府作为投资者：学校撤并未有效节约成本 ········· 045

　二　学校作为实施者：管理成本与安全责任增大 ········· 049

　三　教师作为从动者：工作与生活面临新挑战 ········· 053

　四　学生作为适应者：上学与社会性发展面临障碍 ········· 063

　五　家庭作为相关方：经济状况和家庭稳定面临挑战 ········· 074

　六　社区作为剥离方：文化抽离与记忆断裂 ········· 078

第二编 学校规模与家校距离：量化分析

第三章 校长视角下的理想学校规模研究 ……………… 085

一 引言 …………………………………………………… 085

二 相关文献综述 ………………………………………… 086

三 数据说明 ……………………………………………… 090

四 当前中小学学校规模的基本情况 …………………… 092

五 校长视角下的理想学校规模描述 …………………… 104

六 什么因素影响了理想的学校规模？ ………………… 118

七 多大规模是合理的？——一个数学推断 …………… 132

八 简要结论与讨论 ……………………………………… 140

九 结语 …………………………………………………… 142

第四章 家校距离对农村学生上学影响的实证研究 …… 143

一 引言 …………………………………………………… 143

二 文献综述 ……………………………………………… 143

三 分析框架及数据说明 ………………………………… 150

四 分析结果 ……………………………………………… 154

五 家校距离的限值 ……………………………………… 169

六 结论与讨论 …………………………………………… 173

七 政策建议 ……………………………………………… 175

第三编 过程梳理与政策分析：个案研究

第五章 人口流入主导型县域学校布局调整研究：浙江温岭 … 181

一 温岭市概况 …………………………………………… 182

二 21世纪以来温岭学校布局调整的动因及过程回顾 … 187

三 校际均衡追求下的公办学校质量布局 ……………… 196

四 教育扩容背景下的外来务工人员随迁子女就学格局 … 204

五 温岭市学校布局调整的成效与问题分析 …………… 214

六 温岭市学校布局调整程序的评价 …………………… 217

第六章　人口稳定型县域学校布局调整研究：吉林东丰 …………… 228
　　一　东丰县基本情况 ……………………………………………… 228
　　二　东丰县学校布局调整的背景及动因 ………………………… 232
　　三　东丰县学校布局调整的历史梳理 …………………………… 236
　　四　东丰县学校布局调整的实施过程 …………………………… 240
　　五　东丰县学校布局调整的成效与问题分析 …………………… 252
　　六　东丰县学校布局调整程序的评价 …………………………… 266

第七章　人口流出主导型县域学校布局调整研究：甘肃庄浪 ………… 271
　　一　庄浪县概况 …………………………………………………… 272
　　二　庄浪县学校布局调整的历史及动因分析 …………………… 275
　　三　庄浪县农村学校布局调整的过程 …………………………… 281
　　四　庄浪县学校布局调整成效与问题分析 ……………………… 285
　　五　庄浪县学校布局调整程序的评价 …………………………… 292

参考文献 ……………………………………………………………… 297

附录　调查问卷 ……………………………………………………… 305

后　记 ………………………………………………………………… 313

导　论

广义而言，学校布局调整可以界定为，为了一定目标和由于一些客观原因，一定区域内学校分布格局的变化。这种变化主要指学校规模、学校数量和学校位置的变化。从逻辑上讲，学校布局调整既包括学校规模变大，也包括变小；既包括学校数量变多，也包括变少。狭义而言，学校布局调整是学校在一个国家或地区广泛分布之后，随着小规模学校被合并，学校规模和数量发生变化的过程。[①]　农村学校布局调整评价是对农村学校布局调整形成的教育优势和造成的影响的评价。

一　研究背景

从 2001 年《国务院关于基础教育改革与发展的决定》提出应"因地制宜地调整农村义务教育学校布局调整"开始，到 2012 年《国务院办公厅关于规范农村义务教育学校布局调整的意见》提出应"坚决制止盲目撤并农村义务教育学校"为止，农村学校布局调整这一政策经过长时间的运行，可以说适度的农村学校布局调整为推动农村教育的发展做出了巨大贡献，教育资源相对集中为农村教育质量的全面提升提供了可能。但在此过程中，一些由过度和盲目撤并导致的问题也使农村学校布局调整的合理性遭受质疑。在此背景下，对于农村学校布局调整成效及其问题的评估备受关注。

（一）农村学校布局调整承诺价值兑现备受关注

2001 年《国务院关于基础教育改革与发展的决定》提出了"按照小

---

① 秦玉友、孙颖：《学校布局调整：追求与限度》，《教育研究》2011 年第 6 期，第 94～101 页。

学就近入学、初中相对集中、优化教育资源配置的原则，合理规划和调整学校布局"的政策性意见，农村学校布局调整的大幕就此拉开。农村学校布局调整之初的目的是集中教育资源，优化学校配置，提升教育质量。在经过前期的短距离学校撤并之后，农村学校撤并走出了效率红利期，学校撤并所产生的社会代价也越来越明显。在很多地方的学校布局调整过程中，大量的小规模学校被撤并到了乡镇学校，与此同时，为安置被撤并学校学生和教师，以及由撤并衍生的一系列问题均未能有相对完善的配套解决措施，从而使多个相关主体的利益受到一定程度的损害，并由此引发农村学校撤并是否合理的争论。当前，农村学校撤并进入后布局调整时代，一些原来被撤并的村小、教学点因实际需求的存在而逐渐被恢复，学校撤并进入微调整时代。那么，农村学校布局调整所承诺的价值追求的实现程度如何，受到学界和农村一线相关利益主体的广泛关注，亟须对农村学校布局调整的决策和实施过程做出全面、客观、科学的系统性评估。

（二）巨型学校与家校距离过远广受诟病

农村学校布局调整涉及学校数量的缩减、学校规模的增大和家校距离的变远三个方面。从三者关系的角度看，学校数量可看作学校规模和家校距离的函数构成，农村地区原有的点多面广的学校布局必然使小规模学校和学生家校距离近的情况普遍存在，而随着小规模学校大量向城性撤并，学校的规模逐渐变大，其辐射范围也逐渐扩大，学生的家校距离普遍变远。但在多地进行了大规模的学校撤并之后，一些巨型学校的出现和学生家校距离过远问题的浮现使农村学校布局调整广受诟病。我们都知道，较大规模的学校能够使资源相对集中，并成为产生规模效益的必要条件，但过大规模的学校（巨型学校）往往不能产生规模效益，甚至在某种程度上会产生教育资源浪费的现象。学校的规模效益呈倒 U 形分布，在学校还处于小规模阶段时，随着规模的不断增大，其效益逐渐提升，但在达到一定规模后，再增大学校规模，其效益则会下降。另外，过度的学校撤并使大规模学校的辐射范围增大，拉长了学生的家校距离，从而普遍产生了学生上学难的问题，尤其是偏远地区的学生，到合并学校上学增加了其家庭的经济负担，同时也使他们的上学之路面临更大的安全风险。因此，如何才能在学校布局调整中保持合理的学校规模和家校距离，成为人们关心的重要问题。

（三）农村学校布局调整决策需要科学依据

农村学校布局调整的政策最初由国家层面做出顶层设计，然后下发到各省级教育主管部门，再由县域教育主管部门负责落实和推进。在以县为主的教育管理体制下，各县级教育主管部门依照国家层面的顶层政策设计，制定了符合县域实情的农村学校布局调整规划，并依照这一规划在县域开展了农村学校的布局调整工作。但县域教育主管部门在政策制定过程中，往往并未有效参考学校布局调整其他利益相关主体的意见，而主要依据县域教育发展的总体目标展开规划。因此，这些政策在实然的实施层面往往存在有失偏颇的地方，也为此后的一系列衍生问题的产生埋下了伏笔。在吸收了之前的相关经验和教训后，县级教育主管部门在后续的农村学校布局调整相关决策中也开始不断走向科学化，并履行一定的民主化程序。而其有关农村学校布局调整的相关决策在文本本身和实际推行中的效果究竟如何，尚需要进行客观、公正和科学的学理性分析，以为这些决策提供科学性的支持，最终使县域农村学校布局调整更好地推进。

（四）农村学校布局调整政策需要不断完善

农村学校布局调整政策并不是稳固不变的，而是要根据农村学校布局调整的实践推进不断进行必要的修正和完善。这便需要对农村学校布局调整的政策（包括各级政府相关的政策文本）进行必要的分析，依据农村学校布局调整政策的实际效果全面认识政策本身的合理性，并就这些政策出台的合法化程序进行必要的评估。只有如此，才能知道农村学校布局调整政策在哪些环节需要做出修正和完善，才能更全面、科学地指导一线正在推进中的学校布局调整工作。

二　相关研究

近年来，农村学校布局调整研究文献积累了比较丰富的成果，一些成果中也有对农村学校布局调整的评价。但是到目前，国内关于农村学校布局调整评价的系统研究与研究综述并不多，近年来有研究对农村学校布局调整进行过文献综述。[①] 农村学校布局调整可以围绕为什么要进行学校布局调整，学校布局调整到什么程度，如何进行布局调整三个基本问题展开。关于农村学校布局调整评价研究的文献梳理也围绕这些主题展开。

（一）农村学校布局调整的价值动因与可能代价评价研究

1. 农村学校布局调整的经济效益追求研究

农村学校布局调整有客观原因和主观动因。许多研究指出农村学校布局调整的客观原因，是迫于财政压力、追求办学效益的选择，是农村学龄人口减少的客观结果。[②] 有学者对学校布局调整的效果进行了定量研究，学校规模变化 1%，每个学生的费用有 0.2% 的变化。[③] 但是许多研究指出，撤并学校，特别是过分撤并学校并不省钱，大规模学校有规模但并不经济。[④] 有研究指出，一些学生的就学成本（住宿费、伙食费、交通费等相关支出）在学校撤并后大幅度增加，增加了家庭教育经费支出。[⑤]

---

① 万明钢、白亮：《"规模效益"抑或"公平正义"——农村学校布局调整中"巨型学校"现象思考》，《教育研究》2010 年第 4 期，第 34～39 页。

② Bowles, T. J., & Bosworth, R., "Scale Economies in Public Education: Evidence from School Level Data," *Journal of Education Finance* 28（2002）：285－300. 范先佐：《农村中小学布局调整的原因、动力及方式选择》，《教育与经济》2006 年第 1 期，第 26～29 页。范先佐：《农村学校布局调整与教育的均衡发展》，《教育发展研究》2008 年第 7 期，第 55～60 页。万明钢、白亮：《"规模效益"抑或"公平正义"——农村学校布局调整中"巨型学校"现象思考》，《教育研究》2010 年第 4 期，第 34～39 页。

③ Bowles, T. J., & Bosworth, R., "Scale Economies in Public Education: Evidence from School Level Data," *Journal of Education Finance* 28（2002）：285－300.

④ Barty, K., Thomson, P., Blackmore, J., & Sachs, J., "Unpacking the Issues: Researching the Shortage of School Principals in Two States in Australia," *The Australian Educational Researcher* 32（2005）：1－18. 万明钢、白亮：《"规模效益"抑或"公平正义"——农村学校布局调整中"巨型学校"现象思考》，《教育研究》2010 年第 4 期，第 34～39 页。

⑤ 庞丽娟：《当前我国农村中小学布局调整的问题、原因与对策》，《教育发展研究》2006 年第 4 期，第 1～6 页。高学贵：《农村学校布局调整的效应及对策分析》，《中国教育学刊》2011 年第 5 期，第 8～10 页。

2. 农村学校布局调整的均衡发展追求研究

许多研究同时也指出，学校布局调整是为了均衡发展。[①] 在许多研究指出农村学校布局调整促进了教育均衡的同时，一些研究指出，随着学校变大，社会经济地位低的学生占比较大的学校学生平均成绩会受到影响，不当的农村学校布局调整不利于教育公平的实现。[②]

3. 农村学校布局调整的质量提升追求研究

学校布局调整能提高课程多样性、提高教师质量或提高教育质量或对优质教育资源有更加有效的利用。[③] 在这些研究指出农村学校布局调整提高教育质量的同时，有研究指出，中心学校班额陡增，教师工作繁重，教育质量难以有效保障，被撤并教学点学生成绩显著低于其他学生。[④] 也有研究指出，大规模学校的学生更容易出现缺勤、逃学、复读、辍学、参与、认同和学校联系（connection with school）方面的问题。[⑤] 有研究指出，有 500 名学

[①] 范先佐：《农村中小学布局调整的原因、动力及方式选择》，《教育与经济》2006 年第 1 期，第 26～29 页。夏雪：《农村中小学布局调整中的机会主义——一个新制度经济学视角》，《教育科学》2009 年第 3 期，第 10～13 页。万明钢、白亮：《"规模效益"抑或"公平正义"——农村学校布局调整中"巨型学校"现象思考》，《教育研究》2010 年第 4 期，第 34～39 页。柳海民、娜仁高娃、王澍：《布局调整：全面提高农村基础教育质量的有效路径》，《东北师大学报》（哲学社会科学版）2008 年第 1 期，第 5～12 页。

[②] Bickel, R., & Howley, C., "The Influence of Scale on Student Performance: A Multi-Level Extension of the Matthew Principle," *Education Policy Analysis Archives* 8 (2000): 1 – 32. Bickel, R., Howley, C., Williams, T., & Glascock, C., "High School Size, Achievement Equity, and Cost: Robust Interaction Effects and Tentative Results," *Education Policy Analysis Archives* 9 (2001): 1 – 32. 王嘉毅、吕晓娟：《教育公平视野中的农村学校布局调整》，《甘肃社会科学》2007 年第 6 期，第 85～88 页。

[③] Jackson, J. L., *School Size and Program Quality in Southern High Schools* (Nashville, TN: Center for Southern Education Studies, George Peabody College for Teachers, 1966), pp. 33 – 36. Pittman, R. B., & Haughwout, P., "Influence of High School Size on Dropout Rate," *Educational Evaluation and Policy Analysis* 9 (1987): 337 – 343. Alexander, N. A., "Race, Poverty and the Student Curriculum: Implications for Standards Policy," *American Educational Research Journal* 39 (2002): 675 – 693. 范先佐：《农村学校布局调整与教育的均衡发展》，《教育发展研究》2008 年第 7 期，第 55～60 页。万明钢、白亮：《"规模效益"抑或"公平正义"——农村学校布局调整中"巨型学校"现象思考》，《教育研究》2010 年第 4 期，第 34～39 页。

[④] 庞丽娟：《当前我国农村中小学布局调整的问题、原因与对策》，《教育发展研究》2006 年第 4 期，第 1～6 页。侯龙龙、张鼎权、卢永平：《西部五省区农村学校布局调整与学生发展》，《教育学报》2010 年第 6 期，第 77～83 页。

[⑤] Meier, D. W., "The Big Benefits of Smallness," *Educational Leadership* 54 (1996): 12 – 15.

生的学校课程有时和服务于 3000 人及以上的学校课程一样全面。① 另有研究指出，直到达到 400 名学生时学校规模的增大与多样化的课程设置相关；超过 400 名学生时，增加学生数量一般对课程丰富性的影响就不是很大了。②

4. 农村学校布局调整的其他追求研究

还有一些研究指出了农村学校布局调整的私人动因。例如，有研究指出，一些地方政府官员将农村中小学布局调整视为"政绩工程"；③ 有些地方农村学校布局调整是一种"应声虫"现象。④

5. 农村学校布局调整对学生和社区的影响研究

有研究指出，学校布局调整后，寄宿学生数量激增，使学生与父母团聚的机会明显减少，其情感需要得不到满足。⑤ 另有研究指出，学校撤并对社区有负面影响：社区自豪感和凝聚力的中心焦点丧失，财产价值被破坏，有生育潜力家庭（现在有或没有孩子）不情愿在该地区定居。⑥

（二）农村理想学校规模与家校距离的评价研究

学校规模和家校距离是农村学校布局调整过程中的两个变量，因此，许多研究关注理想学校规模与家校距离。国内对理想农村学校规模的研究比较少，国外相关研究比较多。国内对农村学校布局调整后家校距离变化的影响的研究比较多。

1. 农村学校布局调整学校规模研究

有研究指出，传统上学习比较吃力的学生和经济社会背景不利的学

---

① Turner, C. C. , & Thrasher, J. M. , *School Size does Make a Difference* (San Diego, CA: Institute for Educational Management, 1970), p. 1.

② Monk, D. H. , "Secondary School Size and Curriculum Comprehensiveness," *Economics of Education Review* 6 (1987): 137 – 150.

③ 庞丽娟：《当前我国农村中小学布局调整的问题、原因与对策》，《教育发展研究》2006 年第 4 期，第 1~6 页。

④ 夏雪：《农村中小学布局调整中的机会主义——一个新制度经济学视角》，《教育科学》2009 年第 3 期，第 10~13 页。

⑤ 高学贵：《农村学校布局调整的效应及对策分析》，《中国教育学刊》2011 年第 5 期，第 8~10 页。

⑥ Wholeben, B. E. , "How to Determine Which School to Close," *NASSP Bulletin* 64 (1980): 7 – 12.

生是较小规模学校的主要受益者，有较大比例这类学生的小学学校规模应该限制在 300 人以下，服务于经济和社会异质性或处境较好的学生的小学学校规模应该限制在 500 人以下。服务于完全或基本上多元的和（或）处境不利学生的中学学校规模应该限制在 600 人以下，服务于经济和社会异质性或处境较好的学生的中学学校规模应该限制在 1000 人以下。[1]

从经济效率看，当提高小规模学校的学校规模时生均成本将降低，当提高学校规模超过最佳水平时生均成本将提高而不是降低，生均成本通常呈 U 形。[2] 从生均成本看，当在校生超过 1000 人时再增加学校规模，生均成本的降低程度也会变得极小。[3] 从节约教育费用的取向出发，学校布局调整的倡导者认为理想的中学应该有 1000～2000 个学生，因为只有不到 1000 个学生的学校无法进行大量物品购置，而每名学生的行政费用很高。[4]

有研究指出，考虑到教育机会以及课程的有效性和综合性，理想的学校规模会出现在 700～1000 人这一区间。[5] 综合以上校长、教师、课程、学生和成本等多元立场，学校规模应该设定在 300～2000 人。需要指出的是，在不同学段理想的学校规模也存在一定差别。在小学阶段可以考虑稍小一些，而在高中阶段可以稍大一些。当然，学校规模的研究结论运用到不同国家和地区的教育实践时，要考虑这些研究结论得出时所基于的班级规模差异，这样我们可以进一步算出理想学校规模。

2. 农村学校布局调整后家校距离变化研究

有研究指出，农村学校布局调整导致部分农村中小学生上学路途较

[1] Leithwood, K., & Jantzi, D., "A Review of Empirical Evidence about School Size Effects: A Policy Perspective," *Review of Educational Research* 79 (2009): 464–490.

[2] Fox, W. F., "Reviewing Economies of Size in Education," *Journal of Education Finance* 6 (1981): 273–296.

[3] Turner, C. C., & Thrasher, J. M., *School Size does Make a Difference* (San Diego, CA: Institute for Educational Management, 1970), p. 1.

[4] Fox, W. F, "Reviewing Economies of Size in Education," *Journal of Education Finance* 6 (1981): 273–296.

[5] Turner, C. C., & Thrasher, J. M., *School Size does Make a Difference* (San Diego, CA: Institute for Educational Management, 1970), p. 1.

远，使家校距离增加，这无疑增加了学生上学的困难，特别是学生上学途中安全隐患增大，很容易导致辍学或晚上学。① 目前我国大多数地区的做法是以单一的物理距离（路程远近）作为判断学校布局调整的依据，而忽视时间距离、不同年龄学生的情况及不同群体对上学距离的反应。②

从学理上看，家校距离并不是一个单纯的物理距离，家校距离研究应该考虑到交通方式、学生年龄阶段、到达时间。按照弗吉尼亚州的准则，小学生乘公交车单程不应该多于 30 分钟，初中生乘公交车单程不应该多于 45 分钟，高中生乘公交车单程不应该多于 60 分钟。③ 国外有研究还提出文化距离（cultural distance），即当儿童不得不离开自己的社区到另一个把他们当作外人并对他们不友好的社区上学，从而导致辍学的距离。④

（三）农村学校布局调整的程序公正与信息成本的评价研究

1. 农村学校布局调整的方式与程序研究

有研究指出，在农村学校布局调整的方式上有示范方式、强制方式、示范与强制相结合的方式。⑤ 对一些利益相关群体而言程序公正还远远没有实现，正如有研究指出的那样，有更多为（或代表）家长的利益群体，而不是家长利益群体。⑥ 有研究指出，有的地方学校撤并工作缺乏充分论证和统筹安排，缺少与乡镇、村的充分协商和广泛听取当地居民的意见。⑦

---

① 于海波：《农村学校布局调整要警惕辍学率反弹》，《求是》2009 年第 16 期，第 56～57 页。高学贵：《农村学校布局调整的效应及对策分析》，《中国教育学刊》2011 年第 5 期，第 8～10 页。

② 吴宏超、赵丹：《农村学校合理布局标准探析——基于河南省的调查分析》，《教育发展研究》2008 年第 17 期，第 11～15 页。

③ Spence, B., *Long School Bus Rides: Stealing the Joy of Childhood* (Convenant House, Charleston, West Virginia, 2000), p. 5.

④ 石人炳：《国外关于学校布局调整的研究及启示》，《比较教育研究》2004 年第 12 期，第 35～39 页。石人炳：《用科学发展观指导中小学校布局调整》，《中国教育学刊》2004 年第 7 期，第 3 页。

⑤ 范先佐：《农村中小学布局调整的原因、动力及方式选择》，《教育与经济》2006 年第 1 期，第 26～29 页。

⑥ Davies, B., & Zerchykov, R, "Parents as an Interest Group," *Education and Urban Society* 13 (1981): 173–192.

⑦ 夏雪：《农村中小学布局调整中的机会主义——一个新制度经济学视角》，《教育科学》2009 年第 3 期，第 10～13 页。

农村中小学布局调整"强制性制度变迁"的特点使村民和地方政府之间的利益博弈与冲突表现得尤为突出。① 有研究指出,考虑到关闭学校决策的冲突性,学校董事会做出关闭学校决策时需要更多的合法化。在加拿大安大略省学校关闭过程中,主导学校关闭的两个主要问题是社区成员参与权和程序公正。②

2. 农村学校布局调整的信息不对称问题研究

参与决策和管理需要信息,只有基于信息各种利益相关群体才能在不同决策中做出有见识的决定（informed decision）。有研究指出了地方政府在信息不对称的情况下撤并学校的问题。许多地区的地方政府和教育行政部门主要是从节约教育资源、减轻财政压力的角度来指导学校布局调整,而并不向上级政府上报布局调整过程中所产生的负面效应。③ 在学校布局调整过程中,存在信息不对称和信息能力限制问题,这影响了多元利益主体有效参与学校布局调整决策。④ 考虑到信息成本限制,各种利益相关群体如何有效参与学校布局调整决策呢？从阶段上看,公民参与决策过程可以分成提供信息、咨询和积极参与三个阶段,这可以保证参与者了解和拥有决策所基于的基本信息。⑤

三 研究内容

为完成课题研究目标,本课题主要研究以下四个方面的内容,在这些内容的研究中始终贯穿着对"为什么要进行学校布局调整,学校布局调整到什么程度,如何进行布局调整三个基本问题"的追问,具体内容安排如下。

---

① 贾勇宏:《教育政策执行中的村民与地方政府利益博弈——以中西部 6 省区农村中小学布局调整为例》,《教育科学》2008 年第 2 期,第 29～33 页。
② Fredua-Kwarteng, E., "School Closures in Ontario: Who has the Final Say?" *Canadian Journal of Educational Administration and Policy* 46 (2005): 1 - 26.
③ 夏雪:《农村中小学布局调整中的机会主义——一个新制度经济学视角》,《教育科学》2009 年第 3 期,第 10～13 页。
④ 秦玉友:《农村学校布局调整的认识、底线与思路》,《东北师大学报》（哲学社会科学版）2010 年第 5 期,第 150～155 页。
⑤ OECD, *Citizens as Partners: Information, Consultation and Public Participation in Policy-making* (Paris: Organisation for Economic Cooperation and Development, 2001), pp. 21 - 22.

一是不同地区农村学校布局调整的历程和特点，即对我国农村学校布局调整的历史发展以及学校布局调整特别是农村学校布局调整的相关理论进行研究。虽然中国学校布局调整所经历的时间较短，但整理中国学校布局调整的历史可以使我们对学校布局调整的宏观进程有一个了解。同时，各地布局调整实践是非同步的，整理、挖掘一些农村地区布局调整的历史及成功经验可以为其他农村地区学校布局调整实践提供借鉴。

二是农村学校布局调整的效果调查和评估。本课题将采取一般调查和深度田野研究相结合的方式对农村学校布局调整实践进行研究与评价。通过开发调查工具，包括调查表、问卷、访谈提纲，调查对象包括教育行政人员、校长、教师、学生、学生家长等，对农村学校布局调整的效果进行实地调查和评估。

三是农村学校布局调整的评价标准探究。评价农村学校布局调整实践，需要有一个农村学校布局调整标准。在探讨农村学校布局调整标准时，本研究坚持底线加弹性原则。在研究农村学校布局调整底线标准的基础上，再确定农村学校布局调整的弹性空间。

四是农村学校布局调整政策评价与改进研究。在调查研究的基础上，对农村学校布局调整政策的实施效果和具体文本进行评价，从政策执行立场评价政策实施和实施监控过程中的一些问题，从政策价值追求取向分析具体政策文本。

四　研究思路

农村学校布局调整评价是对农村学校布局调整形成的教育优势和造成的影响的评价。农村学校布局调整可以从为什么要进行学校布局调整，学校布局调整到什么程度，如何进行布局调整三个基本问题展开。这三个问题进一步详细展开就是农村学校布局调整的动因价值和可能代价、农村学校的理想规模和可承受的家校距离、农村学校布局调整的程序和各利益主体的信息能力。

基于农村学校布局调整的展开逻辑和农村学校布局调整的基本问题（见图 0 - 1），本课题把农村学校布局调整评价分为农村学校布局调整的动因价值和可能代价评价、农村学校的理想规模和可承受的家校距离评价、农村学校布局调整的程序和各利益主体的信息能力评价。

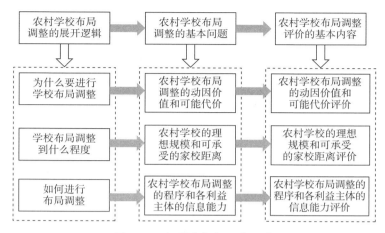

图 0 - 1 问题分解与研究思路

在农村学校布局调整的动因价值和可能代价部分，主要分析了教育主管部门、学校各主体、家庭和社区等利益相关主体对农村学校布局调整前的价值预设及其实现程度，以及布局调整后的社会代价如何产生及其表现形式。此部分内容的探讨主要立足于课题组在具体样本县的田野调查资料。

在农村学校的理想规模和可承受的家校距离部分，主要运用调研数据，从管理和课堂安排两个角度，采用教师数量、学生数量和班级数量三个指标研究学校规模，分学段（中学、小学）、城乡进行了分析并最终获得理想学校规模的区间；对可承受的家校距离之研究，从家校距离的三种形态（物理距离、时间距离、心理距离）出发，采用学生到校后劳累程度、学生上学积极性，以及学生成绩三个指标对布局调整背景下农村学生可承受的家校距离进行研究，最终获得可承受的家校距离区间。

在农村学校布局调整的程序和各利益主体的信息能力部分，基于田野调查的数据资料，采用个案研究的方式，对不同特征（人口流入主导型、人口稳定型和人口流出主导型）的县域在农村学校布局调整过程中面临的不同问题进行深度解读，具体关涉到学校布局调整政策文本所涉及内容的价值合理性、政策文本合法过程与手段的合理性、政策实施预期目标的达成度等内容。

五 研究意义

本研究通过对农村学校布局调整的价值追求、调整程度与调整过程的合理性的辩证审视，体现出农村学校布局调整价值研究的辩证性与全面性，体现出农村学校布局调整程度研究中变量选择的系统性与简约性，体现出农村学校布局调整过程研究中个案选择的典型性与代表性，有助于为评价学校布局调整实践找到现实起点，开阔农村学校布局调整的研究思路。本研究具有重要的理论意义与实践价值。

（一）提高农村学校布局调整理论的解释力

本研究提出了农村学校布局调整的理论框架，可以提高相关理论建构的系统性和解释力。本研究把农村学校布局调整理论分为农村学校布局调整的动因价值和可能代价、农村学校的理想规模和可承受的家校距离、农村学校布局调整的程序和各利益主体的信息能力，使农村学校布局调整理论更加系统化、更加周严，可以进一步提高农村学校布局调整理论的解释力。

（二）提升农村学校布局调整规划的科学化水平

本研究探究了农村学校的合理规模和家校距离，有助于提升布局调整规划的科学化水平。本研究通过描述统计和回归模型的方式，在全面分析农村学校布局影响因素的基础上，分析农村的地理特征、人口特征、教育特征、产业特征等指标如何影响农村学校规模与家校距离这两个变量，计算得出了合理的学校规模和家校距离范围，保障了有限教育资源的有效利用水平、教育质量的提高、家校距离尽量在比较方便的范围之内，在此基础上提升农村学校布局规划的科学性，促进城乡教育在总体布局上的和谐与可持续发展。

（三）进一步改进农村学校布局调整政策

本研究对学校布局调整涉及的一些命题进行了调查与个案研究，试图通过科学研究证据对农村学校布局调整政策的一些方面与维度做出回应，并提出改进建议，进一步改进与完善农村学校布局调整政策。学校规模与家校距离的定量研究可以为完善相关政策提供量化依据，学校布局调整过程中普遍存在的问题为规范与完善学校布局调整程序提供了重要切入点。

（四）规范与改进农村学校布局调整实践

学校布局调整政策是在学校布局调整过程中具有资源动员能力和实践规范的最有力工具。本课题以农村学校布局相关政策为依据与标准对农村学校布局现状与布局调整过程进行了反思与评价。课题研究有利于帮助地方政府、学校、家庭全面客观认识农村学校布局调整实践，进一步促进农村学校布局调整实践改进。

（五）为农村学校布局调整研究提供数据资料

课题组依据研究主题自主开发、研制和修订了多种调研工具，并依托这些调研工具获得了大量翔实的一手数据资料。此课题的成功运作有助于我们拓展开发调研工具，形成完整的农村教育研究工具系列，为相关研究提供数据资料。

六　研究方法与调研说明

本研究旨在探究和评价农村地区尤其是 21 世纪以来农村地区布局调整在动因、方式、结果等方面所面临的困境与问题，并尝试为农村地区如何实现更为理性和更具效益的学校布局调整给出具有建设性的意见。根据本研究的展开思路并结合具体的研究主题，课题组采用不同的研究方法以更为恰切地对之进行全面的解析。

（一）研究方法

依据不同的研究问题，课题组采用了不同的研究方法。换言之，为了更为深入地挖掘学校布局调整表象背后的深层次内容，针对为什么要进行学校布局调整、调整到什么程度，以及如何进行调整三个不同的主题，分别采用了以田野调查为主的质性研究方式、以问卷调查为主的量化分析方式，以及以微观聚焦为主的个案研究方式。

1. 文献研究

本研究在理论研究的相关内容方面采用了文献研究方法，通过对 ERIC（Education Resources Information Center，世界最大教育文献数字图书馆）、CNKI（中国知网）等国际和国内数据库进行检索，收集了国际组织和一些国家关于学校布局调整方面的研究文献，通过《中国教育统计年鉴》、各地政府及教育局官方网站等查找课题相关政策文献及官方数据，进行了文献梳理，为其他研究奠定文献基础。

2. 问卷调查

课题组编制了针对教育局、校长、学校、教师、学生、家长等的农村学校布局调整的调查工具，并于 2014 年 3 月和 10 月，分两次对吉林省东丰县两个乡镇的 5 所中小学进行了调研，获得了有关学生家校距离的数据；于 2014 年 9 月~2015 年 1 月对来长春参加培训的农村中小学校长进行了相关问卷调查，获得有关理想学校规模的量化数据。这些资料的收集为论文写作与专著撰写提供了有力的资料支撑。

3. 个案研究

农村学校布局调整更多的是一个实践层面的问题，并且由于各地在经济、社会和文化方面所存在的差异，不同县域的农村学校布局的调整动因、调整程度和调整过程存在明显差异。因此，要对实然的县域农村学校布局调整实践进行微观且全面的关注。依据我国县域经济社会发展的情况和人口特征，我们选取了东中西部三个省份的三个县域进行了个案研究，于 2014 年 10~12 月对浙江省温岭市、吉林省东丰县、甘肃省庄浪县进行深度访谈、文献收集与田野调察。

（二）样本及调研过程说明

依据不同的研究主题，本研究采取了不同的样本选择方式。具体言之，在对农村学校布局调整程度的研究方面，课题组采用了随机和分层抽样相结合的问卷调查方式，而在有关学校布局调整动因和方式的研究中，课题组深入东中西部县域一线，对经历农村学校布局调整的利益相关主体进行了深度访谈。具体的样本选择如表 0-1 所示。

表 0 - 1　本研究调查的样本情况

	教育行政部门领导	校长	教师	学生	家长	村民	合计
问卷	–	315	–	1521	–	–	1836
访谈	3	31	32	32	14	13	125
总计	3	346	32	1553	14	13	1961

注：表中呈现的样本数均为有效样本数，不含因故（问卷漏填、错填、访谈质量低等）剔除的样本量。

　　2014 年 3 月和 10 月，课题组两次深入吉林省东丰县，就该县的农村学校布局调整状况进行了较为深入的了解，并针对农村学生就学校布局调整前后其家校距离的变化问题进行了问卷调查。在这项调查中，课题组共计选择了东丰县经历过布局调整的 2 个乡镇的 5 所中小学，通过分层群体抽样的方式，共计获得学生样本数据 1635 份，其中有效样本数据 1521 份，有效率为 93.03%。该组数据为本研究有关布局调整背景下家校距离问题的分析提供了有力支持。

　　2014 年 10 ~ 12 月，课题组分赴浙江省温岭市、吉林省东丰县、甘肃省庄浪县等分别代表中国经济发展不同水平的县域（东中西部各一县）进行历时两个多月的田野调查，就每个县域的农村学校布局调整现状、历程和方式等进行了全方位的考察。在此过程中，课题组主要通过田野访谈的方式，访谈了从县域农村学校布局调整政策制定到落实的各利益相关群体，从他们的视角中了解和还原各地布局调整的实施过程，并力求探明作为利益相关主体的他们对农村学校布局调整的真实看法。同时，课题组也从县教育主管部门、乡（镇）教委（办）、学校等处获得了大量相关的政策文献和统计资料，为本研究相关主题内容的撰写提供了充实的宏观政策资料与统计数据。在此调研过程中，课题组共计访谈各类样本 134 名，最终甄选出高质量访谈样本 103 名，其中教育行政部门负责人 3 名、中小学校长 9 名、教师 32 名、学生 32 名、家长和村民共计 27 名。访谈资料整理出的文字稿合计 80 余万字。① 访谈资料是第一编"价值追求与社会代价：

———————

① 本次调研的编码原则为：省份名 - 学校名 - 访谈日期 - 身份 - 人物。其中省份编码采用省份简称拼音的首字母；在身份编码中，M 表示校长，T 表示教师，S 表示学生，P 表示家长，B 表示教育行政部门，V 表示村民。

质性分析"、第三编"过程梳理与政策分析：个案研究"的主要资料来源和支撑。

  2014 年 9 月 ~ 2015 年 1 月，课题组对来长春参加农村中小学教师培训的农村中小学校长进行了整群随机抽样，共计调查三个批次的农村中小学校长 320 人，获得有效调查问卷 315 份，有效率为 98.4%。该数据的获得为农村学校布局调整背景下理想学校规模的分析提供了有力的实证支持。另外，课题组还对其中 22 名经历过布局调整的农村中小学校长进行了深度访谈，获得录音资料合计 34 小时，整理出的访谈文字稿合计近 20 万字。① 该访谈资料为分析第一编"价值追求与社会代价：质性分析"提供了翔实的资料支撑。

---

① 本次调研的编码原则为：省份名 - 地区名 - 访谈日期 - 身份 - 人物。其中省份编码采用省份名称拼音的首字母；地区编码采用地区拼音首字母；身份编码中，M 表示校长。

第一编

价值追求与社会代价：质性分析

本编导读

农村学校布局调整的价值追求是什么？布局调整的价值是否实现？它的效果和影响如何？这是我们在研究农村学校布局调整价值评价时需要不断追问的三个问题。如果说第一个问题是农村学校布局调整价值追求的本体，那么后两个问题就构成了对农村学校布局调整价值追求的评价。评价农村学校布局调整的价值追求可以从不同维度进行，同时学校布局调整的代价也是进行学校布局调整评价的一个重要侧面。当然，代价不是从各个维度对布局调整的价值进行对称性的评价，因为适度的学校布局调整并不会在各个维度上都产生代价问题。

本编基于质性资料，从经济效益、学校环境改善、师资优化、课程丰富性和有质量教学等主题维度对学校布局调整的价值追求进行了评价。布局调整产生了规模经济效益，同时这种效益也呈现倒 U 形曲线，即过度的布局调整后，布局调整的经济效益会衰减。如果考虑到家庭承受学校布局调整所产生的经济代价，那么布局调整的经济效益衰减可能出现得更早或更大。学校环境的改善效益会因为学生在校时间的缩短而被稀释。学校布局调整会实现师资优化、课程丰富性与有质量教学等价值追求，但是班级规模的增加使个体获得这些教育服务的机会缩水。

在农村学校布局调整价值追求过程中，有些代价没有被考虑到，这使布局调整追求的一些价值被稀释甚至消失。农村学校布局调整产生的代价是由每个具体承受它的主体反映出来的。因此，我们从政府、学校、教师、学生及其家庭、社区等主体的维度来呈现和评价农村学校布局调整引发的相关代价及其对学校布局调整价值追求实现产生的影响。

第一章 农村学校布局调整的价值诉求

利益相关主体对农村学校布局调整的多元感受是理解和评价农村学校布局调整价值诉求的重要参考。农村学校布局调整牵涉到政府、学校、教师、学生、家长等多元利益相关主体。在农村学校布局调整的过程中，多元利益相关主体对农村学校布局调整的价值预期、价值表达、实施效果等问题存在差异和分歧，同时多元利益相关主体在学校布局调整的价值追求上也存在某些交集。

在城镇化进程加快和农村义务教育进入全面提升质量时代的背景下，由政府主导的农村学校布局调整最初以集中与合并农村小规模学校节约办学成本、改善学校办学条件、整合与优化农村教师资源、增加农村学校课程的丰富性、提高农村义务教育质量为价值追求。为使由政府主导的农村学校布局调整在较大的范围内获得合法化的依据，政府对农村学校布局调整的价值诉求在某种程度上最大限度地整合了多元利益相关主体的共同利益诉求。因此，本研究从这些共同价值维度出发，在倾听和呈现多元主体不同声音的基础上，对农村学校布局调整的价值诉求进行评价。

一 规模经济效益：节约资源与提高资源使用效率

中华人民共和国成立以来，我国农村义务教育在校学生数量经历了一个由少到多再到少的变化过程，与之相应的是农村义务教育学校布局经历了从布局分散、小规模学校数量较多到布局相对集中、小规模学校数量减少的过程。在校生数量的变化是导致农村学校数量减少的直接原因，但即使学生数量减少甚至没有了生源，除了法定的办学主体，谁也没有权力决定学校是否要被关闭。我国义务教育事业法定的办学主体为政府部门，然而，没有任何一个政府可以不计成本地维持和发展作为庞大公共事业的义务教育，节约办学成本和提高办学效益是办学主体需要恒长面对的问题，也是我国进行大规模农村学校布局调整的初衷之一。

节约办学成本的目标需要一种有效的资源配置形式来实现。通常教育资源的配置方式有两种：一种是分散的，另一种是集中的。核心问题是哪种教育投入形式能够用更小的教育投入来获得更大的教育产出，即能够实现节约办学成本的目的。一个合理有效的学校布局必然会考虑到办学成本问题并能较好地解决这一问题。显然，在过去较为分散的农村学校布局面前，地方政府选择了集中化的学校布局，从中寻求办学的规模经济效益。规模效益理论的基本内容是，随着规模的增加，单位产品的生产成本会降低。许多研究也指出，适度的学校规模会节约教育经费。布局调整支持者认为随着学校布局的集中和学校规模的增加，能够降低办学主体的生均投入，节省教育经费。那么布局调整如何产生规模经济效益呢？支持撤并能够产生规模经济效益的证据主要来自如下几个方面。

（一）学校合并有利于集中并节约资源

1. 学校合并有利于集中有限的办学资源

21世纪以来，大力改善农村薄弱地区和薄弱学校的办学条件成为办学主体巩固"两基"成果、提升教育质量的重要任务。面对一些农村小学办学条件普遍比较简陋，且布局分散、规模较小的状况，在改善农村学校办学条件的经济压力面前，教育行政部门会选择性地投入改善其中一部分学校。相比于大规模学校，农村小规模学校学生数量少、资源缺乏且投入效益低，教育行政部门往往不愿意投资改善小规模学校的办学条件，这进一步削弱了小规模学校的生源竞争力，二者恶性循环，小规模学校生存变得艰难。调研中一位被撤并学校校长（现在是普通教师）说起了被撤并学校当时的生存状况。

> 你（乡教委）可以下去走访下，说你这属于D级危房……由于这是D级危房，财政不拨款，集资又没有那么多资金（所以被撤）……（G-LM-141118-T-LB）

生源越来越少，政府不拨款，地方又无法集资办学，学校办学条件难以得到改善，面临的最终结果必然是撤并。而学校布局调整可以通过合并把学生集中起来，那么办学主体可以把本来要投入三个学校、四个学校的钱，集中起来改造好一个学校，有效地改善学校的办学条件。调研中，有校长谈道：

> ……我今年改造五个学校，集中精力改造五个学校，四五年就能改造 20 多个学校，所以四五年的时间能把敦煌所有的学校都改造一遍……本来要花（给）三个学区（校）、四个学区（校）的钱，我现在就集中起来改造一个学校。（G - HQ - 141123 - M - D）
>
> 我们乡里的每个行政村嘛，距离都比较近……那么我们教育部门呢，就急功近利地把钱投到这个学校，将这个学校搞好。本来是三个学校，当时准备改三个学校，现在通过合并，恰好只要改一个学校，就要把你这一个学校改造好。（G - HQ - 141123 - M - D）

2. 学校合并能有效地节约资源

在大规模的农村学校布局调整开始前，我国农村学校的布局是相对分散的，存在一定数量的小规模学校，在农村人口减少和城镇化不断推进过程中，又涌现出许多小规模学校，它们大都维持着简陋和低水平的运行。而且，由于缺乏规模效益，小规模学校本身运行成本较大规模学校更高。如果说过去人们能够容忍小规模学校简陋和低水平的运行，在义务教育基本普及并开始进入质量全面提升时期，小规模学校的运行状况不得不进行改善。尤其是在我国提高农村教育质量、改善农村薄弱学校、建设农村标准化学校、推进教育均衡等系列政策的推动之下，改善小规模学校现有的运行状况、提升办学效益势在必行。但显然，在原有布局的基础上，以同一建设标准来改善所有学校的环境对办学主体而言成本是昂贵的，同时也被看作是浪费资源的。通过学校布局调整集中办学，改变过于分散的农村学校布局，可以在改善农村学校办学条件的同时，有效地节约资源，提高教育资源投入效益。

（二）学校规模扩大会提高资源使用效率

农村学校布局调整的规模经济效益可以通过生均教育成本的变化得到

体现。学校规模的扩大将过度分散的学生集中起来，能够使生均教育成本降低并且提升资源使用效率。

1. 学校规模变大会降低生均教育成本

当按照学校教育服务的既有标准办学时，学生数量的集聚在一定范围内使生均成本降低。国际社会一直关注学校规模与生均成本的关系，相关研究指出，在其他条件一定的情况下，规模较大的学校其生均成本较低，而小规模学校尤其是超小规模学校的生均成本较高。更有研究精确地指出了学校规模变化与生均费用的具体关系：学校规模变化 1%，每个学生的费用有 0.2% 的变化。① 在学校布局调整过程中，学生数量的增加能够缓解小规模学校教育经费困难的问题，并能够使大规模学校的经费变得相对充足，一位校长通过自己的亲身经历为我们分析了小规模学校的经费问题以及学校合并能够带来的好处。

（教学点经费）紧张，像那个电费、水费、各种工具费、偶尔给学生发一个奖品，还有像拉炭（费），不够用。因为生均是按人数算，你看人家人多就是经费多，人少经费少。但是人少了你炉子架起来，炭不能少，一个人你得生一个炉子，两个人你也得生一个炉子。再一个像水费，水费算一个单位，不像家里，给你少一点，单位就是那么个价。开支肯定多。（G – LM – 141117 – M – L）

2. 学生相对集中能有效提高资源的使用效率

小规模学校的物质资源使用率通常不高，物质资源使用的不充分性促使小规模学校合并，从而带来规模效益。基于改善的立场增加对原来小规模学校的物质资源投入，在某种程度上不容易达到理想的物质资源使用率，另外物质资源投放的生均成本会增加，资源丰富程度会下降，无法产生规模效益。在教育资源使用不充分的情况下增加学校规模，即增加资源（运动场地、校舍等）服务对象的数量（不超过承载能力），提高资源的使用频次，从而能提高资源使用效率，降低生均成本，产生经济效益。例

---

① Bowles, T. J., & Bosworth, R., "Scale Economies in Public Education: Evidence from School Level Data," *Journal of Education Finance* 2 (2002): 285 – 300.

如，低损耗、低使用率的运动场、活动室、校舍、电脑等资源可以得到更加充分的使用；图书、电、供暖材料等资源，能同时为更多的人提供服务，并且服务效果基本相同。

二　办学条件改善：提升设施设备质量

改善办学条件、提升设施设备质量有利于促进教育发展水平和教育公平，也是改进教育资源配置、推进教育均衡发展的重要策略。义务教育学校的标准化建设工程致力于提升义务教育学校办学条件，从而实现提升教育质量、促进教育均衡发展的目标。学校的办学条件通常与学校所在地的自然条件和社会经济发展水平相关，其中交通状况、地理位置以及人口状况是影响学校办学条件及学校环境改善的最直接的外部环境。在交通不便、位置偏僻、人口稀疏的地区简陋运行的学校比例更高，并且办学条件的改善成本也更大。因此，义务教育学校标准化建设背景下的农村学校布局调整政策目标之一就是改善学校环境、提升设施设备质量。

（一）学校合并有利于学校环境的达标与改善

在实现"两基"之后，巩固与提高农村地区，尤其是困难、薄弱地区学校的办学条件成为一项重要任务，而通过学校布局调整来改善学校的硬件与教学资源配置既是布局调整的动力，也是其价值承诺。中华人民共和国成立后，为了普及和发展农村义务教育，中国选择了分散的学校布局，农村小规模学校大量存在。在城乡二元结构体制下，向城性的教育资源配置模式使靠近城市的地区教育资源的投放和配置更加充裕，优质资源集中在县城以及规模更大的学校。农村小规模学校由于所处的地理位置偏僻、交通闭塞，在资源配置上被边缘化，学校的办学条件简陋，校舍难以达标，成为制约学校发展的瓶颈。一位被撤并学校的教师这样描述他曾经所在的学校：

　　（那个）学校是破烂不堪，我去的时候看到他们学校的简介好像是（有）四十多年的历史，没有一个教室是砖（砌）的，全部都是那个土坯，没有一个好的教室，没有一间好的宿舍。晚上可以说是和老鼠进行交流，上面老鼠跑来跑去，晚上叫得你睡不着。那个地方确实是荒凉，说起它我真的是心酸……全部都是男老师，那个条件学区安排的时候也不可能给安排女老师，那么偏远的地方。像咱们学区开个会，出来确实难，特别有时候下大雨、大雪，根本就无法行动……根本无法骑摩托，那时候我是骑摩托，那儿的路凹凸不平、十分差……我们都住（校）。村子里面（的）两个民办老师，人家直接回家，其余的人根本没办法出去。（G-LM-141118-T-LB）

这种现象在学校布局调整前并非个别现象，很多在农村小规模学校工作和生活过的老师对此都有着深刻的记忆。对于农村小规模学校简陋的办学条件，另一所被撤并学校的教师回忆道：

学校的院子也是那样的，全部都是土教室，老师你不知道住的那个宿舍，就是打的土教室，用白纸和线吊的那个顶棚，一下大雨的时候那个沟槽里的雨哗哗哗地往下流，整个床就全湿了。哦，那时候还不是床，是炕，土块做的炕，但是不能烧火，插的电褥子，条件特别艰苦。（G-LM-141118-T-ZH）

2003年《国务院关于进一步加强农村教育工作的决定》提出，要"继续推进中小学布局结构调整，努力改善办学条件，重点加强农村初中和边远山区、少数民族地区寄宿制学校建设，改善学校卫生设施和学生食宿条件，提高实验仪器设备和图书的装备水平"。通过农村学校布局调整集中办学，可以有效地推进农村学校标准化建设，促进农村学校办学条件的达标和改善。一方面，建设了符合国家安全标准的教学楼、办公室、宿舍楼等，并配备了相对齐全的教学功能室，如语音室、微机室、实验室等。对此，教师看到了学校布局调整前后的明显变化。

跟原先比，办学条件比原先强，学生的学习环境、办公室比以前好。像以前烧炉子，教室很破旧，师资一般，不太稳定，过来之后学生教学环境好了，师资也好，也有语音室、微机室。（J-DF-141030-T-LY）

另一方面，对于北方地区的学校而言，冬季的保暖工作是学校运行的重中之重，学校布局调整有效地改善了学校的供暖设施。调研中有教师反映：

> 以前的房子特别冷。冬天的时候，孩子都得穿羽绒服。连我们都是穿羽绒服，根本脱不了。从去年夏天开始做的保暖，挺暖和，去年冬天不冷，这个楼也是去年冬天开始（做）的，这个楼是新建的，逐渐好了，条件好了。（J‑DF‑141030‑T‑L2）

学生能否有一个温暖安全的就学环境也是家长十分关心的问题。学校布局调整后供暖设施的改善使家长对于合并后的学校环境颇为满意，大大提高了对合并后学校的认可度。对此，村民们能够清晰地说出学校合并前后的差异。

> 那环境啥的，街里好。不冷了，不用生炉子了，里头有暖气，孩子暖和了；（以前的学校）人越来越少，都没有了，剩不几个了，冬天，还得生炉子，还得干啥，孩子挺遭罪的。人家中心小学取暖了，孩子也不遭罪了。（J‑HS‑141031‑V‑01）

（二）学校合并有利于获得并有效利用现代化教学设备

农村学校布局调整过程既是一次改善农村学生就读环境的过程，也是建设现代化农村学校的过程。向农村学校投放现代化的教育资源是建设现代化农村学校的重要内容，这能在一定程度上缓解农村教育资源的缺乏，让农村学校的师生享受到科技文明带来的便利。农村小规模学校最普遍的教学设备是黑板加粉笔，教师的教学方式也是以传统的讲授为主，学校布局调整后教学设备有了相应的改善，多媒体、电子白板等城市学校大都习以为常的现代化教学设备走进农村学校的课堂。一位校长对目前的教学条件表示满意，他介绍了自己学校现代化教学设备的配备情况：

　　比如说，我现在待的那个学校，也通暖气嘛。教学楼、其他硬件方面，实验室，比如初中的物理、化学、生物、地理啊，都是统一符合国家标准的二级实验室，都是专职（门）的实验室……初中你这个达到标准化的建设学校……我们现在一到九年级，每个班都是班班通啊。电子白板、交互式白板，每个班级都有。而且，像我们学校里面，所有的办公室、教室接入的都是光纤啊，全部是通的。我们的微机室，（拥有）50台计算机的微机室，是两年前新建的；今年9月我们又装了一间，三四十台云计算机，带云终端的云计算机。（G－HQ－141123－M－D）

　　学校布局调整后，教师们能够充分利用现代化教学设备进行教学，也引发了教师教学方式的改变。师生对此有较深的体会。

　　这个新学校，感觉比那（指村小）好啊，像以前老师就在黑板上画画、写字，然后这有电脑，有大屏幕。（J－HS－141031－S－SJ）

　　那个时候就靠老师讲，不像现在教学设备这么先进，多媒体教学什么的这么多，那时候就靠粉笔加黑板。（J－DF－141030－T－S2）

三　师资整合优势：建设和优化农村学校师资队伍

　　师资是影响教育质量的关键因素。分散的学校布局使小规模学校的生源通常较少，进而导致小规模学校师资长期处于缺编运行的状态，且师资质量不高。在这种情况下，为农村小规模学校配置数量足够的高质量教师是很困难的，也是不现实的。学校布局调整为实现师资的进一步整合、调整与优化提供了机会和空间。人们普遍认为与小规模学校相比，大规模学校对教师更具吸引力且有更高质量的师资队伍。合并小规模学校，被认为是大势所趋，集中和优化现有师资成了推动农村学校布局调整的重要价值追求。教育行政部门及中心校试图通过学校布局调整来整合教师资源，实现一定区域内教师资源数量、结构、质量等方面的优化配置。家长期待通过学校布局调整能够提升农村师资队伍的整体水平，进而提升农村义务教育质量。

整合与优化师资的过程也是发展和建设农村义务教育师资的过程，它们主要包括三方面的内容：首先是保证师资匮乏地区学校师资数量的充足；其次是保证教师结构相对合理；最后是为农村教师提供更好的发展环境。在农村学校布局调整过程中，通过这三方面的努力，能有效地缓解师资紧缺、优化师资结构、促进教师专业发展。

（一）学校合并能有效缓解农村学校师资紧缺困境

1. 学校合并有利于师资的整合与补充

在我国城乡二元的师资配置标准之下，当前农村学校师资数量总体不足。学校布局调整前，分散的布局使小规模学校大量存在。小规模学校班级规模小，如果仅按照国家标准的师生比来配置师资，农村小规模学校的教师数量是远远不够的且结构性缺编；如果按照实际的教学需求配置教师，农村小规模学校的教师又会超编。例如，调研中被撤并学校L老师反映，他之前工作的学校，从最初有62名学生的完全小学，变成了撤并前只有24名学生的不完全小学，撤并前有4个单班，分别是1～4年级。而在L老师在被撤并学校任教的14年里，那里一直只有6名教师，其中有两名民办教师、两名身体和心理分别有严重疾病的教师，在编又可以正常工作的教师只有一名年轻教师和L老师，教师数量严重不足，工作任务繁重。不仅如此，由于农村小规模学校自身吸引力不足，教师们不愿意到或留在小规模学校任教，教师数量缺乏的问题变得更难解决，农村小规模学校的师资配置成为难题，影响农村地区义务教育公平和教育均衡发展。

学校布局调整，一方面，将学生集中到一起后班级数量减少、班级规模扩大，教授相同数量学生所需的教师减少，在一定程度上缓解了教师紧缺问题。另一方面，随着学生的聚集，原有的师资被进一步整合进规模更大的学校，这些学校对教师的吸引力随之提升，使学校在吸引与补充教师上更有优势。因此，学校布局调整有利于师资的整合与补充，缓解师资短缺困境。

2. 师资整合能减少跨学科教学压力

学校布局调整前，农村学校布局分散，学校规模偏小。简单按照生师比的原则配置教师使许多农村学校教师长期处于超负荷工作状态。从实际的教学需求来看，教师的缺乏一方面使农村小规模学校难以开足开齐课程，另一方面，教师跨学科教学现象普遍。在农村小规模学校，跨学科教学的教师比例较一般学校更高且往往是主科跨主科，所跨学科大都在 3 门以上。一些小规模学校的教师在师资匮乏的情况下还会进行包班教学，即班级开设的全部学科都由一名教师承担（通常，这样的学校不能开齐国家要求的标准课程门数）。一位经历过布局调整的校长详细地向我们描述了一所小学的师资匮乏状况。

> 我们老师最多的时候 14 个人，在职（编）的 12 个人（该校现在有学生 256 人，教师 14 人）。这两年老师流动特别大，我们的老师跟不上，就是缺。合并当时有 11 个，合并后来了 3 个。学生合了 150 多个人。老师走得多，来得少。去年 9 月，我们没有给学生开课，维持秩序整整一个月，（后来）只开了语数外三门课，其他的课就上不了。每个班里只能进去一个老师，包括我。去年我有 8 个班，包括学前班，一个班一个老师，同时开课……铃声响的时候全都在上课。像我这样的学校也多，这个地区的比例将近 40%。(QH - MH - 141025 - M - Z)

另一位农村小学教师从所跨学科数量和工作量的角度对比了布局调整前后学校教师的跨学科教学情况：

> 我最开始 1992 年到 Z 中心校的时候，有三四科，四科左右。那时候首先是班主任，语文、数学都得教，品德课自己的，那时候还有科学课（当时叫自然）。那时候包的科都多，不像现在一人就包一科，除了班主任教语文、数学，其他都是一科的。那时候一周有二十多节课。刚参加工作的时候没有双休日，一周就星期三休息半天、星期五休半天，然后休一个周日，剩下的都有课。我最早在 S 镇上班，是农村，几乎满天都是自己的课。(J - DF - 141030 - T - S2)

随着学校布局调整，农村小规模学校被撤并，学校合并后学生的集中使教师跨学科教学压力相比之前有了较大程度的缓解。调研中发现，学校布局调整后，学校规模扩大使师资相对充裕，部分教师不跨科，跨科的教师一般只教两门，通常是一门主科兼一门副科，如语文教师跨教品德课程，又或者是只教两门副科，如体育教师跨教劳动技术课程。学校布局调整通过扩大学校规模、集中教师资源使农村学校的师资从缺乏走向了相对充裕，课堂教学中教师面对的学生数量增加、所跨学科减少。

（二）学校合并能为农村学校师资结构优化提供空间

1. 学校合并过程中可实现对教师的择优汰劣安置

农村学校布局调整的一个重要背景就是农村小规模学校的生源缩减问题。除了农村人口出生率的降低，另外就是农村学生的流动与择校。有的农村学生因为父母离开本地而被动择校，也有一部分学生则是因为教育资源配置不均而主动择校，当然也有一部分学生是因为看到别人择校而跟风择校。而在众多的择校理由中可以看到，家长择校实质上是择师。这在对一位校长的访谈中得到了印证。

> 这家长他选择学校的原因不是说办学条件多好，他关键是选老师，在农村这边，他说他只要你这个老师能把我的孩子教好就行，成绩提上去就行，他不看我这德育啊什么能力啊，只要我这语数外三科教学成绩抓上去，农村老百姓就认可；有的家长也有攀比，他家孩子走了，俺家孩子也想走，就是随着潮流过来了。（JL－TY－141025－M－Z）

教师资源在教育资源中的作用至关重要。学校布局调整在集中教师数量、节约师资的基础之上，主要通过年龄和教学能力对已有教师队伍进行筛选从而实现师资结构的优化和整合：一些不合格教师被转岗或者留在了偏远的教学点或村小；中青年教师及优秀教师大部分被调到中心学校；老教师留守村小或者教学点；富余教师被转至管理或服务等其他岗位，又或者在寄宿学校承担生活教师、图书管理员等工作。一位校长向我们介绍了学校对教师的筛选机制。

> 年龄过大的留到村小，村小呢，招几个学前班的学生，就是说你再干两三年就退休了，这两三年你就不能不上班。当时村小过于年轻的（教师）就没有，都是40多岁了，然后调到中心校，安排课程，

一部分就是安排到后勤，大部分都在……是年龄比较大的，现在就是在一线，你让他教课，他适应不了，教学能力较弱的，就安排到后勤，管理舍务，因为我们是寄宿制学校。(JL - TY - 141025 - M - Z)

除此之外，在农村学校布局调整初期，一些地方"辞退民办教师"与老教师的"提前退休"政策都起到了"筛选"和"退出"教师的作用。

2. 合并后的相对大规模学校对高质量师资更具吸引力

很多研究把教师学历作为评判教师质量的重要指标，并且有不少的研究得出"大规模学校教师质量较高"的结论，如今这被认为是一个事实。教师的第一学历和最高学历在不同规模学校中所占的比例与分布状况表明大规模学校更容易聚集较高学历水平的教师。例如 20 世纪 60 年代就有研究指出，在各种组织方式（organizational pattern）的学校中，没有学士学位及本科以下学历的教师所占的比例随着学校规模的增加而稳定减少；同时，拥有硕士学位及以上的教师所占的比例随着学校规模的增加而增加。[1]提升农村教师的学历水平也成为各国学校布局调整的一个价值诉求。

通过扩大学校的规模能够吸引更加优秀的师资向调整后的学校集中。我国师资配置存在城乡差异和府际差异是一个基本事实，城市教师学历水平普遍高于农村教师，县城教师学历水平普遍高于乡村教师。农村教师普遍没有多年的经验，并且与非农村教师相比，有高学位的可能性较小。[2]在这样的一种社会认知和农村学校衰落的背景下，不仅身处其中的教师缺乏专业发展动力、工作热情会受到影响，而且农村学校对教师的吸引力大大降低。随着农村学校生源逐渐减少、学校规模不断萎缩，师资筛选、流动和调整变得更加频繁，优秀的教师更容易离开农村学校，尤其是农村小规模学校，那些留在村小的老师被认为是专业水平不高、不够优秀的教师。

人们假设，比起稍微逊色的同行，那些表现更优秀的教师和管理人员

① Jackson, J. L., *School Size and Program Quality in Southern High Schools* (Nashville, TN: Center for Southern Education Studies, George Peabody College for Teachers, 1966), pp. 33 - 36.

② Nitta, K., Holley, M., & Wrobel, S., "A Phenomenological Study of Rural School Consolidation." *Journal of Research in Rural Education* 25 (2010): 1 - 19.

留在了整合后的学校，他们通常理所当然的"更好"。① 整合后的学校规模更大，而且新学校大都建立在交通更加便利、生源更加充足、经济更加发达的地区，它们往往靠近城市或县镇。农村学校布局调整通过改变学校的整体环境和地理位置，使学校较之前的小规模学校更具吸引力，同时借由当前就业压力增大的趋势，双管齐下从而增加了对新毕业师范生以及年轻、优秀教师的吸引力。学校合并后，大规模学校教师知识结构更新，第一学历水平和最高学历水平普遍较高，具有丰富的教学经验和更高级别的专业职称。

（三）学校合并能为农村教师提供更好的发展环境

学校合并后师资的整合首先带来了教师数量的充足，其次能够为师资的优化使用和配置带来一定的空间。师资紧缺或相对够用的地区和学校都存在师资的优化配置和使用问题，但其解决思路和应对策略可能完全不同，这里仅从学校内部的师资优化使用角度来看农村学校布局调整过程中师资的集中如何为学校师资的优化使用和发展提供空间与机会。

1. 用人之"专""长"的师资利用策略能有效提升教师效能

学校布局调整前，许多小规模学校由于师资短缺，学校在安排教师时首先考虑的是如何把班级教学活动开展起来，要最大限度地使用师资，让所有教师都上阵。因此，许多教师往往需要教授非所学专业的学科或跨学科教学，教师所教非所学现象较为普遍。教师所教非所学在一定程度上不利于教师发挥自身的优势。

通过学校布局调整，多所规模相对较小的学校合并为有效整合师资提供了条件。师资充裕后，学校和地区的师资配置思路可以由数量不够用必须齐"上阵"转变为够用富余后优化师资配置，学校在安排教学活动时可以最大限度地利用教师的优长，可以不再因为教师不够用而不得不使用某一位专业不对口教师或让教师兼任某学科的教学，而是有一定的选择和调整空间，从教师的专业角度出发来"用人之专"，根据教师个人情况的不

---

① Sher, J. P., & Tompkins, R. B., "Economy, Efficiency, and Equality: The Myths of Rural School and District Consolidation," In Jonathan P. Sher (Ed.), *Education in Rural America: A Reassessment of Conventional Wisdom Boulder* (Colorado: West View Press, 1977), p. 46.

同来"用人之长"。一位校长所在的中心校接收了附近被撤并学校的师生，师资处于够用的阶段。目前，师资数量的相对够用为他现在的师资使用思路提供了条件：

> 这个（师资的使用）他要根据各校实际情况，我们教计算机的，他是个数学老师，但是非常精通计算机。我安排他教一个班的数学，再（给他）安排几个班的微机课。也就这样……这主要还是要根据老师所学的专业。第二个呢，确实在某个方面能力比较突出，有这个方面的教学能力。（G – HQ – 141123 – M – D）

2. 学校规模扩大使学校中教师专业发展活动更为丰富

教师专业发展是师资水平提升的重要途径，是师资优化的内容之一。学校合并后，师资缺乏的问题得到了相应的缓解，教师跨学科教学的压力减轻，加上合并后的大规模学校对教师的教学监测以及专业活动有着更高的要求，因此，观摩课程、听课、集体备课等教师的专业发展活动较多。对于经历过学校撤并的教师（现在是副校长）而言，大规模学校的教师专业活动显得更加规范，也更加严格。

> （与教学点相比）压力相对小一些，但是我们这边要求高。相比下来我们这儿活动多、规定多，下面的老师相比起来就少一些……像我们这个每周老师都有一次观摩课，这个老师你自己要去。周二下午还有个名师讲坛。我还要不定时检查作业和教案，我们的练习册都要进行全部的批阅。你看我刚才和你说的那个学习笔记，还有一个政治笔记。（G – LM – 141117 – M – L）

相比之下，小规模学校的教研活动相对较少，而且规范程度不高。事实上，由于小规模学校师资不足，教师忙于应对教学任务而很难有时间开展教研活动，在村小和教学点通常看不到类似观摩课、听课等专业活动，L校长对此做出了他的解释。

> 下面没有，因为那边人特别少。比如四个人就是四个年级，一个

人就是一个年级，你上了数学下一节必须是语文，你上了语文下一节必须是数学。就比如说今天班会的时候，人家都开班会，没有人去听你的课，你听了他的课后你们班就被搁置下来了，就空着呢。像美术、品德，都要你自己兼着上。就是你把一天课上完，你连喝水的时间都没有。（G－LM－141117－M－L）

教师培训也是重要的教师专业发展活动。比起一些没有任何外出培训机会的农村小规模学校和教学点，合并后的学校教师有了更多参加教师培训的机会，例如我们调查的学校有岗前培训、校本培训、骨干教师培训、职称培训等多种培训途径和机会，这有利于教师的专业发展。

四　课程资源丰富：开齐开足开好相关课程

在小规模学校，规范而系统的课程开设得少、学生学得少、获得的课程资源少被认为是事实，人们意识到这会影响孩子未来的学习发展，而更重要的是，在与那些拥有更多课程资源的同辈竞争中，这会降低他们所具有的竞争优势。一般来看，较大规模的学校可以为学生开设门类齐全的正式课程，为学生提供更多的课程选择，并且有更加丰富的课程资源为学生提供多种多样的课外活动。因此，对于农村学校布局调整的推动者来说，为学生开齐开足开好国家规定的课程是合并学校的重要目标；对于农村学生和家长来说，大规模学校丰富、规范的课程资源以及多样的活动是他们共同向往的"优质教育资源"和"重要的学习机会"。

（一）学校合并能在一定程度上缓解课程开设难题

1. 学校合并能够基本保证课程开足开齐

学校布局调整前，对于农村小规模学校和教学点，由于学生数量过少，课程的开设难以产生规模效益，开齐义务教育阶段的全部课程是需要资源和财力的。而且由于小规模学校学生和教师数量较少，一些学科尤其是专业性较强的学科，如英语、艺术、综合实践活动等课程教师缺乏。因此，这些小规模学校往往只能开设一些参与考试的基本课程或核心课程，如语文、数学、体育、品德，而英语、艺术、综合实践活动等课程往往不能开设。课程不能开设齐全成为农村小规模学校面临的重大问题之一。

> （课程）不能开齐。首先是英语。只能开语文、数学、品德、体育这四门，美术、音乐都不能开。（QH – MH – 141025 – M – Z）
>
> 当时的情况是没人教英语，其他副科像品德、社会、科学都是由班主任来上，所以你想如果把这些副科分配下去的话，一个老师得上四门课。还有音乐、体育、美术这些都有开设的话，一个老师肩上的任务很重啊。（G – LM – 141118 – T – LB）

除了有些课程根本无法开设，伴随课程不能开齐的问题，村小和教学点的一些课程还有不能开足的情况。不能开足主要是指课程虽然开设，但课时不能达到国家课程设置标准的课时量要求，有的仅仅是让学生完成作为课程开设评价依据的作业。对此，调研中有老师谈道：

> 那每周都有美术课，你不上（课）作业你还得有，所以为了完成作业，上级领导要检查作业，你必须得课堂上辅导着娃娃把作业做了。课肯定得上，就是上的效果不一样，就不像语文、数学那么扎实。（G – LM – 141118 – T – ZH）

由于农村小规模学校不能有效开足开齐相关课程，尤其是英语课程的缺乏使许多农村家长担心自己的孩子在未来的学习竞争中会处于不利地位，为此选择让孩子转学到可以开足开齐课程的中心校。

正是由于农村小规模学校在课程开设方面面临这些困境，布局调整研究者与支持者认为，通过学校布局调整把教师和学生集中起来，能够解决偏远农村地区小规模学校课程尚不能开齐开足开好的问题。有相关研究指出，由于合并，学校能够提供更广泛的课程，包括更多的预备课程和预先的实习课程。[1] 实践证明，学校布局调整后，随着学校规模的扩大，学生的集中和师资的整合使学校有能力开设更加丰富多彩的课程，逐步达到义

---

[1] Nitta, K., Holley, M., & Wrobel, S., "A Phenomenological Study of Rural School Consolidation," *Journal of Research in Rural Education* 25 (2010): 1 – 19.

务教育阶段"开齐开足开好"课程的要求。调研中发现，学校合并后开设了以前学校没有开设的美术、科学和英语课程。在开齐课程的基础上，音乐、美术、科学等课程的开设学时也得到进一步的保证。当然，并非所有的课程都能够按课程标准开足，一些学校还存在部分年级不能开足副科的现象。

> （副科）六年级也要上，但是大部分时间把相应的课就给语文老师了。你像我现在带语文，我还带品德课，还有体育课，像数学老师带音乐课、科学课这些课。像带这些课的时候，老师借着作业没完成，或者练习课要讲，就上这些课（语文、数学）。娃娃其实挺辛苦的，就整天上完语文上数学，基本上就没有休息时间。（G - LM - 141118 - T - ZH）

通过访谈我们能够看出，除了由于条件不足而不能开设的课程外，品德与社会、科学、音乐等课程的开设也会出现被主科课程占据课时而不能开足的情况。尽管如此，经历整合之后的学校规模不同程度地变大为课程多样性提供了条件。有学者在研究中学学校规模与课程多样性的关系后指出，学生平均增加 100 个百分点，在课程多样性上就产生 17 个百分点的增长。[1] 之后，有一些研究也发现了类似的增长趋势。有研究把课程分为核心领域和非核心领域，并指出学校规模与课程设置显著相关，学校规模每增长 10 个百分点，课程核心领域就增长 1.5 个百分点。[2] 学校布局调整后，大规模的学校中课程的门类更容易达到国家课程开设的要求，完整的课程门类意味着理论上农村受教育者将接受与城市统一的课程内容，整合后学校丰富的课程设计更加系统且具有时代特征，这对受教育者来说是重要的，有利于避免学习范围和内容上的缺失导致他们在未来更加开放的标准化竞争中处于不利地位。

---

① Pittman, R. B., & Haughwout, P., "Influence of High School Size on Dropout Rate," *Educational Evaluation and Policy Analysis* 9（1987）：337 - 343.

② Alexander, N. A., "Race, Poverty, and the Student Curriculum: Implications for Standards Policy," *American Educational Research Journal* 39（2002）：675 - 693.

2. 学校合并有利于促进课程开设的规范化

在提供专业课程的同时学校课程还需通过规范的方式进行传授。规范的课程活动需要具备一定的物质条件。学校布局调整前，农村小规模学校的课程资源、支持课程开设的活动场地及教辅设备等均显得不足，这使学校的课程开设缺乏规范性。

> 体育器材咱们这个学校啥都没有，只有篮（球）架，你看现在公园体育健身设施都那么好。这个学校原来 400 多人，现在 200 多人，400 多人的大学校只有一副篮（球）架，什么高低杠、健身器材都没有。(G – LM – 141118 – T – LB)

比起课程开设资源不足导致课程的开设缺乏规范性，专业教师的缺乏使课程开设的规范性更显不足。许多教师即便是非专业出身，但因为专业师资的缺乏而不得不兼任一些专业性较强的课程，专业能力的欠缺使一些课程不能规范进行。

> 音乐因为咱们也不会上，当时也没这个能力，基本上就没上，但是美术有时候也是给娃娃上，简单地画一下，画几个图像。(G – LM – 141118 – T – ZH)

对于村小的课程开设规范性问题，在村小经历过多年教学后来到中心校的 ZH 老师结合自己的经历给出了他的解释。他这样描述他曾经的教学经历：

> 要求开齐开足的课程，其实都在开，就是上的效果不一样，有的课就是给娃娃们把作业辅导着做了，就看着写语文，这样。体育课这种娱乐性的课，基本上就都在操场上，我那时候上体育也没说是给你做个什么的，就把孩子们领上，操场里就玩一下，给个篮球，小孩打一会儿篮球，再让他们用他们自己的方式（玩）。像咱们体育课，说是玩个什么，怎么样活动，这些都没有。(G – LM – 141118 – T – ZH)

通过学校布局调整，学校规模变大，更容易集聚学历较高、训练时间长、经验丰富的教师，课程的开设也更加专业和规范。一名从村小转到中心校的学生感受到了课程开设的专业性和规范性上的不同，他做了如下比较：

> （村小）体育课不像这边教我们左转弯怎么走，体育课就是先练习一下向左转、向右转，做一遍广播体操就让我们玩去了。这边是老师领我们玩，和我们一起做游戏。我们以前那音乐老师是个老人，唱歌老是不会唱，就让我们自己练，根本不知道一些调，也唱不好。这边音乐老师会弹钢琴，也让我们自己试着弹，还教我们吹萨克斯。（J－HS－141031－S－CH）

可见，农村学校布局调整通过办学条件的改善、师资的整合，一方面有利于保证课程开足开齐，另一方面有利于保证基本课程开设的规范性和质量。

（二）学校合并后能为学生提供更丰富的课外活动选择

课程发挥作用的途径不仅包括课堂教学活动，还包括丰富的校园常规活动以及课外活动。通过提供各式各样的课程活动可以达到让学生学习并获得知识与技能、态度与情感、价值观等的课程目标。

1. 学校规模扩大有利于学生的课外活动更具丰富性

大规模学校的硬件环境和师资力量为实现课程的多样性提供了条件。课程的多样性一则可以使学生学习更多的知识和技能；二则可以拓展学生的视野，帮助学生获得多样化的活动经验。学校布局调整后由于学生的集中，学校规模出现不同程度的扩大，学校提供的课程资源和课外活动为学生视野的开阔提供了帮助。

> 有利的方面就是说，到大学校，得到的教育资源呀，肯定要比在那边多。最起码孩子参加城里的活动多，是不？咱们有少年宫啊，学校有小组啊，什么学校的鼓号队、舞蹈队啊，参加县里的运动会啊，孩子在教育资源上、在视野上，肯定要比那边丰富得多。（J－DF－141030－T－02）

大规模学校和小规模学校之间的差异是明显的，大规模学校更容易为学生提供丰富的课外活动，因此能带给学生不同的活动体验。参加课外活动能够建立学生的责任感、获得知识、开发智力兴趣、发展自我概念与生活的热情等。对于一些渴望在更广范围的兴趣爱好上获得帮助和开发的学生来说，丰富多样的学校活动对其满意度、热情、兴趣、幸福感等均有着吸引力。

> 我其实挺喜欢这个学校的。以前就是特别喜欢画画，然后画完给老师看，老师一眼都不看（抽泣）。但现在到这个学校，每周二都有少年宫活动，老师教我们写字、画画，然后就可以更多地去找老师帮我，画完画老师也会帮我看。（J – HS – 141031 – S – CH）

通常我们会认为大规模学校能够给学生提供充足而丰富的课外活动，但大规模学校的学生学习任务较多、学习时间普遍较长。在访谈中我们发现，大规模学校学生的活动时间被控制，使课程提供和学生的课程参与之间存在距离。在村小的时候，尽管学生在课外活动中没有更多更好的器材及娱乐设施，但他们有自己的娱乐方式，且由于学习压力较小，学生们的课余时间较为充足。大规模学校则更加重视学生的学习成绩，并且学生的在校时间被严格控制和安排。本研究中的 LM 小学是一所教学质量相对较好的学校，在教师和学生眼中该校很重视教学，但课外活动的安排较少，并且可供学生活动的场地及设施显得不足。目前教师在活动板房中进行教学活动，新的学校正在规划建设。

2. 学校规模扩大使相关校园常规活动趋于完善

校园常规活动是重要的课程资源，它对师生建立归属感与认同感具有重要意义。参与者的数量对于校园常规活动的建立和维持，以及意义的赋予具有重要影响。由于师生数量过少，农村小规模学校的校园常规活动通常比较简单自由，规范程度不高，缺乏仪式感，相比而言，大规模学校的校园常规活动则更具组织性和规模性，仪式化程度较高，能够为活动营造规范、庄重的气氛，这对身处其中的师生形成规范有序的校园生活印象和生活节奏具有意义。校园常规活动包括一些重要的日常活动、仪式和节日等。升旗仪式是学校最富有仪式感和情感教育的常规活动之一，这对学校来说是必不可少的。

> 这边星期一（的升旗仪式）往往就是个常规。值周老师把上一周的情况（做）总结，再一个就是校长安排下本周的（工作），总结下上一周的（工作）……像星期一，升旗是必不可少的。下面的教学点好像没有这个仪式。节日可以升（旗），再一个就是大型活动，再一般就直接升上去就好了。（G‐LM‐141117‐M‐L）

除升旗的庄重和仪式感之外，在仪式开始或结束后（通常是结束后）学校会总结一段时期内学校师生的教学以及生活等情况，并对下一阶段的主要工作做出安排，师生可以通过周一的升旗仪式了解学校基本情况以及工作的部署与安排，有利于明确共同的工作目标和组织行动。在周一（通常是周一）、节假日、大型活动中举行的升旗仪式也向学生展现着国家的概念与形象，并且传递与校园相一致的社会活动规则。而一些超小规模学校，则由于学生过少难以形成升旗的仪式感和集体教育氛围，学生无法从中获取相关的教育影响。

校园运动会是另一个传统且普及度非常高的校园常规活动。它对于全校师生来说同样是一次重要的大型集体活动，而小规模学校和教学点常常无法组织。随着学校规模的扩大，校园运动会不仅会形成一定的规模，而且活动的组织性、丰富程度、集体参与度等都会增加。L校长是接收了被撤并校师生的合并校校长，他介绍了自己学校的常规活动。

> 我们的活动主要有两个，一年有两个活动。第一个就是秋季田径运动会，再一个就是校园艺术节，学生就是表演节目，包括小品、相声、舞蹈……（G‐LM‐141117‐M‐L）

通常，参加一些规模较大的活动能使学生在组织、策划、参与等各个环节上获得积极的活动体验，而且活动通常伴有竞赛性质，需要学生积极参与和配合来完成，这对于建立学生的归属感、荣誉感、责任感都有较大的帮助。显然，比起小规模学校，整合后的学校在为学生提供规模较大的学校活动方面更具优势和条件。

有研究认为，大规模学校过多的课程资源增加了学生学习的难度，分散了他们的学习精力且使一些学业表现不佳的学生处于更加不利的地位。这让学校规模与学生课程学习之间的讨论变得复杂，但这本身不仅无法否认并且进一步揭示了课程资源对于学校、学生及其家长的重要性。提供丰富的课程资源是学校合并的推动者、学校以及学生、家长所共同关心的。显然，课程资源的匮乏对于学校和学生来说更加不利。

五　教学活动优质：丰富教学方式与教学组织形式

教学活动是学校最重要的也是最基本的教育活动，教学活动的质量直接影响着学校的教育质量。尽管布局调整过程中不同主体对教育质量的关注和要求是不同的，但布局调整所追求的质量提升目标最后必然会落到提升教学活动的质量上来。透过学校教学活动的维度来评价农村学校布局调整的质量价值追求，必须回答学校布局调整是否对学校教学活动产生了更好的影响。这里从教学方式、教学组织形式以及师生的教学互动体验来考察农村学校布局调整对教学活动带来的影响及其背后的价值诉求。

（一）教学条件的改善有利于丰富传统的教学方式

学校布局调整前，多数农村小规模学校缺乏多媒体等教学设备，教师往往只能借助传统的"粉笔加黑板"进行教学。而通过农村学校布局调整，学校合并使教育资源集中，合并后的学校在办学条件方面得到显著改善，电子白板、投影仪等现代化的多媒体教学设备开始被运用到一些农村学校的课堂教学中。现代化的多媒体教学设备有助于改变传统的"粉笔加黑板"的单一教学方式，为教师采用多样化的教学方式提供了条件，也有助于改善课堂教学氛围、方便教师的教学和学生的学习。

> （合并学校）好的方面就是从教学上、管理上有好处。并到这个学校，起码教学设备能比原来的学校好点……那个时候就靠老师讲，不像现在教学设备这么先进、这么多，多媒体教学什么的这么多，那时候就靠粉笔加黑板……像投影仪、大屏幕、白板这些先进的教学设施能跟上，学习能方便点。（J－DF－141030－T－S2）

而新的现代化的教学设备也会有效调动农村学生学习的兴趣，使他们对新学校产生好感。

> 这个新学校，感觉比那（指村小）好啊，像以前老师就在黑板上画画、写字，这儿有电脑，有大屏幕。（J－HS－141031－S－SJ）

（二）班级规模扩大有助于丰富传统的教学组织形式

学校布局调整前，许多农村学校班级规模往往过小，连小组合作学习都会缺乏组间竞争，难以有更加多样的有活力的教学组织形式，教师往往只能选择传统的讲授式教学方法。而农村学校布局调整的直接结果是增加了学校和班级的规模。班级规模的扩大有利于改变单一的教学组织形式，为丰富教学组织形式提供条件。农村学校布局调整后经历了班级规模变化的 ZH 老师如此描述小规模学校的课堂教学组织形式。

> （班级规模增加后）教学方式会发生变化，比如说我在 WW 小学的时候，二年级只有 4 个女孩，那个房子比较大，4 个凳子，一个小黑板放到我桌子上，冬天围着炉子，基本上很轻松地就上了。（G－LM－141118－T－ZH）

LJ 老师还记得他刚从事教师职业时的班级有 47 人，后来班级规模逐渐萎缩至学校撤并前的 6 人，他表示喜欢当前的班级规模，他发现当班级规模适度时，他就可以采取小规模教学所无法采用的小组活动教学。

> 现在这个（学生人数增加）课嘛，就是作业多一点，但是这个课能上，起码能有些小组，能搞一些活动，而且现在上面就是说提倡的参与式、活动式这些模式都是能够用得上的，以前办不到。（G－DZ－141118－T－LJ）

在班级规模增加的同时，学生的差异性也会增加，分层分组教学既是方便教师管理和教学的组织方式，也是教师应对和利用学生的生源差异而选择的教学方式。学校合并后村小过来的学生在学习习惯和学业基础方面都与合并校的学生有一定的差距，为了应对合格率与优秀率的要求，L校长采用了分组的教学方式。

> 我现在是分组学习，学习好的我就把他们弄到一组，学习不好的我就把他们弄到另一组，好的就让他们更好，不好的就让他们慢慢来。这样集体的合格率和优秀率都能上去。（G－LM－141117－M－L）

这实际上是对不同层次的学生提出了不同进度和程度的教学目标与规划，给予学生在自己原有水平上可以逐步提升的空间。教学是学校最重要的常规活动，随着班级规模扩大后生源差异性的增加而进行的分层教学设计是必须的。这需要教师关注到学生之间已有的学习经验、知识储备等的差异，"以学定教"。多样的教学组织形式不仅丰富了课堂教学，同时也关注到了不同学生的差异，从而使教学变成关注教与学的深层互动。

（三）学校合并在一定程度上有助于提高教学质量

家长和学生格外关注布局调整是否能够为学生带来有质量的教育服务。在教学活动过程中有质量的教育服务不仅体现为教学方式和教学组织形式等的改变，也体现为师生双方在教学活动中有更好的表现。教师的教学表现与教学效果是家长和学生看待一个学校的教学活动是否有质量的重要指标，也是衡量农村学校布局调整价值的重要维度。尽管家长、学生对于不同规模学校的教师专业水平与教学表现意见不一，但家长们普遍期待和认为大规模学校有着（比小规模学校）更加规范和正规化的教学活动，教师的教学表现与教学效果更好。调研中有家长提及农村小规模学校的教学时谈道：

> 好像我们乡村里来的教师都是些教书不行的，好的人家根本不来嘛。就这么个……不是把那个娃娃越带越不行，就是把那个娃娃不好好教。他文化（程度）不高嘛，把孩子也耽搁得厉害……老师一天在他的办公室里待着不出来，让学生自学。（G－DZ－141119－P－WJ）

显然，许多农村小规模学校的家长不满意教师的教学表现与教学效果。相比之下，学校布局调整后，家长和学生普遍认为学校合并有助于提高成绩，对合并后的学校教师和教学质量给予了更高的评价。对此，有家长反映：

> （学校撤并对孩子的教育质量提高）有效果，孩子现在是前十名的学生，六年级有 100 多个学生。我们对 DZ 中心小学的教育质量还是挺满意的。（G - DZ - 141119 - P - WJ）

对于被撤并学校与布局调整后学校的教师教学表现的不同，学生有着更直观的体验。

> （教师）上课不一样啊，那边的老师把作业给我们一布置就啥也不管……像这里的老师就是会教一些例题，让我们自己提问啊什么的，我们想学什么老师都会讲，然后会讲一些重点知识，像那个学校（村小）就直接告诉你这个什么公式啊，让你往里套。以前在村小的时候就是老师说什么，我们做什么。（J - HS - 141031 - S - SJ）

在学生看来，不同学校的教师教学表现是有很大的差别的，村小的某些教师在教学过程中缺乏责任感，教学不能关注学生的学习需要，只是扮演一个知识灌输者的角色。相比之下，学校布局调整后，合并校的教师有着更高的教学水平和更好的教学态度，其教学也更被学生喜欢和认可。

> 现在的老师教得好，更容易听懂。因为那边（被撤并村小）的课本来就不怎么上，一到期中、期末考试就别的课都不上了，只上数学课，老师会讲很多，每节课讲很多东西，脑子记不住。这里的老师不管期中考试、期末考试，体育课都让我们放松一下，有些时候更喜欢这里。（J - HS - 141031 - S - CH）

农村学校布局调整是系统改善农村学校教育发展环境的重要环节。学校布局调整能有效节约资源和办学成本、提高资源使用效率；改善由社会经济环境和教育投入决定的农村学校办学条件简陋、师资缺乏、课程难以开设完备等问题；同时学校布局调整在一定程度上有利于丰富教学方式和教学组织形式，为学生提供有质量的教学，这些都成为农村学校布局调整中多元主体共同的价值诉求。

第二章　农村学校布局调整的社会代价

农村学校布局调整在其追求预期价值的过程中不可避免地要付出一定的社会代价，这些代价因主体的差异而各不相同。学校撤并的社会代价主要是指学校撤并后农村社区居民、家长或孩子对学校、其他个体（群体）的情感、互动和正向价值需求满足的丧失、缺失或剥夺。[1] 作为与学校布局调整相关的利益群体，政府、学校、教师、学生、家庭、社区这六个主体均承受了不同程度的社会代价，以不同利益主体作为切入点进行研究有助于我们透析并反思每个主体在学校布局调整中承受的实然代价，从而有助于协调各主体的利益诉求并减少学校撤并带来的负面效应。

一　政府作为投资者：学校撤并未有效节约成本

评价农村学校布局调整的规模经济效益追求是否实现，不仅要关注在可"节约"维度上是否更加经济，还要考虑农村学校布局调整产生的相应经济代价。农村学校布局调整在追求规模经济效益的同时，无法回避因学校合并后改建、扩建等所需的投入；为了保证学校运营和维持新增的教育服务，政府部门还需要给予更多的财政投入，农村学校布局调整规模经济效益的实现也因此打了折扣。

（一）巨大的校舍改扩建及寄宿制学校建设成本

学校布局调整后，学校规模的扩大客观上给接收学校的承载能力带来一定的压力。学校的校舍承载能力是有一定的承受范围限制的，超过这一

---

① 秦玉友、曾文婧：《农村学校撤并的社会代价反思》，《教育发展研究》2014 年第 10 期，第 39~44 页。

范围限制后会影响学校正常教育教学活动的开展。首先，接收学校学生人数的增加使学校班级规模扩大，新增的班级使原有的学校教室紧张；同时，学校规模扩大也使学校教师办公室、实验室等紧张，许多学校不得不改建、扩建、新建校舍以保证正常运行，为此需要投入巨大的学校建设成本。

> 比如说我们虽说是40亩，但实际上只有38亩，我们的38亩地按照省里的标准只能招1800多个学生，现在有2400多个学生，那么我们就呼吁镇政府在新城造一个新的学校，来缓解镇上的就学压力。（Z－DX－141209－M－J）

而对于一些地区而言，尤其是在人口流入主导型的东部沿海城市，因为经济发达、人口密度大、土地资源紧张，学校往往难以获得更多的土地用以新建或扩建校舍，这可能是比资金更加棘手的问题。

> 我们校网布局调整过程中还有一个最大的影响因素是土地问题，尤其像我们温岭人多地少，现在建一个学校涉及30亩、50亩的土地，指标解决不了，落实起来难度很大，像拆迁等，最大的问题可能就是土地指标落实的问题，难度比较大。这几年我们应该说钱尽管不多，也争取校网的调整和学校的改造、新建，但是最大的制约因素也是土地问题……目前土地指标在控制中，一般的学校改建、扩建在土地指标上也困难。（Z－WL－141201－B－A）

在交通不便的中西部地区，学校布局调整后导致学生家校距离变远，学校面临的直接问题就是学生的就餐与住宿问题。一方面，原有的学校大多没有食堂或食堂规模无法满足学生的就餐需要，为此政府需要投入资金扩建或新建学校食堂，保证学生的就餐问题。另一方面，对于原本是寄宿制的学校，寄宿人数的增加需要进行宿舍的改建、扩建，增加床铺数量并保证生均住宿面积、条件符合国家安全与卫生的规定；对于其他一些学校而言，则需要新建宿舍楼。改扩建、新建学生食堂和宿舍都需要政府大量的建设投入。

（二）标准化建设取向下教学设备购置经费的大量投入

学校布局调整后，即便学生数量增加后并未超过接收学校承载力的范围，学校校舍压力不大，但学生数量的增加对教育教学设施设备的需求仍会增长。为满足基本的教学需求，学校需要购置一定数量的电脑、多媒体等教学设备和课桌椅等必备的学习器材，这些都需要大量的教育经费投入。

> 我们一般就是教学设备的添置。像我们学校的办公电脑、教室里的多媒体，多媒体每班都配起来了，我们的课桌全部都是新的。还有学校里的维修，（有）待客厅，还有办公用品。（Z - GC - 141204 - M - Z）

尤其是学校标准化建设实施以来，按照国家的标准，多媒体设备、音体美器材和功能室等配备必须符合一定的生均标准。学校规模增加后，为保证满足标准化建设的相关标准，学校需要购置大量的教学设备，这些现实的经济投入增加了政府和教育行政部门的经济支出。

> 音乐室也得两个，18 个班一个音乐室不够用。你像那个实验室，一个不够用，电脑室也需要两个。一个班四十多个人，只有三十多台电脑，他们上微机课时两个人一台电脑，有的一个人，这也没办法呀。我们的想法是以后慢慢增加，一定要一个人一台，一个电脑教室 45 台，加上老师的一台，搞个 46 台，这样就好了，就能够满足教学要求了。（Z - MC - 141208 - M - Z）

（三）高昂的校车运营和监管成本

学校布局调整之后，一些有条件的地区为解决学生上学距离远的问题选择发展校车。校车的运营、管理和维护成本给政府和教育行政部门带来巨大的负担。首先，政府或教育行政部门需要出资为学校购买一定数量的校车。

（1998 年）第一次搞这个撤并，政府拿钱，给两个学校买了两辆校车……（校车）政府买的，学校自己聘用司机，整个属于政府担责……（目前）全县 110 辆标准校车，都是民间自主运作的，我（教育局）统一管理。（J－DF－141217－B－L）

其次，若要保证校车的正常、安全运营，除购买校车一次性投入的费用之外，还要在校车投入学校使用之后，支出一定数量的校车年检费用、冬季更换雪地胎的费用、校车的维修费用、汽油或柴油的采购费用等。在一些地区，聘请驾驶员产生的费用是由校方通过让乘坐校车的学生每学期或每个月交付一定费用解决的；而另一些地区聘请驾驶员的费用则需要由政府解决，这同样是政府保证校车正常运营所必须支出的费用。

第一次买车，买 10 辆、8 辆的，哪怕投入一次性钱，买 30 辆、50 辆的，政府都能拿得起钱。但你要想这个车辆永久性维护，这个车辆跑要花油钱，车辆跑需要司机，司机是需要开工资的。所有这些费用，而且不是跑一天两天，要永久性地跑下去，政府是承担不起的。每一年都需要几百万元，甚至可能再多的时候就要上千万元了。（J－DF－141217－B－L）

除了对校车的直接投入外，政府或教育行政部门往往需要更多的管理成本以保证校车的正常运营和运营安全。一方面，教育行政部门需要成立专门的机构或者部门监管校车的运营。另一方面，为了保证校车安全，教育行政部门需要投入部分资金给每辆车的座位进行一定的补贴来完成政府在维持校车正常运营方面的投入。

你这辆校车运行一年，按照你的座位，我们最后定了个标准，根据我们的财力，一年是补助 130 元钱，一个座位补 130 元。比如你这个座是 60 个座的，那我们就按照 60 乘 130，一年就六七千块钱，给你补助。然后从经费上，我们还有结余，那么安全起见，冬天东北这个气候呢，都是雪地，这个我们就给你各辆校车上（安）雪地胎。上雪地胎，我们要全买，假如这个雪地胎 800 元一个，可能贵了一点。

你个人分担点，我们给你积极性，我们每一个雪地胎给你补助 600 元，你自己负担 100 元到 200 元。然后，你保证在我们的规定时限之内，你给我们安上雪地胎。学校检查合格了之后，我们把钱拨到学校，通过学校拨给你个人。一辆校车大概是 6 个轮胎，就补助 3600 块钱。我们现在是 110 辆校车，这个钱全得补助到。（J－DF－141217－B－L）

在一些地区，教育行政部门也尝试通过服务外包等方式将校车外包给社会人员，但教育行政部门往往仍需要进行校车运营监管，甚至投入资金调动积极性以保证校车安全，这些都给政府和教育行政部门带来巨大的负担。

二　学校作为实施者：管理成本与安全责任增大

农村学校布局调整之后，被撤并学校的学生和教师并入接收学校，学校规模随之变大。对于接收学校而言，学生、教师人数的变多有利于产生规模效益，更好地推进学校标准化建设。然而，学校规模的扩大，尤其是不同学校的教师和学生合并到一起，使学校管理难度和成本增加，学校对学生的安全责任增大；同时，寄宿制管理、食堂运转等需要更多的人力、物力，增加了学校的运行成本。

（一）学校规模变大后师生管理难度增大

学校布局调整后，学校学生数量、教师数量增多，学校规模变大。学生数量增加后，学校的班级规模变大，班级数量增多，学生管理工作变得更加复杂。

学生多了最大的问题就是管理难度大。小学生年龄小，有些事不敢做；高中生有打架等不良表现，把他开除了，不能再上学了，他害怕这点。就是从年龄上说小学生年龄小，高中生自控能力强，哪些事情该干哪些不该干，他基本上能意识到。但是初中这块，就是这个年龄，娃娃正是叛逆期，所以说他就干啥事情不考虑后果，容易发生问题。现在好多学校就把安全纳入红线，学生出一个事情，校长只能负

责。（GS - LX - 141107 - M - X）

此外，学校布局调整前，不同学校都有属于自己的一整套运行机制，有自己特定的管理规则和学校文化；学校撤并后，被撤并学校学生到接收学校后往往面临多方适应问题，学校需要关注被撤并学校学生的情绪反应和学习、生活适应情况。而且一些家长对学生管理的不当参与和关注，增加了学校学生管理的复杂度。

> 当时没有这么大的学校，没想到管理上（有）这些问题。现在对学生的教育上，老师、学生随便发生些事情，家长（都）会到学校里来，也不属于找老师麻烦。现在通过……的事情，有些记者、电视台报道（有）导向性，所以有的家长不知道这些政策，只知道娃娃不能听课，学校是违法的。有时候学生有大的问题，班主任把学生家长叫来，他就找班主任麻烦甚至是（有）过激的行为。（GS - LX - 141107 - M - X）

除了学生管理难度变大，学校规模变大后教师管理难度也随之增加。被撤并学校中教师数量少，教师管理多为扁平化管理。教师数量增多后，接收学校不得不增加行政层级，实行科层化管理，增加了管理的成本和复杂度。而且两个甚至多个学校的教师合并到一起，教师间不可避免地会出现"抱团"现象，甚至会因为形形色色的利益而产生纷争，造成群体之间或个体之间的矛盾，不利于教师间的团结与合作，这增加了学校教师管理的难度。如何有效地消除教师群体间的隔阂，增强学校的凝聚力是学校领导必须面对的难题。

> 教职工过多，什么样的老师都有，什么样的素质都有。就是思想消极的老师会带动一部分老师消极，会产生一些负面影响，这老师比较杂，在管理方面出现了一些问题。你看，我们学校目前也面临这些问题，就是说老师集中在一起，出现了矛盾……一是都集中到一起了，性格上的矛盾，两个人对一个问题（有）不同看法，产生意见分歧。再一个呢，就是说，在利益面前的竞争出现矛盾。有利益了，有某种荣誉了，人多，竞争就会出现矛盾。（JL - TY - 141025 - M - Z）

（二）寄宿制和校车等导致学校管理及运行成本增加

学校布局调整后，解决学生上学距离过远问题主要有两种手段，一是建设寄宿制学校，二是发展校车制度。对于中西部一些交通不便的地区，主要通过建设寄宿制学校来解决学生上学距离过远问题。寄宿制学校中学生宿舍、食堂多由政府投入建设，但对于宿舍、食堂内部配套设施以及运作则多由学校负责，这严重增加了学校的管理及运行成本。在资金方面，尽管学生会交纳一定数额的住宿费和餐费，但一些学校反映往往很难维持其正常运转，设施设备的维修保养、水电类费用的支出都需要学校从公用经费中进行补贴。

在人员方面，教育部提出"地方各级教育行政部门要建立健全寄宿制学校管理制度，争取和落实相关编制，配备必要的管理人员，促进寄宿制学校管理的规范化和科学化"。[1] 寄宿制学校需要按照学生的人数配备一定数量的专职生活教师以照顾学生的起居。然而，学校布局调整后，很多学校没有编制聘请专门的生活教师，往往由专任教师兼职负责学生宿舍管理和学生食堂的部分工作，加大了专任教师的工作负担；一些学校为减轻教师负担，不得不聘请校外人员承担这些工作，而支付这些人员的工资又增加了学校的经济开支。

> 在住宿生管理上对于女生要聘生活老师，男生也聘了一个。学校的领导轮岗值班，白天两个领导、两个班主任值班，查课、考勤等，中午在学生寝室到处转、到处查，晚上查寝室，查完寝室两个行政领导有一个可以回家，另一个和宿管在值班室睡觉。（GZ - PX - 141107 - M - J）

此外，对于提供校车服务的学校，为保证学生的安全，一些学校会安排教师随车，在一定程度上也增加了教师和学校的负担。

---

[1]　中华人民共和国教育部：《关于当前加强中小学管理规范办学行为的指导意见》（教基一〔2009〕7号），2009年4月22日。

（三）学校之于学生的安全责任增大

学校布局调整后，学校规模变大，学生上学距离变远，这些都使学校之于学生的安全责任增大。无论是对于寄宿制学校还是非寄宿制学校，学校方面均反映学校布局调整后学校的安全责任变大，安全问题成为学校管理方面面临的最大挑战。

> 从领导的角度来考虑，就是说，假设我是校长的话，撤点并校对于我来说，压力会增大，因为什么，一旦撤点并校，学生都集中起来。管理上，尤其（是）安全上的压力最大，所以，从我内心来说，我还希望有村小，村小有学生，分校负责人管理好村小，我管理好分校负责人，我很省劲，但是一集中的话，校长考虑的问题可能更多。（JL - TY - 141025 - M - Z）

对于走读学校的学生而言，回家的方式是坐车或步行。无论是坐车还是步行，校方均有责任保障学生的生命安全。学校规模变大之后，学生之间的矛盾也变多，由于学校内管理严格，学生在校内产生的一些矛盾不能在校内解决，就会出现在校外解决私人恩怨的情况，严重危及学生的人身安全，学校需要及时发现、制止这样的事情。对于坐车的学生来说，安全系数高于不坐车的学生，但也需要教师跟车，维持车上的秩序和学生因坐车产生的不良反应。不坐车的学生则面临过马路和在路边玩耍不按时回家造成的安全隐患等。甘肃某中学校长就其学校情况介绍说：

> 学生是走读的，咱们一般不让家长接送，因为学校位置边上是中医院，学校大门是（靠近）公路，接的家长越多，车流（越）多。学校那边现在修了天桥。为了学生的安全管理，天桥上派了四个领导。每天有四个人，只要有一个人他就上下一看，学生就疏散了。为了防止学生（因）在学校（有）解决不了的矛盾（而）在外面打架，每个区都有老师，哪个区出了问题就你们负责，事情自己处理承担。像校内有值班的，一个校长加三个主任，学生往学校进的时间，值班的都要到校，里面的学生放学了全部清完他们再走。（GS - LX - 141107 - M - X）

一般认为，住宿生的安全情况是好于走读的学生的。当然，事实上住宿生存在的问题也非常多。住宿生安全主要包括饮食安全、用水用电导致的安全隐患，以及学生对学校周边环境的兴趣导致学生偷偷逃出校门玩耍的夜不归宿问题。一旦有此类事件发生，不但会给学生个人带来危害，给家庭带来麻烦，而且学校也需要为此负责，因而住宿生的安全问题是寄宿制学校工作的重点之一。关于寄宿制学校管理，校长们谈道：

> 为了防止查寝室有人冒名顶替，我们是所有学生（到）操场上按寝室集合，点完名自己回去。睡觉熄灯后宿管、值班主管和学校领导还要查，不止一遍，好多遍。学生十点多睡觉，学生睡觉后，值班宿管和行政主管要在宿舍里来回巡查，有声音就要制止甚至处罚。（GZ－PX－141107－M－J）

> 学校的安全管理这块压力大，尤其是寄宿制学校，和以前完全不一样，现在已经把安全放在首位了，天天在喊，天天在做，时刻盯防，一是上下楼梯，再一是舍务，再一是饮食卫生这块，都很关键，这块让学校领导、老师消耗精力非常大。（JL－TY－141025－M－Z）

可见，学校布局调整后，学校在师生管理方面难度增大，寄宿制、校车服务等运行成本增大，学校之于学生的安全责任增大，这些都成为学校布局调整后学校不得不面临的问题和挑战。

三　教师作为从动者：工作与生活面临新挑战

农村学校布局调整的倡导者认为，学校布局调整有利于优化和整合教师资源，缓解农村学校尤其是农村小规模学校教师短缺问题，同时提高教师素质、促进教师队伍的发展。然而，学校布局调整过程中，随着班级规模的扩大，学生数量增加、学生个体间差异变大，无论是接收学校教师还是被撤并学校教师，在教学、班级管理等方面均受到不同程度的影响，而且被撤并学校教师还面临适应与融入等生活问题。

（一）班级规模扩大导致教师工作压力变大

1. 班级学生人数增加影响了教师的教学方式

学校布局调整后班级规模扩大，首先表现为班级学生人数增加，这直接影响教师的教学方式。在被撤并学校，学校规模小、班级人数少，教师更倾向于"放养式"教学、学生自主学习，教师也有足够的精力进行个别指导。访谈中，有被撤并学校校长提道：

> 我们下面（被撤并学校）是放养式的，你爱学就学，不爱学就去玩，形成了一个自己学的方式。像我的观念就是我把主要的给你讲了，你自己再学，你学不会了我再给你翻过来说。（G－LM－141117－M－L）

而学校布局调整后，班级人数变多使教师难以持续原来与学生互动的频率和范围，也不能全面地照顾到所有的学生，教师与学生间的互动减少，教师不能有效地进行提问和指导，影响了教师的教学方式。

> 街里（镇上）那班额都四五十人，老师哪有时间去那么调教你。再说，正常班额该是二十到三十来人，这是正常的，现在都五十来人，都堵到黑板前面了，其实那学生有很多你都提问不了。（J－DF－141030－T－H）

2. 班级学生人数变多增加了教师的工作量

班级学生人数变多除了影响教师的教学方式外，还直接增加了教师的工作量。对于教师而言，班级学生人数变多会影响其教学方式，但教师班级面向的时间如上课时间、备课时间并不会随之增加。而教师学生面向的时间如批改作业、学生课后辅导时间会明显增加，直接增加了教师的工作量。有教师在谈到目前批改学生作业情况时反映：

> 学生太多了，班主任工作量太大。批一次作业、作文，那工作量老大了，五十多个学生。现在班额太大了挺不利的，一上课那学

生太多了，管理啊，批作业啊，最好就是二三十人。（J - DF -
141030 - T - H）

班级规模扩大后，困难首先就是作业。我们这个作业像语文作
业、语文周记、作文附加品德还有练习册这五个。五年级 50 个学生，
对吧？一种作业 50 本，你想着 5 种作业多少呢？作业量比较大，课外
辅导也就不行。（G - LM - 141117 - M - L）

以前（学校撤并前）教师劳动量几乎就是可以适应，现在劳动量
太大了，作业多，每天都要改作文、周记、思想品德，还有语文作
业。（G - LM - 141117 - T - WG）

不仅如此，班级学生人数变多后，教师课后需要花费更多的时间用于
指导学生，尤其是教师与学生课上互动时间变少后更需要教师课后的个别
指导。学生数量过多直接导致教师课后辅导工作任务变重。

3. 学生间差异变大增加了教师的教学负担

班级规模扩大，还表现为班级学生间差异变大。农村学校撤并后，不同
学习基础的学生被安排在同一个班级，导致班级内学生间个体差异变大，在
一定程度上增加了教师的教学负担。首先，由于被撤并学校通常教学质量不
高，被撤并学校学生与接收学校学生在学习起点上存在一定的差异。为帮助
被撤并学校学生，教师需要花费大量的时间和精力对其进行辅导。

班级规模扩大后，教学上特别吃力，个别学生他基础特别差。下面
不是有村学（校）嘛，村学（校）转过来的学生他们这个汉语拼音都
没过关，就是说用普通话交流特别困难。（G - LM - 141117 - T - WG）

老师就得对这些学生下功夫啊，你不下功夫就拉班里面的整体成
绩呀。到时候一年下来的考核你就很麻烦，也是我们老师比较头疼
的。每年转过来的一部分学生，老师就要费好多事，要辅导他们。他
们有时候来的时候，一、二年级什么都不知道，一上到四、五年级，
一、二年级的东西你就得给他讲半天。其他人放学了，把他叫过来
教，或者是给同学说，你今天把哪个东西给他教会，就这样。（G -
LM - 141118 - T - ZH）

把学生这样子收进来确实太难做。他本身新来的，跟我们这边衔

接不上知识，他们大部分（是）山区来的，衔接不上，然后就给他补课……他们班的还有两三个，一个是考六七分的，他就是一年级的拼音啥都不会。(Z－GC－141204－T－P)

其次，被撤并学校学生通常来自农村。一方面，相比于城镇家庭，农村学生的家庭文化资本偏低，学生的知识面、视野等与城镇学生相比有一定的差距；另一方面，农村家长由于工作、自身素质等限制，不能很好地辅导学生，而且学生学习习惯不好。因此，教师需要在进行教学时适当照顾学生的差异，同时还要培养学生良好的学习习惯，及时辅导学生学习，这些都增加了教师的工作量。

（被撤并学校学生）转进来的时候习惯很差。我们这边你也知道，大部分转进来的都是西边那边的（学校），他们那边像山区学校的学生习惯确实很糟糕。(Z－GC－141204－T－Z)

我们农村孩子和镇里的孩子，他们的所见、知识面、视野、家庭环境都有很大的差距，他到这儿之后呢，他就跟不上，他见识的面窄，在家里都是忙一些家务，农村的家长跟镇里的家长的修养就不一样，这就给孩子之间造成差距，孩子到这儿就很费力，就赶不上，如果家里的辅导跟不上，孩子就会落伍。如果在村里的小学，学校孩子人数少，老师就能顾得上每个学生，根据孩子们的水平，这个班都是一个水平；到现在，班里的人数多，但基础都不一样，不能都管他。(J－DF－141030－T－D)

不仅如此，在东部人口流入主导型地区，学校布局调整后撤并过来的学生很多是跨地域的，学生以前使用的教材等与接收学校不一样，教师需要给予这些学生更多的关注，帮助其适应并补齐落下的学习内容，无形中又增加了教师的工作负担。

（二）班级规模扩大增加了教师的管理难度和负担

1. 学生数量变多增加了教师的管理负担

班级学生人数变多除了影响教师的教学外，还直接增加了教师的管理负担。学校布局调整之前，班级规模小，教师能有效地顾及每一位学生，班级管理比较简单。而学校布局调整后，班级规模扩大，学生人数变多，学生事务变多变杂，教师班级管理负担变重。

你看我们班人嘛，特别多，排队特别不好管，很嘈杂。有时候我们会去课外找东西啊，就是我们科学课有时候会去课外观察，然后人就是很多，就会四处分散，找也找不回来的那种，所以我觉得人少比较好一点。（Z - DX - 141209 - S - C）

2. 学生间差异变大挑战着教师的管理能力

除了班级规模变大增加了教师的管理负担外，不同学校的学生合并到同一个班级给教师带来了新的挑战。学校布局调整前，各学校、班级往往已经形成了相对稳定的校风、班风，学生熟悉学校、班级的各项规章制度，班级管理也相对轻松。学校布局调整后，不同学校的学生来到接收学校后，对接收学校、班级的规章制度不熟悉，原有的一些习惯也不符合当前的规定，为此教师需要花费时间和精力对这些学生进行教育和管理，让学生养成符合接收班级规范的习惯，甚至是重新调整和制定适宜的管理策略。在访谈中，许多老师都提到目前在班级管理方面面临的困扰。

我们学校肯定有自己的校风校纪，那我们班级也有自己的班风班规，原来我一手带上来就是这样子，对他进行一个教育训练的。然后呢进来的孩子，可能他原先的基础啊，受的那个常规教育都跟我们现在的不一样，跟我的套路不一样，那他就跟不了我的套路，可能就造成一定的麻烦。我会多花一点时间，对他进行一个常规的教育。这个肯定是有影响的，反正任何一个变化，多多少少都会带来一定的影响。（Z - MC - 141208 - T - Y）

班级管理上面就是说学生转出影响不大，转进的话对于习惯上面的培养，像班级里面学生的行为习惯、其他的一些作业的习惯，我们还是要重新开始。一个新的学生到一个新的环境，像班级里面的规定、上课方式他们都不懂，老师又得重新跟他们说。作业规范、其他一些课堂上的东西，老师又得重新说。（Z - MC - 141208 - T - P）

可见，学校布局调整后被撤并学校学生到接收学校，无论是被撤并学校教师还是接收学校教师都面临新的管理压力和挑战，增加了教师的负担。

（三）被撤并学校教师面临适应与融入问题

1. 被撤并学校教师在教学上面临新的挑战

首先，在教学方式上，被撤并学校多采用传统的讲授方式，学生人数较少的班级会配合使用个别指导，一般很少采用小组合作学习等教学方式。学校布局调整后，随着班级人数的增加和新课改对课堂提出的新要求，接收学校会要求教师灵活利用多种教学方式，开展丰富多彩的课堂教学活动。这些都需要教师有效地调动和组织学生参与到活动和互动中，被撤并学校教师往往缺乏这些经历和经验，传统的教学方式难以满足新学校的教学要求，如何改变教学方式适应教学需要成为被撤并学校教师面临的新挑战。

> 因为我现在不是教改班嘛，教改班的老师，特别是年纪大一点的，已经形成了自己的教学风格、教学手段，然后突然一下子改掉，会比较累一点。但是对大部分的老师来说，应该说还是可以接受的。因为学生在变，老师的教学方法肯定也要变，不然的话，可能就不适应学生，教学就不行。（Z – DX – 141209 – T – L）

其次，在教学辅助手段上，在被撤并学校，多媒体等设备短缺或破损严重，教师多采用传统的黑板加粉笔授课，基本不用多媒体设备，而且这些学校中老教师比例高，他们多数不会或不习惯使用多媒体设备。学校布局调整后，在接收学校，教师们多会熟练地使用多媒体设备，学生们也习惯于教师使用多媒体授课，这使被撤并学校教师在教学上面临新的挑战。

> 像有些老师特别是我这种年纪大的，自己好学点的计算机这方面还鼓捣点，但很多四十多岁的老师对计算机都很陌生，敲点材料非常费劲。（J – DF – 141030 – T – S2）

另外，接收学校更加规范和严格的课程要求使部分教师教学面临诸多挑战。学校布局调整前，村小教师不足，教师多为多学科教学，教师专业不对口问题突出，许多音体美等专业性较强的学科不能开足开齐或不正规。学校布局调整后，中心校等接收学校课程更加规范，对教师的教学要求要远远高于被撤并学校，但目前许多接收学校音体美等专业教师仍不足，因此一些曾经任教这些学科的被撤并学校教师需要承担相应的教学任务。由于中心校对课程要求高，被撤并学校教师又非专业出身，他们在教学中显得力不从心。

在美术方面，小时候俺们，像俺们教师咋的呢，咱们有的时候，平时咱们教师基本功，也是咱们粉笔字啊，钢笔字啊，简体画呀，那这些都行。你要说咱简单的，一、二年级那个简单的东西，咱们能画出来……六年级，什么涉及一些油画呀，国画那这些东西，那你必须得给学生那个什么，就是说构图呀，什么演示啊，什么那都得有，事前老师的教育准备你都得有。(J－DF－141030－T－02)

2. 被撤并学校教师工作压力变大

被撤并学校规模小，基本没有平行班，教师之间不存在平行班之间的竞争。而且班级规模小，教师能方便地关注到每一位学生，能有效地指导他们，学生的学习成绩不会太差，教师工作相对轻松。而被撤并学校教师来到接收学校后，学校规模扩大，一个年级通常有几个平行班，教师之间竞争更加激烈，所面临的压力较在被撤并学校变大。

那跟中心校比的话，我们这边是稍微轻松一点。他们竞争也大，平行班也多，像我们的话平行班没那么多。我们老师反正说尽自己最大的所能，尽自己所能教好学生，那实在成绩考不出来，校长也不能说怪（老师）。(Z－GC－141204－T－ZL)

不仅如此，学校布局调整后随着学校规模的扩大，学校往往制定了相比于村小更为严格的管理和考核评比制度，这给被撤并学校教师带来不小的压力。

> 相对来说上面（接收学校）的压力大一些，检查多。下面（被撤
> 并学校）我就是说你把教案写到你能给学生们真正地讲懂这个事情就
> 对了。比如3+2，你怎么给学生接受了就对了。我们这儿不行，像重
> 点、难点啊，课时、它的板书、作业还有最后的教学反思的环节都要
> 的。(G－LM－141117－M－L)

此外，在村小的管理模式中教师只需上对校长、下对学生负责，更有
甚者，小规模的村小可能就只有一个教师，这样教师通常不会有太多的行
政事务，压力相对要小。而相对于村小简单的管理模式，中心校的管理则
复杂得多。中心校的领导层级较村小更复杂，所划分的职能部门和主要负
责人也相对较多。不同部门对教师都有不同的要求，均有需要教师完成的
任务，这样除教学工作之外还有其他相关事务，因而被撤并学校教师反映
到接收学校后，往往面临更大的压力。

> 中心校的话，领导多事儿也多，因为比如说一个领导三件事情，
> 十个领导就三十件事，所有的事都要你做。乡下的话，相对来说事儿
> 要比中心校少得多，事情也是有，但没有那么多。(Z－GC－141204－
> T－Z)

3. 被撤并学校教师面临学校内人际关系的重构难题

学校布局调整直接改变了被撤并学校教师的人际环境等，教师面临新
环境的人际关系重构问题。教师的人际关系主要包括教师与学生的关系、
教师与同事的关系以及教师与家长、社区的关系等。在师生关系方面，被
撤并村小规模小，教师和学生之间更加熟悉、关系更加亲密，它更多地呈
现的是类亲属关系而不仅是师生关系。有被撤并学校教师回忆之前在村小
的工作经历时谈道：

> 就是你对他们好他们感受得到，别看孩子小。记得那时候我怀
> 孕，讲一节课就要吐，后来中午就在包里面拿点什么，什么水果啊，

要吐的时候上外边咬两口，完了那个压一压，回来继续讲课继续工作。孩子看到之后，我每天中午来的时候，我这桌里面都放着满满的水果。（J－DF－141030－T－02）

而学校布局调整后，随着班级规模的扩大，师生之间很难像在被撤并学校那样维持亲密的关系，而且对于被撤并学校教师来说目前班级的学生多数都是新接手的，彼此之间并不熟悉，师生之间需要时间熟悉并建立关系。

在同事关系方面，被撤并学校教师人数少，而且经过多年相处后同事之间的关系很亲密。学校布局调整后，来到接收学校的被撤并学校教师面临新的人际环境。在接收学校，原教师都有自己固定的同事圈子，而且他们人数更加庞大，被撤并学校教师短期内很难与他们熟识并建立亲密关系，会有一种距离感，适应和融入新的人际关系面临一定的困难。

虽然说每个同事，以前我们开会呀或者批卷子的时候或者写教案的时候，我们都有一段的时间是在一起的，但是毕竟还是不熟，有一种陌生感……村小的老师过来咱们就很亲密，有什么话都可以说。可能和院内（中心校）的老师稍微有一点疏离，保持一种礼貌。（J－DF－141030－T－01）

在与家长的关系方面，学校布局调整也给被撤并学校教师带来了困扰。在农村，教师和学生家长接触更加方便，彼此之间相对熟悉。而且家长对于被撤并学校的教师在管教学生方面几乎不设限，认为只要教师的出发点是正确的，即便管教得很严厉也是可以的，他们对教师有高度的信任感。而教师随学校撤并来到城镇中心校后发现，城镇学生家长和农村学生家长有不同的观念和要求，对城镇学生和家长的不熟悉使被撤并学校教师对自己应该怎么做有些不知所措，甚至有种恐惧感。

在农村就没有这个。哪怕（对）孩子你再严厉一点，家长会说"使劲管"，怎么样怎么样的。那是肯定的。农村孩子比较质朴，而且呢，就是说，也比较泼实。完了然后你就觉着，你对他们，就觉着你真的心里那份感情啊，就是说，就是说你，你就是百分之百投入，你觉得特别值。到城里来之后呢，老师肯定心里头是有恐惧感的。嗯，就是说肯定的，就是说对你家孩子要求得严呢，你说多少个例子在那里摆着，是不是？心里……心里肯定得要防御这些东西。在农村你就不用，完全不用。（J－DF－141030－T－02）

而且在农村，对于村民而言，学校教师是他们敬重的知识分子，有较高的权威和地位。而学校撤并来到城镇中心校后，周围的教师都是知识丰富的教学精英，而且一些城镇学生家长或居委会因为被撤并学校教师来自"底下"而质疑教师的教学能力等，造成被撤并学校教师们心理上的极大落差。

有这种感觉，多少有这种感觉，就是有一种偏见。来了之后发现，他们（指农村教师）也都还行……其实底下农村老师，很多都挺优秀的。就是干的工作，水平根本就不次于街里老师。街里也有好多老师骨干，干得挺好的。因为当时分配的时候，我们不是说你成绩好你就留街里了……但是你要说你是农村的呢，人家就说，哎呀那是乡下老师，即使你水平比他（城里教师）高，家长就这么认为，你很难改。（J－DF－141030－T－H）

4. 部分被撤并学校教师因上班距离变远导致照顾家庭面临困难

对于一些在乡镇居住、在村小工作的教师来说，学校布局调整使他们上班更加方便。但是原来在村小工作的教师多来自学校附近的村庄，学校撤并后他们到新学校上班距离变远，这给他们照顾家庭带来了困难。调研中，许多被撤并学校教师反映，作为家庭的支柱他们上不能照顾长辈、下难以顾全孩子，而且增加了爱人的负担，从而面临工作和生活上的双重压力。

比如说我吧，是有孩子有家庭的人，得花些时间在孩子身上、家庭身上，所以不可能全身心地把所有心思都放在工作上。在中心校的话，对我个人来说，压力会重，然后我这个人，心理素质不是超好。

我这个人心思重、压力重的话，然后我身体就会出状况，我就会觉得，唉……比较麻烦。（Z－GC－141204－T－P）

而对于一些教师，由于上班距离变远或其他原因选择住校，这给他们照顾家庭、与家人进行情感交流等带来极大的不便。

（一般一周才能回家一趟，家里可能都顾不上）对生活的影响特别大，包括照顾老人啊，还有和孩子交流。孩子也已经18岁了，都顾不上……孩子现在上高中呢，上高二。在他学习刚开始的时候能带他、辅导他，现在家里面一个男孩子，他妈妈也不好带。现在就是我们在这儿付出只有我们自己知道。（G－LM－141117－T－WG）

四 学生作为适应者：上学与社会性发展面临障碍

学生作为学校的直接利益主体，学校撤并给他们的成长与发展带来了直接的影响。家校距离变远导致被撤并学校学生上学极为不便，远距离求学或寄宿使学生的上学安全和身心健康受到影响；同时，远距离求学或寄宿使被撤并学校学生家庭认知不良，新学校适应和融入困难，学校社会性活动参与度降低，社会性发展面临障碍。

（一）家校距离变远导致被撤并学校学生上学不方便

1. 远距离上学成为被撤并学校学生的负担

农村学校布局调整的直接影响就是被撤并学校学生上学距离变远。远距离上学对于学生尤其是低年级学生来说是不小的负担。

因为从孩子的角度说，太小了。有的小孩不大点的就挤那面包车，挺危险的。完了家长也不放心，每天回来见不着孩子，心里始终挺担心的。学校教育是公益投入。你离街里那村屯都好几十里地，大老远出来上街里念书，你想那小孩儿，从学前班开始，是不是挺困难的。（J－DF－141030－T－H）

你把学校撤了以后，6 岁的娃娃每天来回走两三个小时的路，要上学……你像条件好的就到县城里面的小学，不好的就在乡下，实在太远的就住下来，但是大部分还是步行。（G－LM－141118－T－ZH）

（学校撤并后）这个学生（上学）太远太苦，像 W 村，我了解了一下，家长四点多就起来给孩子做饭，做好了把孩子叫起来，最迟要五点半从家里走，到我们这儿来就六点多，六点十分了。再一个中午他们也不能回去，这孩子正在长身体的阶段，我感觉到这确实也是个问题。（G－LM－141117－M－L）

农村学校布局调整后，被撤并学校学生远距离上学使花费在上学途中的时间变长。为了按时到校，孩子们不得不每天早起上学，这严重影响了孩子的睡眠，成为他们的负担。

路程变远了，对孩子的休息肯定会有影响啊，距离变远了，孩子得起早，他要坐车啊，现在一部分学生要坐校车，到点就得走。这样，孩子就不能像以前一样，想多睡一分钟都不可能，所以他必须要早起。（J－DF－141030－T－L1）

你看现在我们 W 村的孩子，五点半就得走，你看这少两个小时休息这能行吗。晚上还要做作业，要写完，最不行得写到 9 点，就休息不好。再一个娃娃正在长身体的时候，这么冷，你过来的时候从那个梁，你知道，风大。（G－LM－141117－M－L）

除了孩子需要早起外，家长也需要早起给孩子做饭、叫孩子起床，对家长来说都是不小的问题。而且许多家长需要亲自接送孩子上学，或送孩子到校车或自雇车乘车点。相比学校布局调整前，孩子上学变得非常不方便，家长也面临诸多困难。

天天早上起不来，今天早上叫了三遍都不起来，气得让我给吵吵了，不起来就不赶趟了，她不愿意起来，太早了。（J－DF－141030－P－01）

校车不能到家门口……我现在就送孩子，送早了吧得在那等着，站5 分钟很正常。校车或迟或早，等 5 分钟很正常，尤其是冬天，送晚了

吧不赶趟，咱整不好那点。夏天还行，冬天不行，冬天冷。（J－HS－
141031－P－LS）

不仅如此，学生花费在上学路上的时间变多，课后学习的时间变少。
而且远距离上学使学生身心疲惫，每天到校和放学回家后学生往往劳累到
无法集中精力学习，在一定程度上影响着学生的学业成绩。[1]

2. 被撤并学校中弱势学生辍学风险增大

农村学校布局调整主要是为使农村学生得到更好的教育而进行的，农
村学校布局调整必须保证"学生在场"。如果农村学校布局调整引发了部
分学生辍学，就触及农村学校布局调整的一个底线。[2] 然而在布局调整政
策施行的过程中，由于种种原因对一些家庭造成的困难无法通过协调解
决，一部分弱势家庭的孩子会因此辍学。基于此，有学者提出农村学校布
局调整要警惕辍学率反弹。[3]

不可否认，学校布局调整在节约资源、提高规模效益的同时，在一定
程度上增加了寄宿、校车等开支，增加了家庭的经济负担。尽管近年来农
村家庭经济水平有所提高，但是学校布局调整对于一些相对贫困的家庭来
说，孩子上学仍然是一个沉重的问题，甚至会直接或间接地导致贫困家庭
学生的辍学。一位农村教师向我们介绍了他了解的情况。

> 虽然现在农村的经济水平都提高了，但是有的家庭条件还不是那
> 么好，他们要坐车，还要吃饭，这个费用就要高很多很多，比在农村
> 上学（费用高），有的学生甚至读不到初中就会辍学。（J－DF－
> 141030－T－D）

---

[1] Alexander, K. L., Entwisle, D. R., & Dauber, S. L., "Children in Motion: School Trans-
fers and Elementary School Performance," *The Journal of Educational Research* 90 (1996): 3 –
12. Mehana, M., & Reynolds, A. J, "School Mobility and Achievement: a Meta-analysis,"
Children and Youth Services Review 26 (2004): 93 – 119. Sullivan, M. J. et al., "School
Change, Academic Progress, and Behavior Problems in a Sample of Foster Youth," *Children and
Youth Services Review* 32 (2010): 164 – 170.

[2] 秦玉友：《农村学校布局调整的认识、底线与思路》，《东北师大学报》（哲学社会科学
版）2010 年第 5 期，第 150～155 页。

[3] 于海波：《农村学校布局调整要警惕辍学率反弹》，《求是》2009 年第 16 期，第 56～57 页。

家校距离变远同样使一些身体有疾病的学生在就学问题上遭遇更大的困难，家校距离成为他们就学与否的关键影响因素。以前学校在家附近的时候，孩子能够勉强到学校就读，同时能够得到家庭的照顾，但当学校撤离他们所在的社区时，家长不愿或无力支持孩子远离自己去远距离的学校上学，于是造成他们的孩子辍学。在调研的过程中，我们有时会看到路边有一些不去上学的孩子，在与当地居民访谈的过程中，他们提到了这些孩子中有些是由于身体或者智力的原因而辍学。

> 你们在原来村小附近见到的那孩子，他脑子有点那啥，你看到他对你"嘿嘿"傻笑了吧，整天在外面乱转悠。原来村小还在的时候他也上学，现在（别的学生）都到中心校上学了，他也不能去，对吧？原来咱们县有个残疾人学校，现在好像也没有了。(J – DF – 141030 – P –01)

此外，对于一些父母外出打工、祖父母照顾的留守儿童，特别是在交通不便的西部山区，学校撤并后上学距离变远，祖父母没有能力接送孩子上学；而且有些祖父母让孩子接受教育的意识淡薄，考虑到孩子小、小学距离远，会推迟孩子的上学年龄，在一定程度上也造成孩子不愿意上学，增加了部分学生辍学的风险。

尽管农村学校布局调整有着正当的价值追求，然而也要保证"学生在场"这一底线。无论是哪一种方式的辍学，它都直接动摇了农村学校布局调整"学生在场"的底线。如果布局调整其他的追求均实现了，而学生却流失了，那么这样的布局调整是没有人文关怀的布局调整，失去了它的教育意义，从而也失去了它的社会意义。

（二）被撤并学校学生的上学安全和身心健康受到影响

1. 走读或住宿均面临更大的安全风险

农村学校布局调整后，被撤并学校学生上学距离变远。在一些交通相对便利的地区，发展校车制度；在中西部一些交通不便的地区，建设寄宿制学校。但无论是走读、乘坐校车还是寄宿，被撤并学校学生都面临上学途中和学校生活的安全问题。首先，对于步行上学的走读生来说，上下学途中的安全问题成为学校和家长担心的主要问题。

> 原先村里的孩子都是在家附近上学，最远的学校到这儿坐车都是半个小时，路途遥远。夏天吧，有河，最远的学校现在就是得路过三条河，汛期有危险，校车也有危险。这水一下来，孩子到家就很晚，这就有安全隐患。不并校的时候，这小孩离家很近，不用走危险的路。(J-DF-141030-T-D)

> 有次我和我弟弟，就我们两个人。路上一个人家养了一条狗，我弟弟害怕，他害怕他就跑，结果那狗就追上去。我让他不要跑，我弟弟就是不听，他吓得跑我就去追他，那狗死追着他不放。(Z-GC-141204-S-H)

除了自然存在的危险，随着社会的发展和人们生活水平的提高，道路上的车辆越来越多，而且很多社会车辆经过学校所在地时缺乏"学生在场"的意识，因而也存在诸多不安全因素。

> 其他还好，就是这个路面感觉车子多了一点，经常越是这个上学或者放学期间，车子越多。小孩一下子一排出来的话你看这个车子，这个农用车也经常从这儿过（说着一辆大卡车打着刺耳的喇叭从我们身边开过）。(Z-MC-141208-P-01)

对于一些距离稍远的学生，通常需要乘坐校车或自雇车上学，但受道路状况、交通工具、驾驶人员素质等因素影响，乘坐校车等上学也面临各种各样的安全隐患。根据国家的要求，许多地区配备了校车，但是其在具体运营过程中存在种种问题。例如，乘坐校车的学生人数多、居住比较分散，校车很难保证接送的时间，孩子们需要花大量时间等车；校车往往不能直达学生家门口，孩子们需要到固定地点等车，从家到校车等候点以及等车期间的安全问题成为家长担忧的问题。

> 现在还行，等入冬的时候，早上就得送到前面的一个垃圾点，就这么远也不敢走。天黑啊，就是顶着星星走，顶着月亮回来。不只小

学四年级，前面有家上幼儿园的也是这样走，没别的车，就必须坐这个车。早上不到 6 点走，晚上不到 6 点回来。（J－DF－141030－P－01）

下车到小饭桌门前，穿横道，俺家孩子跟个小猴子一样，10 岁，根本就不放心，俺们这帮人那几天还在商量，如果校车能送到村里，多掏点钱也行，毕竟安全。（J－DF－141030－P－01）

而对于一些校车服务不到的村庄的孩子来说，家长只能无奈地选择"黑车"（不合格、不达标、未备案的车辆）。这些车辆司机往往个人安全意识淡薄，没有责任心，超载驾驶并且有酒驾的行为，存在诸多安全隐患。

学校布局调整后，一些学生因为上学距离变远选择在学校寄宿，同样在学校也面临包括日常生活、饮食、周边环境等方面问题在内的安全问题。一些农村地区的学校为学生提供了一定的住宿设施，然而紊乱的日常管理、不达标的饮食条件和复杂的周边环境极易引发住宿学生的安全问题。当安全问题没有发生或者没有达到一定的严重程度时，相关部门和主体不会对其有所重视，大多数时候怀有侥幸心理看待这个问题，更有甚者认为是杞人忧天、多管闲事。然而，我们必须要认识到生命安全问题一旦出现，任何主体都无法挽回，其结果是相关行政部门、学校负责人、家长难以承受的。而学生的生命安全问题会引起家长极端的情绪性反应，引发社会一些别有用心者的过度关注并扭曲这些负面的教育信息，如此会使农村学校布局调整陷入困境，甚至会引发社会全面否定学校布局调整的行为。

2. 吃饭不方便导致学生营养难以保障

义务教育阶段正是学生身体发育最重要的阶段，充足的营养、健康的饮食是其健康成长的重要保障。然而，农村学校布局调整后，由于上学距离变远，中午回家吃饭的时间不充裕，学生们不得不在学校食堂就餐。一些学校提供的午餐不符合学生的口味或者食堂没有配套建好，学生们只好在学校附近的小卖部买零食，对此家长们非常担心。

这中午吃饭的问题，花钱还吃不饱，早上早早起床，吃不饱，中

午饭不合口也吃不饱，这孩子（一天）只能饱一顿饭。（J – DF – 141030 – P – 01）

现在最担心的问题就是中午吃饭不太好、不太理想，别的都挺好。（J – HS – 141031 – P – WQ）

吃饭吧，家长总是惦记着，一天三顿饭，孩子两顿吃不饱，完了还瘦，学校附近还卖一些破烂儿（指垃圾食品）的，她们学校老多小卖店就卖这些破烂玩意儿的，挣钱嘛，就卖这些破烂儿，5毛钱的，几毛钱的，那辣的什么的，就这么大一小碗，5毛钱，连水带面的稀里呼噜的，辣得孩子够老呛了，反正花5毛钱，也就买一碗，也就那么的了。晌午，她也不上小饭桌吃去，就这么吃，所以孩子可瘦可瘦了。（J – DF – 141030 – P – 01）

相比这些吃饭吃不好的孩子来说，调研发现，在一些学校孩子们中午常常不吃饭或者仅仅吃一些自己早晨从家里带来的冷干粮。

> Q：你中午是在哪里吃的饭啊？
> A：中午不吃饭。
> Q：那你饿不饿啊？
> A：不饿。
> Q：你是一直都这样吗？
> A：一直都这样。（G – LM – 141117 – S – WG）

近年来，随着营养餐工程的实施，许多地区学生的吃饭问题有所改善。但是，有些地区的营养餐多作为课间配餐，而且孩子们不喜欢这些配餐，没有发挥改善学生营养状况的作用，浪费严重。因此，学校布局调整后，如何保证孩子们的营养和健康状况是我们必须面临的课题。

3. 关爱不足影响学生的身心健康

心理健康对于个体的成长、日后的生活有着无可比拟的重要性。根据心理学的研究，成人后所表现出来的意志、情感、行为与其在儿童时期的经历密切相关，而从小受到的不良刺激长大后其影响可能会被延续并被放大，对个体甚至对社会都会造成一定的危害。然而，与身体健康相比，心理健康由于其内隐性往往容易被忽视。学校撤并前，孩子们在父母身边能够得到父母的关心和照顾；而学校布局调整后，远距离求学使他们与父母接触时间变少，尤其是对于寄宿生，与父母的联系被割断从而导致父母的关爱缺失，不利于孩子的健康成长。

不仅如此，学校撤并前，学校班级人数少，教师也能够察觉到其轻微的情绪变化和心理波动，可以及时给予相应的关爱并解决问题。学校撤并后，接收学校规模变大，班级人数变多，教师很难顾及所有学生的动态而且无法轻易地从外表上分辨出学生是否发生情绪变化或存在心理问题，这些问题如果不能得到及时交流和彻底解决，可能会直接影响学生的身心健康。

> 在村小就十多个孩子，我对每个孩子都是有所关注的，情绪啊什么的，一眼就能看出来，到街里四五十个孩子了，你可能老师关注不到你。班主任上完课，其他老师马上就进来了。像我们那个有什么事了，在走廊一喊就能听到，他们是缺少一点关注。（J－DF－141030－T－01）

基于将学生的心理健康发展作为一个重要底线的认识，在一些农村学校布局调整力度较大的地区，许多学校采取了类家庭的学校住宿管理。学校通过学生放学后参与活动的方式将学校或班级的学生集中起来，使这些住宿的学生有更多的机会与其他同学交往；通过牺牲教师休息的时间，让这些学生与教师交往的时间变长、次数变多。此外，学校晚上安排住宿的学生集中到一起，像在家里一样看新闻、动画片、电视剧等一些学生喜欢的电视节目，缓解学生缺乏父母关爱可能产生的心理问题。然而，类似的做法可能仅是一些权宜之计，难以从根本上解决学生的心理障碍，如何做到、做好并长期保持才是需要认真思考的。

身心健康是人才培养的第一要务。没有身心健康，其他一切的努力均失去了载体。如果我们用数字来隐喻身心健康和其他方面发展的关系，可以这样说，身心健康是1，其他方面是1后面的0。如果学生身心健康，其后面的0越多，那么教育的价值越大；如果1没有了，再怎么努力去给后面添加多少个 0 都是没有意义的。① 如果农村学校布局调整仅仅是为了暂时提高学生成绩和节约教育经费而牺牲学生的身心健康，这样的做法是不可取的，无论是对社会的整体发展还是对学生的个体成长都是不利的。身心健康是农村学校布局调整的一个底线，农村学校布局调整必须保证学生的身心健康发展不受影响。因此，农村学校布局调整应该将学生的身心健康问题放到一个与生命安全问题同等的高度上，必须对其高度关注。

（三）被撤并学校学生的社会性发展面临障碍

1. 离家时间变长导致学生产生不良家庭认知

农村学校撤并以后，由于家校距离变远，孩子们或坐车通勤或寄宿在校，学校成为他们生活的主要场所。在家生活时间变少，弱化了家庭的生活体验，拉长了学生与家庭之间的距离，回家成为一种奢望，亲人更多的时候是作为思念的对象而存在。这样的生活状态使孩子产生了异化的家庭认知。一是对家庭依赖感的弱化。部分学生因为经常与父母分离，情感长期处于悬置状态，使他们对家庭的依赖感淡化甚至消失，家庭变成了一种虚空的存在，他们对家庭产生一种无所谓的态度，呈现家庭认知的不良化倾向。

> 再一个，乡镇上人多，娃娃也没有在家里时那么认真学习、那么听话了。以前在家的时候我们说话娃娃还听来，现在几乎把你说的话不在乎了。(G - DZ - 141119 - P - ZX)

二是对家庭的过分依赖导致产生亲情缺失的焦虑感。由于与家庭经常性的分离，他们极其渴望来自家庭的关爱。学校撤并后回家变得不那么容易，一些学生因为对家庭的依恋，看到其他同学回家便产生羡慕之情，他们因为缺乏学校撤并之前的回家机会，渴望家庭的关爱，这影响了他们对家庭关爱的合理需求水平，不利于学生良好家庭认知的形成。

此外，当学生的情感交流间断、家庭关怀缺失时，出于对情感的追

---

① 秦玉友：《农村学校布局调整的认识、底线与思路》，《东北师大学报》（哲学社会科学版）2010 年第 5 期，第 150 ~ 155 页。

求，他们更倾向于从身边的同学、朋友那里寻求关爱来替代家庭关怀的不足或空缺，填补情感的空白，然而在社会构成日趋复杂化的今天，这部分学生可能面临遇人不淑而陷入交友不慎泥潭的风险。[①] 因为"关心""哥们义气""体贴"等这类谎言或幌子而陷入危险的事件频繁出现，很大一部分是由家庭认知不良引发的。

> 家长和孩子的沟通少，缺少一种亲情教育。你看，原来一些家长和孩子天天在一起的时候，孩子的卫生啊，孩子的一些不良反应啊，家长都知道，就是和家长在一起，家长都清楚。但是现在一周只能见一次面，亲子交流这个机会就少了。(JL - TY - 141025 - M - Z)

2. 人际交往环境的变化导致学生新学校适应融入困难

任何一个在某一社区长期存在、师生在其中互动频繁的学校都拥有自己的学校文化特征和群体特征，这些特征让学生形成了群体认同感和心理舒适感。学校撤并后，被撤并学校的学生不得不离开自己原本熟悉的学校到陌生学校就读，而且他们普遍会面临对新学校的适应与融入问题。被撤并学校学生需要熟悉与适应新教师、新同学、新环境，融入新学校的文化和同伴群体。这个适应过程不可避免地会面临心理上的冲击，一些学生往往长期处于被动适应状态，难以真正融入新学校的文化与同伴群体，会产生严重的心理不适感，甚至可能产生自卑、排斥、逆反等情绪。

> 我第一年去支教（那个学校），有个学生来报名。可是过了几天他就不来了，这时候就着急，我就说这个学生为什么不来，然后家长又送他过来了。过来之后他又回去了，我觉得很奇怪，是因为我的课堂、我的习惯他不适应呢，还是什么呢？然后我问那个家长，家长说不是的，学生太多了他不适应。他原先在老家读，只有10个孩子跟他上学，然后就只有一个，一个还是两个老师。然后一下子看到这么多的同学、这么多的老师，他就不敢（上学），所以你可想而知。(Z - DX -

---

① 秦玉友、曾文婧：《农村学校撤并的社会代价反思》，《教育发展研究》2014 年第 10 期，第 39 ~ 44 页。

141209 – T – Y2）

学校撤并使来自不同社区的学生在同一所学校就读，被撤并学校学生感觉自己是"外来人"或被认为是"外来人"，学校所在社区的学生或多或少也会有"本地人"概念。"本地人"与"外来人"成为现在学校所在社区与被撤并学校所在社区的学生的标签。当前学校所在社区的学生由于熟悉等原因会产生"东道主"的优越感，可能会出现欺侮外来学生的现象。"本地人"与"外来人"标签也可能强化各自群体内部的联系，强化群体间的不认同感、陌生感，容易造成不同社区群体间的疏离与冲突，甚至出现打架斗殴等问题，严重的还可能引发犯罪问题。

> Q：你们班是你们 18 个人一个班，别的班是 32 个人一个班，有没有觉得你们班和别的班不一样？
> A：一上体育课的时候，我们有两个体育老师，有时候会有两个班一起上。回班的时候他们会说"这个班人数怎么这么少"，就有种被歧视的感觉。
> Q：你怎么觉得有种被歧视的感觉，是歧视你们人少还是有别的？
> A：就歧视我们人少。还说我们是从村小转来的，没有什么文化素质。
> Q：听完之后大家有什么反应？
> A：都习惯了。（哭）（J – HS – 141031 – S – CH）

> 那个班级人多，都喜欢开玩笑嘛，有些时候不开心的时候，他们就把粉笔末涂到我脸上，然后我就很不开心。（Z – XG – 141205 – S – X）

3. 被撤并学校学生学校社会活动参与机会减少

学生积极参与学校社会活动，以及在此过程中学生间的充分交流互动可以有效减少甚至消除人际疏离感，培养群体归属感，促进学生个体的社会性发展。学校撤并后，上学距离变远使被撤并学校学生的活动参与程度有所降低。一方面，上学距离的延长使学生在路途上需要花费更多的时间，使被撤并学校学生参与学校社会活动的时间减少；由于时间无法得到保障，参与机会变少，无法深度参与学校的社会活动。另一方面，家校距离变远，有些学生到学校会产生一定的疲劳感，直接影响了学生参与学校社会活动的积极性，使其不想参与或者无力参与。

在路途变远的情况下，无论是因为课余时间减少影响学生参与学校社会活动的机会，还是因为学生劳累影响其参与学校社会活动的积极性，这往往都给其他学生他们不关心学校和班级的事情的感觉。但是，对被撤并学校的学生来说，无法深度参与学校的社会活动必然使他们与其他学生交流机会减少，无法在相互交往中加深彼此之间的了解和感情，难以获得其他同学的认同与肯定，因而影响了同学之间的和谐与友谊，这在一定程度上也影响了被撤并学校学生的学校与群体归属感。就接收学校的学生而言，被撤并学校的学生表现出来的淡漠和消极淡化了他们对被撤并学校学生的友好态度，影响了他们与被撤并学校学生相处的积极性。这样自然就形成了两类主体之间的疏离与相对独立。

五 家庭作为相关方：经济状况和家庭稳定面临挑战

学生和家长是学校布局调整的重要主体，其所在家庭也成为学校布局调整的重要相关方。学校布局调整后，由于家校距离变远，孩子们或坐车通勤或寄宿在校，这一方面使家庭负担变重，另一方面使孩子在家时间变短，甚至是在日常生活中缺位，造成了家庭结构的现实不完整性，也使父母的情感需要得不到正常满足，孩子的后喻文化影响式微，这些都影响着家庭的稳定和谐与父母的情感需要。

（一）远距离上学或陪读使家庭负担变重

学校布局调整后，孩子上学距离变远，为此也给家长带来了很多负担。一方面，家长需要早起照顾孩子的起居、接送孩子上学。

看到过有些家长早上领着孩子去上学，因为他要走五里路到学校，特别是冬天早上天比较黑，他得领着孩子去上学。你想这得付出一个劳动力定格在这个孩子身上，所以说带来的麻烦也不小。（G‐LM‐141118‐T‐LB）

另一方面，对于一些不能走读也不具备住宿条件的学校，学生家长只能选择在学校附近租房陪读。对于这些陪读家长而言，陪读给他们带来诸多不便。为此，有陪读家长反映道：

> 村子里的小学都撤了，我们家长不方便了，学校离得远了，孩子七八岁、十一二岁，跑到这么远的学校来上学，家里人毕竟不放心，要来陪着，既耽误了农活，又耽误了挣钱。我们那现在有2/3的田地整个都是荒芜的，现在都是为了孩子，田地已经没办法种了，都出来陪孩子了。孩子离学校都是五六里、六七里的，没有摩托的家庭，根本就顾不上种地了。一来要抓教育，但家里的庄稼还是要种呢，生活上、经济上都要有保障才行。孩子要是在自己村子里上学，离家近，在家里住，晚上就回来了，家人也能在忙完农活后回家给孩子做饭，不耽误。(G - DZ - 141119 - P - ZX)

除此之外，孩子远距离上学和家长陪读等也直接使家庭经济负担变重。一方面，陪读产生了大量的花费；另一方面，陪读使家长无法正常工作，家里的地被抛荒，家庭收入来源减少。

> 自从孩子转过来之后，现在家里的地都荒了、撤了。除了这个，到这边来了之后都是高消费，什么东西都得花钱。在这边一年比农村多花挺多钱的，具体我没有算过，但是确实是挺多的，家里挺紧张的。以前在家里的时候，起码在吃饭这一块，基本上都是家里种的，也不用花钱，但是到这边之后，基本上所有的东西都得花钱买。像这边吃水果、蔬菜，比如说白菜、油菜还有西红柿，全部得买。像以前的时候，这些东西都在自己家里种，也不用花钱买，这算是高消费。(G - DZ - 141119 - P - WJ)

> 就我们租的这个房子，一年下来得800元钱。其他的花销是自己掏的。生活上好一些的家庭，花销就多一些，像我家里条件不好的，就节省着花么，但还是感觉花费大得很。像烧炭、用电、买菜等，花销也不少。我觉得自己手已经攥得紧得很了，但还是感觉花销

大得很，一年在这边，加上家里的花销，得一万多元呢。（G - DZ - 141119 - P - LY）

　　现在租房子是一年 1100 元，之前在别的地方住的时候，娃娃多（当时大儿子还在 DZ 中学上初中，三个孩子都在这边上学），住的是个大房子，一年要 1600 元。电费、水费，还有吃喝的东西，都是自己掏钱买的。到这儿之后，一学期可能得一万元。连吃带喝，学生还要买本子、笔等。以前在那边的时候这些钱大部分都不用……感觉经济条件还是挺紧张的，现在干啥都要钱呢，花销多得很。（G - DZ - 141119 - P - WQ）

（二）日常生活中孩子的缺位给家庭的稳定带来消极影响

英国人类学者雷蒙德·弗思（Raymond Firth）指出，社会结构中真正的三角是由共同情操所结合的儿女和他们的父母。[①] 费孝通对这一命题进行了更进一步的阐述，他指出，孩子出生为夫妇两人创造了一件共同的工作、一个共同的希望、一片共同的前途；孩子不但是夫妇生物上的结合，同时也是夫妇性格上结合的媒介。孩子在夫妇关系上的创造性，使我们对于"三角形的完成是孩子的出生"这一句话有了更深一层的了解。稳定夫妇关系的是亲子关系。[②]"孩子在场"，家庭的完整性才是现实的完整性，家庭的稳定性才会不断得到强化，家庭的和谐才会有共同的话语基础。学校撤并对家庭完整性的影响以及这种影响产生的后果对家庭稳定与和谐所产生的作用是消极和巨大的。

在家庭中，父母的角色认知和角色承担是被在场的子女角色框定和强化的，一个家庭的稳定性源于家庭成员对自己角色认识的稳定和特定角色频繁承担的强化，而家庭更是因为孩子的存在而成为一个稳定的三角的。农村学校撤并后，由于上学路途变远，一些孩子在家的时间减少，而回家之后又是以作业、吃饭和睡觉为主，与父母的交流极少，而有些孩子直接寄宿长期不回家。孩子不在家使父母角色承担的机会减少，角色认识弱化，家庭

---

① 〔英〕雷蒙德·弗思：《人文类型》，费孝通译，商务印书馆，1944，第 78 页。
② 费孝通：《乡土中国—生育制度》，北京大学出版社，2007。

的现实完整性受到一定的影响，从而也弱化了家庭的稳定与和谐。

（三）亲子交流缺失导致父母情感需要受到挑战

家长与孩子的关系是融合生物性、社会性、经济性三位一体的关系。不同经济能力的家庭为孩子的教育与发展提供的物质支持不同，但是关爱孩子并从中获得满足的需要是家长的一项基本权利。然而，长期以来，主流的认知总是宣传父母养育孩子的辛苦，而对关爱孩子作为父母的一种基本权利与需要则缺乏必要的关注。农村学校撤并后，孩子与父母在一起的时间减少，家长除了给孩子提供必要的生活、学习等物质条件尽养育义务外，与孩子的社会性互动机会减少，家长在社会性意义上关爱孩子的机会减少，关爱子女的心理性和社会性本能受到一定程度的压抑，关爱的需要难以得到满足。心理学家马斯洛将人的需要划分为五个层次：生理需要、安全需要、归属与爱的需要、尊重的需要和自我实现的需要。作为家长，农村居民有关爱孩子的需要，也有通过关爱孩子得到尊重和自我实现的需要。农村学校撤并后，从满足父母更进一步的需要层次上讲，由于关爱子女的需要得不到满足，进而影响了父母在社会性互动过程中更高层次的尊重和自我实现需要满足的可能性。这不仅影响了家长与孩子之间的关系，也影响了家长的精神状态。[①]

> Q：您觉得孩子在您身边和您亲，还是一周回来一次和您亲啊？
>
> A：当然是天天在身边和我亲了。原来咱村小在的时候我天天去接送孩子，天天能见着。现在孩子到城里上学了，就放假回来见俺们……俺们也就是一周能见着两天孙子……（J-DF-141030-P-01）

（四）晚辈主导文化影响式微导致家长知识的固化

人类学家玛格丽特·米德（Margaret Mead）在其 1970 年出版的著作《文化与承诺：一项关于代沟的研究》中提出了长辈主导文化（postfigura-

---

① 秦玉友、曾文婧：《农村学校撤并的社会代价反思》，《教育发展研究》2014 年第 10 期，第 39~44 页。

tive cultures)、同辈主导文化（cofigurative cultures）和晚辈主导文化（pre-figurative cultures）三个概念。次年，哈佛大学学者科拉·杜·波伊斯（Cora Du Bois）在给这一著作所写的书评中指出，这三种文化是米德基于过去、现在与未来导向提出的表征文化特点的三种代际互动类型。[①] 在长辈主导文化中，孩子主要向他们的前辈学习；在同辈主导文化中，孩子和成人都要向他们的同伴学习；在晚辈主导文化中，即使长辈也要向他们的孩子学习。[②] 按照米德的三种文化类型划分理论，在一个快速变迁的社会中，晚辈主导文化是主要代际互动类型。在时代进步、农村社区快速发展，以及农村家长文化水平和学习能力普遍偏低的背景下，新生代学生借助学校教育中所学习的知识技能和新技术成为农村社区中现实的知识和信息来源，晚辈主导文化的反哺影响成为农村社区成人学习与获得信息的一个重要途径。

在现代教育条件下，孩子将借助新技术、新手段，在短时间内掌握大量新知识、新信息。在家庭中，如果孩子有机会能够方便地与家长交流，他们可以将相关的新知识与信息有意或无意地随时传递给家长。农村学校撤并后，孩子们远距离求学或寄宿，亲子交流互动机会减少，晚辈主导文化的影响无法充分体现，父母难以从孩子那里学习新知识、了解新信息，不利于家长文化知识水平的巩固提升和相应信息的更新。[③]

六　社区作为剥离方：文化抽离与记忆断裂

自从学校作为一个正式教育机构在农村社会普遍出现，学校便在农村社区里长期存在并以显性或隐性的方式产生持续的社会影响，现代社会价值通过学校逐渐浸透于现代乡村社会生活，农村社区也因此有了现代社区气质。学校是其所在社区宜居性的重要社会指标，是社区吸引力的重要来源之一。有学者指出，"具有生育潜力的社区通常都包含学校，而维持学

---

① Bois，C. D.，"Book Reviews，" *American Anthropologist* 73（1971）：1291–1292.

② Margaret，M.，*Culture and Commitment：A Study of the Generation Gap*（New York：Double-day，1970），p. 1.

③ 秦玉友、曾文婧：《农村学校撤并的社会代价反思》，《教育发展研究》2014年第10期，第39~44页。

校的能力是衡量一个社区幸福的指标"。① 大量的农村学校被撤并后，被撤并学校所处的农村社区通常并不会在短期内消失，却因此导致农村社区与学校疏离感增加、农村社区文化正向引导功能受阻与文化抽离、社区内居民交流频率降低，从而导致农村社区整体吸引力下降。

（一）学校撤并导致农村社区与学校疏离感增加

位处农村社区的学校因为"在那里"使农村社区对学校有熟悉感，学校通过一些仪式性的活动和学校时间制度等潜在规训机制发挥作用，使人们对学校运作的事件框架与时间框架有熟悉感。学校撤出社区后直接的后果是导致居民和学龄前孩子对学校疏离感的增加。当学校"在那里"时，学龄前儿童和家庭也未必总到学校里去，但是他们感觉到学校"在那里"，与自己没有距离；学校被撤并后，学校成为学龄前儿童的陌生世界，学校逐渐变成社区成人的一段童年记忆，当下的学校不再为他们所熟悉。访谈中，有村民谈及学校被撤并时感慨道：

> 我觉得挺惋惜。这个学校……嗯，有100多年了，挺可惜的，我父亲80多（岁）了也是在这里上学的，我也是在这里上学的。我觉得挺可惜的，学校历史挺悠久的，这学校不应该黄。有100多年历史了，你看这位大爷都80多岁了，也在这里学校上过学……挺可惜，挺可惜……（J - DF - 141030 - P - J）

不仅如此，学校标志性仪式活动随着学校的撤出而远离农村社区，农村社区居民无法方便地体验到升国旗、团队活动、重要学校集会等仪式的庄严性和正式性带给他们的心灵的震撼，更无法及时听到在各种仪式上对学生的肯定及被肯定学生的名字……农村社区与学校的仪式性联系被切断，农村社区对学校的状况缺乏了解，不能与学校同时态互动，社区了解的学校事件都是过去式，农村社区因为对学校事件了解的时态滞后性而不能与它们产生同时态心理共鸣，学校疏离感产生。

---

① Peshkin, A., *Growing up American: Schooling and the Survival of Community* (Chicago: The University of Chicago Press, 1978), p. 161.

学校的撤出不仅抽离了学校之于社区的仪式性存在，也抽离了学校之于社区的时间制度规训。农村社区作息时间具有较强的季节性和随意性，农村学校的存在客观上为农村社区提供了一个可以遵循的时间制度。学校撤并后，学校时间制度的潜在规训机制对农村社区生活的影响渐趋消失。在一些农村社区，因为家校距离远，居民难以看到学生按时回家的身影；而另一些农村社区，因为学生寄宿，居民只有在周末才能看到学生回家。久之，居民制度化的时间感弱化，对学生的学校时间框架产生了疏离感。

A：我感觉有个学校挺好。俺们老百姓就以为是这个事，没有学校就显得啥也没有。学校有教育呗，门口这些孩子天天在这里上学，家长这瞅着心里老高兴了。

Q：现在是瞅不着了，是不是？

A：对，现在都是封闭的。院里头，大人都不知道那院啥样。都不让你进去，看不着。

Q：有空的时候会去 A 小学溜达吗？

A：去啊，经常。接孩子、送孩子啥的都去。

Q：去了会干什么？

A：就跟那老师，看看孩子学习咋样啊啥的。（J‐HS‐141031‐V‐01）

（二）农村社区文化正向引导功能受阻与文化抽离

作为农村文化传播的媒介，农村学校对农村社区文化具有正向的文化引导作用。农村学校是有组织、有目标且制度化地培养人的场域，农村学校对社区具有价值引导、文化熏陶和正能量传播的功能。无论从学校和学生主动影响社区的意义上，还是从社区居民因为学校在社区、学生在身边使社区居民产生的对自身言行有意识注意"场式影响"的意义上，学校对农村社区文化建设都具有重要的价值。从其主动影响意义上看，学校撤并后，由于与农村社区距离变远的原因，学校难以再像从前那样方便地承担传承社区传统文化、抵御和过滤不良文化、吸收和整合外来文化的责任。

从被动意义上看，即使一些学校没有主动地去影响社区文化，学校只是作为农村社区文化环境发挥"场式影响"效应，农村社区的学校对农村社区也具有积极意义。然而学校撤并后，学校作为农村社区文化环境的一个重要组成部分不复存在，学校对社区的"场式影响"效应便也消失了，许多社区居民在言行上失去环境约束，言行的有意识注意程度和文明程度都可能降低了。

不仅如此，农村学校是社区的文化中心。以农村学校为中心，聚集了作为乡村文化传承者的儿童，作为文化传播者的教师、父母和村民。然而随着学校事实上的撤并，被寄予厚望的知识集散地彻底崩塌，儿童远离自己熟识的村落开始在中心校或其他学校上学，教师离开村子去别的地方教书，父母或周围邻居原本会以言传身教的方式潜移默化地在日常生活中将个人的生活经历、为人处世经验、文化知识、伦理观念、乡村民俗，通过聊天和讲故事的方式传递给孩子的可能性大大削弱。乡村儿童由于长期缺乏与乡村传统文化的接触而逐渐对本土文化淡漠，无法理解和传承乡村文化，从根本上导致了乡村儿童作为文化主体的缺位，乡村本土文化秩序迅速瓦解，整个乡村社区逐渐走向"文化虚无"。

（三）农村社区居民交流频率降低

相对于城市而言，农村是一种平面化的居住场所，是一个"熟人社会"。"熟悉是从时间里、多方面、经常的接触中所发生的亲密的感觉。这感觉是无数次的小摩擦里陶炼出来的结果。"[1] 但是不得不指出的是，在乡村社会逐渐加速拥抱现代文明的进程中，农村社区的平面化互动特性（如茶余饭后的室内外小聚聊天等）因为现代娱乐方式（如看电视、上网等）的流行而日渐式微。在此背景下，农村学校作为其所在社区居民交流的重要内容，对维系农村社区居民的平面化互动发挥着重要作用。学校被撤并前，围绕农村学校生活，孩子之间、家长之间、教师与村民之间通过交往和互动建构了彼此熟悉的社会关系网，密切了人们之间的联系，深化了人们之间的情感。然而，学校被撤并后，社区少了茶余饭后一起玩耍嬉戏的孩子，居民之间由于孩子和学校生活建立起来的共同话题减少，少了因孩

---

[1]　费孝通：《乡土中国—生育制度》，北京大学出版社，2007，第10页。

子聚集而聚集的"妈妈团""爸爸团"。

学校的撤出对当前因现代性冲击而逐步弱化的农村社区的平面化互动是一种釜底抽薪式的打击。更应该引起注意的是，这个打击超越了对农村社区的平面化互动弱化这一影响本身——随着学校撤并，农村社区居民交流频率降低，农村社区的凝聚力也进一步被削弱。不仅如此，在宏观图景中"向城性聚集"的教育资源以及城市"美好的"现代性双重外力的持续引诱下，乡村人的特质在潜移默化中为城市文化的基本认知、生活习惯、学习内容、价值取向所剥夺，乡村逐渐失去了自己的话语权和反思现代性的精神，成为复制城市文化模式的地方，农村社区的离心力进一步增大。

第二编

学校规模与家校距离：量化分析

本编导读

如果把学校规模、学校数量和家校距离看成学校布局的三个变量，从变量关系的角度看，学校规模越大，学校数量就越少，校际距离就越长；学校规模越小，学校数量就越多，校际距离就越短。从数学上讲，关注这三个变量中的任何两个变量，都可以含有第三个变量的信息。从研究对象的实际看，只要学校现实地存在，学校规模是直接存在的，家校距离也是直接存在的，学校的数量则是累加生成的，而且学校的数量不能直接评价是多好还是少好，因此我们这里研究与评价学校规模和家校距离。

理想的学校规模会影响政策规定的学校规模，政策规定的学校规模会影响当下学校规模。对于当下学校规模的状况，可以运用政策规定的学校规模进行评价。从政策改进的立场，政策规定的学校规模又必须接受理想的学校规模的评价。学生家校距离的研究也遵循这一规律，可承受的家校距离会影响政策规定的家校距离，政策规定的家校距离会影响当下的家校距离。

基于量化数据，可以描述学校规模和家校距离的现状，计算合理的学校规模和家校距离。从学校管理和课程安排两个角度，采用教师数量、学生数量和班级数量三个指标，分学段、城乡对当前学校规模进行了研究。在分析学校规模影响因素的基础上，整合两种取向下对学校规模的观照，得出了中小学的理想学校规模区间。从家校距离的三种形态（物理距离、时间距离、心理距离）出发，采用学生到校后劳累程度、学生上学积极性，以及学生成绩三个指标对布局调整背景下农村学生可承受的家校距离进行研究，最终获得可承受的家校距离区间。

第三章 校长视角下的理想学校规模研究

一 引言

学校规模是影响办学成本、教育质量的重要因素。随着城镇化的发展、计划生育政策的实施，农村学龄人口不断减少，农村地区出现了大量的小规模学校。经济学家基于规模经济理论的视角认为，在一定范围内，随着规模的增加，成本会逐渐减少；大量农村小规模学校的存在不仅增加了生均教育成本，而且降低了资源使用效率。因此，为了节约办学成本、合理配置学校教育资源，21世纪以来，我国又开始了新一轮大规模的农村学校布局调整工作，对农村义务教育学校中部分规模较小、教学设施破旧的学校进行了撤并。尽管农村学校布局调整在提高学校规模效益和教育质量、优化农村教育资源配置等方面取得显著成效，但是农村地区大量小规模学校的撤并，直接导致学校数量急剧减少，学校办学规模扩大。随着学校布局调整后学生上学成本增加、学校安全问题较频繁出现、学校规模变大后管理难度增大等问题凸显，学校布局调整受到广泛的关注和质疑。

学校规模作为学校布局调整中的重要变量，成为学界广泛关注和研究的重大问题。但是目前的研究多关注学校规模对学生的学业成绩、学校表现等的影响，而对于学校规模受哪些因素影响、多大规模的学校是相对比较合理的，即学校布局调整应该调整到什么程度，目前却鲜有研究。毋庸置疑，合理的学校规模是提高学校教育质量、促进学生发展的重要影响因素，关注合理学校规模对进行学校合理布局、提高教育教学质量具有重要意义。对于学校规模的研究主要分为两部分的内容：一是学校规模会受哪些因素的影响；二是多大规模的学校是比较合理的。由于影响学校规模的因素较多，判断合理学校规模的标准也不尽相同，考虑到校长是学校管理和课程安排的直接实施者，我们主要基于校长的视角对学校规模影响因素及合理学校规模的标准进行判断。

二　相关文献综述

学校规模（school size）是农村学校布局调整过程中的一个重要变量，许多研究关注学校规模。规模经济与教育功能是学校规模研究的两个主要视角。基于这两个研究视角，相关研究者对学校规模与经济效率的关系以及学校规模与学生发展的关系进行了各种探讨。但是，很多研究往往停留在对学校规模影响的关注上，对于"多大的学校是合理的"，即理想学校规模或者说适度学校规模这一问题，国内研究相对较少，而国外对理想学校规模的研究比较多。

（一）规模经济视角下的理想学校规模

从经济效率看，当增加小规模学校的学校规模时生均成本将降低，当增加学校规模到超过最佳水平时生均成本将提高而不是降低，生均成本与学校规模之间通常呈 U 形。[①] 也有研究发现，当在校生超过 1000 人时，再增加学校规模生均成本的降低程度会变得极小。[②] 对于多大的学校规模才能实现最大的经济效率，目前的研究却并没有达成一致意见。大量的经验证据表明，学校规模和生均成本间的关系视学校的具体情况而有所不同。从节约教育费用的取向出发，学校布局调整的倡导者认为理想的中学应该有 1000～2000 名学生，因为不足 1000 名学生的学校无法进行大量物品购置，而且每名学生的行政费用很高。[③]

（二）教育功能视角下的理想学校规模

确定理想的学校规模不应该单纯地考虑某个维度，而是要综合考虑多

---

① Fox, W. F., "Reviewing Economies of Size in Education," *Journal of Education Finance* 6 (1981): 273-296.

② Turner, C. C., & Thrasher, J. M., *School Size Does Make a Difference* (San Diego, CA: Institute for Educational Management, 1970), p. 1.

③ Fox, W. F., "Reviewing Economies of Size in Education," *Journal of Education Finance* 6 (1981): 273-296.

个维度。学校毕竟不等同于单纯的经济组织，因此学校规模的研究除了从规模经济的视角考虑经济效益外，还应着眼于学校组织的特殊性，从学生发展的视角研究学校发挥最佳教育功能时学校规模的大小问题。国外很多研究单纯地基于教育功能实现效果来研究和探讨理想学校规模问题。当前教育功能视角关于学校规模的研究主要集中在课程教学和学校管理两大方面。

1. 课程教学方面

一方面，学校规模与课程的多样性有关。课程的全面性会随着学校规模增加而提高，但当学生超过一定数量时，学校规模与课程的多样性便不再明显相关。一些研究非常关注中学学校规模与课程多样性的关系。20 世纪 70 年代初，有研究给出了中学学校规模与课程多样性相关的学校规模临界点，有 500 名学生的学校课程有时和服务于 3000 名学生及以上的学校课程一样全面。[1] 后来一些研究也有类似的发现，但是这些研究所发现的学校规模与课程多样性相关的学校规模临界点不尽相同。有研究指出，学校规模的增长与多样化的课程设置相关，直到达到 400 名学生；超过 400 名学生时，增加学生数量一般就对课程丰富性影响不是很大了。[2]

另一方面，学校规模与学校教学有关。理论上认为，学校规模较小将有利于教师对学生给予更多的关注，促进学生取得更好的学业成绩，但是许多实证研究结果却表明，学校规模和学生成绩之间的关系并不确定。尽管小规模学校中学生的参与度、教师的关注度要高于大规模学校，但大规模学校往往能提供更加丰富、更具多样性的课程，因此大规模和小规模学校中的学生学业成绩没有明显差异。虽然学校规模和学生学业成绩之间的关系并不明朗，但一些研究表明在学校规模和学生学业成绩之间还有一个重要的中介变量——学生的社会经济地位。有研究指出，传统上在学校比较吃力的学生和经济社会背景不利的学生是较小规模学校的主要受益者；[3]经济社会背景不利的学生在小规模学校表现更好，而经济社会背景好的学

---

① Turner, C. C., & Thrasher, J. M., *School Size Does Make a Difference* (San Diego, CA: Institute for Educational Management, 1970), p. 1.

② Monk, D. H., "Secondary School Size and Curriculum Comprehensiveness," *Economics of Education Review* 6 (1981): 137 – 150.

③ Leithwood, K., & Jantzi, D., "A Review of Empirical Evidence about School Size Effects: A Policy Perspective," *Review of Educational Research* 79 (2009): 464 – 490.

生在大规模学校成绩更好。[1] 有研究回顾了 1990 年之后近 20 年的学校规模实证研究文献,从对学生学业成绩影响的视角给出了一个学校规模的参考标准。由于传统上在学校比较吃力的学生和经济社会背景不利的学生是较小规模学校的主要受益者,有较大比例这类学生的小学学校规模应该限制在 300 人以下,服务于经济和社会异质性或处境较好的学生的小学学校规模应该限制在 500 人以下;服务于完全或基本上多元的和(或)处境不利学生的中学学校规模应该限制在 600 人以下,服务于经济和社会异质性或处境较好的学生的中学学校规模应该限制在 1000 人以下。[2] 也有研究指出,考虑到教育机会以及课程的有效性和综合性,理想的学校规模在 700～1000 人。[3]

2. 学校管理方面

有研究发现,与大规模学校相比,小规模学校中的学生对学校有更积极的态度,其出勤率、参与学校活动的程度都要高于大规模学校;[4] 不仅如此,大量的研究还发现小规模学校中旷课、迟到、辍学等现象发生的概率大大低于大规模学校,而且有研究显示从大规模学校转到小规模学校的学生出勤率提高、不良行为方式也发生改变。小规模学校之所以存在这样的优势,可能与小规模学校能够给学生提供更强的归属感有关。研究发现,小规模学校的学生比大规模学校的学生有更强的归属感。归属感的增加有助于减少甚至消除学生的疏离感和隔阂,相应地增强学生的自信、自尊、自我控制以及责任心。[5] 由于学生行为表现直接影响学校管理,因此从管理者选择不同规模学校的意愿,可以判断基于学生行为和学生管理角度的理想学校规模是多大。最近有研究者对澳大利亚两个州的中小学校校

---

[1] Howley, C., *Research on Smaller Schools: What Education Leaders Need to Know to Make Better-decisions* (Arlington, VA: Educational Research Service, 2001).

[2] Leithwood, K., & Jantzi, D., "A Review of Empirical Evidence about School Size Effects: A Policy Perspective," *Review of Educational Research* 79 (2009): 464 – 490.

[3] Turner, C. C., & Thrasher, J. M., *School Size Does Make a Difference* (San Diego, CA: Institute for Educational Management, 1970), p. 1.

[4] Fowler, W., "School Size and Student Outcomes," *Advances in Educational Productivity* 5 (1995): 3 – 26. Fowler, W. J., Jr., & Walberg, H. J., "School Size, Characteristics, and Outcomes," *Educational Evaluation and Policy Analysis* 2 (1991): 189 – 202.

[5] Cotton, K., *School Size, School Climate and Student Performance* (School Improvement Research Series Research You Can Use, 1996).

长申请状况进行了研究。研究发现，对校长有较小吸引力的学校是那些规模很大的或很小的学校。校长把多于 800 名学生的学校看作大规模学校，把少于 200 名学生的学校视为小规模学校，在两个极端之间（200～800 名学生）的学校在吸引校长岗位的申请者方面极少遇到麻烦。① 也就是说，在校长看来，200～800 名学生是便于管理的，在这样的学校便于取得管理效果。

不仅如此，学校规模会影响学校的人际关系，进而影响学校的管理。研究表明，无论是师生关系、学生之间的关系还是教师之间的关系，小规模学校都要比大规模学校更融洽。在小规模学校中，具有积极态度的学生和教师的比例要远高于大规模学校。而且随着校园暴力事件不断增加，有研究认为更人性化的小规模学校是学生暴力的有效"解药"，没有人情味的大规模学校可能引起暴力行为，而小规模学校有助于预防和阻止暴力行为的发生。② 由于学校规模引起的学校氛围差异是影响教师流动的重要因素之一，从教师流动率可以看出教师立场、学校氛围角度下的理想学校规模。当研究学校规模与教师流动行为的关系时，不得不考虑学校层面的工资高低对教师流动行为的影响。在一些欧洲国家，教师工资完全统一确定，这很好地控制住了工资这个经济性变量，对分析学校规模与教师流动的关系是一个比较理想的背景。有研究者研究挪威影响中小学教师流动（包括在相同的辖区内换学校、跨辖区换学校和离开教师职业）的因素，研究结果显示，学校规模是教师做出流动决定的一个非常重要的影响因素，最高的教师流动率存在于最小或最大规模的学校，在拥有 70 名学生和拥有 670 名学生的学校中，教师流动的可能性是相等的。从教师流动行为看，理想的学校规模大约是 370 人。③

综合以上课程教学和学校管理等方面，学校规模应该设定在 300～2000 人。需要指出的是，在不同学段理想的学校规模也存在一定差别：在

① Barty, K., et al., "Unpacking the Issues: Researching the Shortage of School Principals in Two States in Australia," *The Australian Educational Researcher* 32 (2005): 1–18.

② McRobbie, J., "Are Small School Better? School Size Considerations for Safety and Learning," *WsetEd* 10 (2010): 1–6.

③ Falch, T., & Strorm, B., "Teacher Turnover and Non-pecuniary Factors," *Economics of Education Review* 24 (2005): 611–631.

小学阶段可以考虑稍小一些，而在高中阶段可以稍大一些。当然，学校规模的研究结论运用到不同国家和地区的教育实践时，要考虑这些研究结论得出时所基于的班级规模差异，这样我们可以进一步算出理想学校规模。

三　数据说明

（一）数据来源及说明

本章采用我们开发的"校长调查问卷"，对全国 16 个省份（东部 1 省份、中部 7 省份、西部 8 省份）的中小学校长进行了调查。本次调研共计发放校长问卷 320 份，回收 320 份，回收率为 100%，在剔除不合格问卷后，共计有效问卷 315 份，有效率为 98.4%。

（二）数据整理

在数据文件中，按照分析统计传统，校长性别为二分变量，按照二分类变量的惯例分别赋值为 1 和 0；依照校长的年龄分布进行了相应的划段，分别为 30 岁及以下、31~40 岁、41~50 岁、51 岁及以上四个年龄组，分别赋值 1~4；由于考虑到校长回答的适切性，关于校长的任职年限我们主要采用在本校任校长的年限，依据分布比例进行相应的划段，分别为 1 年及以下、1~3 年、3~5 年、5~7 年、7~10 年和 10 年以上六个时间段，分别赋值 1~6。调研样本的总体分布情况见表 3-1。

表 3-1　调研样本的总体分布情况

	变量	人数（人）	比例（%）		变量	人数（人）	比例（%）
性别	男（1）	213	67.62	在本校任校长的年限	1 年及以下（1）	52	16.51
	女（0）	97	30.79		(1, 3]（2）	133	42.22
	缺失	5	1.59		(3, 5]（3）	44	13.97
年龄	30 岁及以下（1）	0	0		(5, 7]（4）	30	9.52
	31~40 岁（2）	92	29.21		(7, 10]（5）	31	9.84
	41~50 岁（3）	202	64.13		10 年以上（6）	21	6.67
	51 岁及以上（4）	20	6.35		缺失	4	1.27
	缺失	1	0.32				

注：圆括号内的数字为该变量在数据分析中的赋值。

关于校长所在学校的情况，依照学校所在省份，将学校所在地划分为三个类别，依次是东部、中部和西部，分别赋值 1~3；依据学校类型，我们将完全中学、独立高中和独立初中合并为中学，将中心小学、一般完全小学（有一至六年级）和教学点合并为小学，最终将学校类型划分为三个类别，依次是中学、九年一贯制学校和小学，分别赋值 1~3；依据学校所在地的城镇化程度的高低，我们将市区和市郊合并为城市，将镇和乡合并为乡镇，最终将学校划分为四个等级，依次是城市学校、县城学校、乡镇学校和村屯学校，分别赋值 1~4。调研样本所在学校的总体分布情况见表 3-2。

表 3-2　调研样本所在学校的总体分布情况

变量		数量（个）	比例（%）	变量		数量（个）	比例（%）
学校所在地	东部（1）	27	8.57	城乡	城市学校（1）	100	31.7
	中部（2）	259	82.22		县城学校（2）	29	9.21
	西部（3）	29	9.21		乡镇学校（3）	176	55.87
学校类型	中学（1）	42	13.33		村屯学校（4）	10	3.17
	九年一贯制学校（2）	38	12.06				
	小学（3）	235	74.60				

注：圆括号内的数字为该变量在数据分析中的赋值。

值得注意的是，不同学校类型的样本在城乡维度上分布差异较大。目前在我国，由于中学主要集中分布在乡镇及更高层级，因此本次调研样本分布中，城市、县城和乡镇学校的样本构成为小学、九年一贯制学校和中学，而村屯学校中并无中学样本。同时，九年一贯制学校作为一种特殊的学校类型，其城乡分布具有一定独特性。本次调研样本中，九年一贯制学校多集中分布于乡镇，而城市、县城和村屯中九年一贯制学校样本相对较少。为避免样本缺失和分布不协调影响结果判断，本章在具体分析时暂剔除九年一贯制学校样本数据。因此最终进行分析时的样本数量有所减少，共计 277 个。样本分维度分布情况见表 3-3。

表 3 – 3　样本分维度分布情况

单位：个

变量		个案数	合计	变量		个案数	合计
中学	城市	10	42	九年一贯制学校	城市	1	38
	县城	7			县城	1	
	乡镇	25			乡镇	33	
	村屯	0			村屯	3	
小学	城市	89	235				
	县城	21					
	乡镇	118					
	村屯	7					

（三）统计方法

本章主要采用描述性统计的方式来呈现数据，并采用差异性检验等对数据之间的内在关系进行了分析。本章数据均在 SPSS 22.0 中生成导出。

四　当前中小学学校规模的基本情况

《国家中长期教育改革和发展规划纲要（2010 – 2020 年）》强调推进义务教育学校标准化建设，地方各级政府也相应地根据实际情况制定本地区的中小学学校标准化建设标准，对学校选址、学校规模、校舍建筑、装备条件以及师资队伍建设等进行合理规划、设置和管理。中小学学校标准化建设标准认为为保证学校教育质量、管理效率和办学效益，一所学校的规模应控制在一定范围以内，而学生数量、班级数量和教师数量作为衡量学校规模的三个重要指标，成为标准化学校建设中重点关注的焦点。

（一）当前学校实际规模的描述

1. 学生数量

学生数量是衡量学校规模最为直观的指标之一，但受学校所在地区地理位置、城镇化水平以及学校类型等因素的影响，当前我国各个学校的学生数量存在较大的差异，并呈现一定的特点。为了深入了解当前中小学学生数量的情况及变量间的关系，我们进行了均值比较等一系列分析（见表3－4）。

表3－4 学生数量的描述统计

	变量	均值	标准差	变异系数	极小值	P25	P50	P75	极大值	F
中学	城市（a）	1648.89	1652.19	1.02	360	455.00	1200.00	2250.00	5560	6.013** a，b＞c
	县城（b）	2211.33	1034.27	0.47	1000	1375.00	2122.50	2892.25	4000	
	乡镇（c）	819.08	591.90	0.72	182	350.00	651.00	1099.50	2500	
小学	城市（a）	1062.16	747.88	0.70	112	579.00	800.00	1414.50	3004	9.437*** a，b＞c＞d
	县城（b）	1265.45	924.50	0.73	140	684.00	932.50	1901.75	3120	
	乡镇（c）	718.64	524.49	0.73	45	311.50	576.00	917.00	2500	
	村屯（d）	206.14	248.85	1.21	31	50.00	82.00	266.00	732	

注：＊$p<0.05$；＊＊$p<0.01$；＊＊＊$p<0.001$。

调研样本中，中学和小学作为两种基本的学校类型，本身是两个相对独立的系统，无论在学校规模要求、生师比要求，还是教育经费配置和学校管理方面，都具有较大的差异。通常而言，由于中学生在年龄、身心发展、生活自理能力等方面具备一定的条件，因此相较于小学，中学的办学相对集中，学校规模也相应地更大，我们的调研数据也证实了这一点，无论是城市、县城还是乡镇学校，中学的学生数量都要明显高于小学。为了更加清晰地了解学生数量在学段、城乡间的差异，分析中我们对中学和小学这两种不同类型的学校分别进行描述和分析。

（1）中学

从城乡维度来看，不同城镇化水平的学校学生数量存在显著差异。均值比较发现，县城学校的学生数量最多，其次是城市学校，两者均显著多于乡镇学校，县城学校的平均学生数量是乡镇学校学生数量的2.7倍。之所以县城学校规模远远超出乡镇学校，可能的原因是县城作为县域的政治、经济和文化中心，占有更优质的教育资源。近年来，随着家庭经济生活水平的提高，家庭对于优质教育资源的需求更加旺盛，乡村学生的向城性择校现象十分普遍，导致现在的县城学校规模普遍偏大、乡镇学校相对萎缩。

虽然县城学校规模较大，但从变异系数来看，相比于城市和乡镇学校，县城学校间学生数量的离散程度却相对较低，也就是说，县城学校中学生数量较多是普遍现象。由于样本学校所处区域不同，他们的人口密度、地形结构等存在很大差异，为了控制一些极端情况的干扰，获得一个相对合理的学生规模离散情况，我们在均值分析之后，依据四分位数获得了 25%～75% 的规模区间情况。通过这一分析可以发现，县城学校中居中的学生数量为 1375～2892.25；而在城市学校和乡镇学校，尤其是城市学校，学校间的学生数量差异显著、规模离散程度较高，四分位数分析显示，乡镇学校中居中的学生数量为 350～1099.5，城市学校中居中的学生数量为 455～2250。可见，城市和乡镇学校尽管平均学生数量少于县城学校，但学校间差异较大，尤其是城市学校，可能与城市学校发展不均衡有关，大规模学校和小规模学校并存，学校之间存在一定的发展差距。

（2）小学

与中学阶段情况相似，小学阶段学校学生数量也存在显著的城乡差异。均值比较结果发现，小学阶段县城学校学生数量仍是最高，其次是城市学校，两者学生数量均显著多于乡镇学校，乡镇学校显著多于村屯学校。尽管就学校学生数量均值来看，县城学校与其他学校的差距比中学阶段有所减少，县城学校的平均学生数量比乡镇学校高出 76%，但差异性检验结果显示小学阶段学生数量的城乡差异比中学阶段的差异更加显著。这可能与村屯学校的存在有关，调研发现村屯学校的学生数量与其他学校悬殊，其学生数量仅占县城学校学生数量的 1/6、乡镇学校的 28.68%。不仅如此，从变异系数看，村屯学校间学生数量的离散程度较高，甚至高于城市中学间的规模差异，四分位数分析村屯学校中居中的学生数量为 50～266，与均值的比较说明目前各村屯学校间学生规模差距较大，仍存在一些小规模的学校和个别较大规模的村屯学校，学校发展严重不均衡；而县城、城市和乡镇学校学生数量的离散程度相似，相同城镇化水平下的学校发展存在一定的差异。

2. 班级数量

班级数量是衡量学校规模的另一个重要指标。各省市的学校标准化建设规范除了对学校的班额做出了规定，也根据当地的具体情况针对不同的学校类型对学校的班级数量做出了相应的规定和限制。为了解当前学校的班级数量情况，我们进行了相应的分析（见表 3－5）。

表 3 – 5 班级数量的描述统计

变量		均值	标准差	变异系数	极小值	P25	P50	P75	极大值	F
中学	城市（a）	32.10	29.46	0.92	8	11.25	20.00	46.25	102	8.016*** a，b > c
	县城（b）	46.71	22.98	0.49	24	30.00	40.00	66.00	89	
	乡镇（c）	16.44	10.66	0.65	4	9.00	15.00	18.00	48	
小学	城市（a）	24.58	14.51	0.59	6	15.50	20.00	33.25	85	2.377
	县城（b）	26.05	14.26	0.55	6	17.25	21.50	34.50	56	
	乡镇（c）	20.91	14.48	0.69	6	12.00	17.00	24.00	85	
	村屯（d）	13.71	7.61	0.56	4	6.00	16.00	18.00	26	

注：*$p < 0.05$；**$p < 0.01$；***$p < 0.001$。

（1）中学

通常认为，在规定和限定班额后，学校学生数量的分布情况应该与学校班级数量的分布情况呈现一致性，调研数据也证实了这一特点。数据分析显示，目前中学班级数量也存在显著的城乡差异。与学生数量差异趋势相同，县城学校、城市学校的班级数量显著大于乡镇学校，县城学校、城市学校的班级数量分别是乡镇学校的 2.84 倍、1.95 倍。不仅如此，就学校班级数量的离散程度来看，城市学校的班级数量的离散程度要高于乡镇学校、县城学校，县城学校尽管平均班级数量多，但县城中学间的班级数量差异相对较小，即班级数量多是普遍现象，而城市学校则存在较为严重的学校间不均衡现象，各学校间的班级数量差异较大。

就当前学校的班级数量来看，很多学校已远远超出标准化学校建设中相关班级数量的规定。标准化学校建设标准中规定标准化学校中合理的班级数量是，普通初中每年级 4 ~ 10 个班，合计 12 ~ 30 个班；普通高中每年级 8 ~ 12 个班，合计 24 ~ 36 个班。但是调研发现达到这一规定标准仍存在一定的难度，尤其是县城学校在标准化建设中面临较大的压力。目前县城学校平均班级数量超过 46 个，即每年级平行班已超过 15 个班，远远超出普通初中的 10 个平行班和普通高中的 12 个平行班的最大限度。而且在均值比较之后，依据四分位数获得了 25% ~ 75% 的规模空间情况，通过这一分析发现，县城学校中居中的班级数量为 30 ~ 66。学校班级数量达到 30 个班的占 85.7%，超过 36 个班的达到 57.1%。而乡镇学校平均班级数量为 16.44，四分位数分析居中的班级数量为 9 ~ 18，完全符合标准化学校建设中对学校班级数量的限制，学校规模比较合理。

（2）小学

与学校学生数量一样，均值比较结果显示，小学阶段班级数量也是县城学校最高，其后依次是城市学校、乡镇学校和村屯学校，其中村屯学校的班级数量相对较少，仅为县城学校平均班级数量的一半。但是差异性检验结果显示，尽管不同城镇化水平的学校在班级数量上存在一定的差异，但城乡差异并不显著。不仅如此，与学生数量结果有所不同的是，在班级数量方面，乡镇学校的班级数量离散程度较高，而城市学校、县城学校和村屯学校的离散程度相似。

标准化学校建设标准中规定完全小学的适宜规模是每年级 2 ~ 4 个班，合计 12 ~ 24 个班。调研发现，目前村屯学校和乡镇学校基本能达到学校标准化建设标准中对班级数量的要求，四分位数分析中村屯学校中居中的班级数量为 6 ~ 18，乡镇学校中居中的班级数量为 12 ~ 24。而对于城市学校和县城学校仍有一定的压力，尤其是县城学校，县城学校的平均班级数量达到 26.05 个，依据四分位数获得了 25% ~75% 的规模空间情况，通过分析发现，县城学校中居中的学生数量为 17.25 ~ 34.5，已远远超出学校标准化建设的班级数量限制规定。

3. 教师数量

学校标准化建设规范强调依据教育质量和办学效益相统一的原则，不仅对学生规模、班级规模有一定的规定，从教育质量的角度出发对教师队伍建设也有一定的规定。因此，教师规模（专任教师数量）也是衡量学校的重要指标之一。为了解当前学校教师规模情况，我们对学校的专任教师数量做了统计，并进行了相应的分析（见表 3 - 6）。

表 3 - 6　教师数量的描述统计

	变量	均值	标准差	变异系数	极小值	P25	P50	P75	极大值	F
中学	城市（a）	105.00	89.37	0.85	31	41.50	52.00	170.00	295	8.710 *** b > a, c
	县城（b）	180.00	103.56	0.58	80	106.00	154.00	270.00	370	
	乡镇（c）	63.71	36.57	0.57	23	41.25	53.00	74.75	160	

变量		均值	标准差	变异系数	极小值	P25	P50	P75	极大值	F
小学	城市（a）	68.64	40.64	0.59	14	40.00	60.00	87.00	220	2.374
	县城（b）	70.70	33.06	0.46	22	46.25	67.50	94.00	145	
	乡镇（c）	56.16	33.91	0.60	11	30.50	45.00	75.00	186	
	村屯（d）	52.29	42.77	0.82	10	12.00	37.00	83.00	120	

注：$*p<0.05$；$**p<0.01$；$***p<0.001$。

（1）中学

从城乡维度来看，不同城镇化水平的学校教师规模存在显著差异。均值比较发现，县城学校的教师规模要显著大于城市学校、乡镇学校，县城学校的平均教师数量要比城市学校高出71.4%，达到乡镇学校教师数量的2.8倍。之所以县城学校教师规模远远超出乡镇学校，可能与教师的向城性流动有关。当前城市和县城学校的教师工作环境、福利待遇要优于乡镇学校，而且培训发展机会更多，因而乡镇学校教师更倾向于向城性流动；另外近年来乡镇学生的向城性择校使县城学校内学生数量增多、教师相对紧缺，对教师的需求大，为乡镇学校教师向县城流动创造了条件和机会，从而导致县城学校中教师数量多、乡镇学校中教师数量少，使城乡间呈现严重不均衡。

虽然县城学校教师数量较多，但是就教师数量的离散程度来看，城市学校要明显高于县城和乡镇学校。为了更清晰地分析城市学校教师数量离散情况，控制一些极端情况的干扰，我们在均值分析之后，依据四分位数获得了25%～75%的规模空间情况，通过这一分析发现城市学校中居中的教师数量为41.5～170，可见城市不同学校间教师数量存在较大的差异。这与学校学生数量方面的结论相似，说明城市学校在师资方面存在严重不均衡。这与我们日常认知一致，即通常学生数量较多的学校是教育质量相对较高的学校，其师资等各方面教育资源也相对充足，同时其充足的师资等教育资源也往往会促进教育质量的提升，吸引更多的学生。

（2）小学

与中学教师数量的城乡分布特点相同，小学阶段专任教师数量的均值比较也显示县城学校教师数量最多，其后依次是城市学校、乡镇学校和村屯学校。但是与中学不同的是，小学阶段不同城镇化水平的学校间教师数量差异并不大，教师数量的城乡差异并不显著。县城学校的平均教师数量与城市学校基本持平，乡镇学校和村屯学校差异也不大，县城学校比乡镇学校仅多出 25.9%。

而小学阶段教师数量的离散程度高低与教师数量均值大小刚好相反，村屯学校间教师数量的离散程度最高，其后依次是乡镇学校、城市学校和县城学校。通过四分位数分析发现，村屯学校中居中的教师数量为 12~83，而县城学校中居中的教师数量为 46.25~94，可见村屯学校间教师数量差异较大。

（二）三种规模的对比说明

为进一步比较不同学校类型在学生数量、班级数量和教师数量三个维度上的城乡差异，我们分城乡对不同学校类型在不同维度上的均值和变异系数进行对比，探究不同类型、不同城乡水平学校之间的均值及离散情况（见表 3-7）。

表 3-7　学生、班级和教师数量之间的对比

变量		学生数量			班级数量			教师数量		
		均值	变异系数	F	均值	变异系数	F	均值	变异系数	F
中学	城市	1648.89	1.02		32.10	0.92		105.00	0.85	
	县城	2211.33	0.47	6.013^{**}	46.71	0.49	8.016^{***}	180.00	0.58	8.710^{***}
	乡镇	819.08	0.72		16.44	0.65		63.71	0.57	
小学	城市	1062.16	0.70		24.58	0.59		68.64	0.59	
	县城	1265.45	0.73	9.437^{***}	26.05	0.55	2.377	70.70	0.46	2.374
	乡镇	718.64	0.73		20.91	0.69		56.16	0.60	
	村屯	206.14	1.21		13.71	0.56		52.29	0.82	

注：$*p<0.05$；$**p<0.01$；$***p<0.001$。

1. 中学

无论是学生数量、班级数量还是教师数量，均存在显著的城乡差异。均值比较显示，学生数量、班级数量和教师数量均是县城学校最大，其次是城市学校、乡镇学校。而离散程度方面，无论是学生数量、班级数量还是教师数量等不同维度，均是城市学校最高；对于县城和乡镇学校，乡镇

学校在学生数量和班级数量的离散程度上要高于县城，而教师数量的离散程度则是县城学校更高。这表明仅就学校规模来看，县城学校的学校规模更大，其次是城市学校和乡镇学校。但是城市各个学校之间的差异比较大，学校发展较为不均衡；县城学校学生数量和班级数量之间的差异也比较大，但教师数量差异不大，这表明尽管师资总量相当，但是由于学生和班级数量存在校际差异，则各个学校间的生师比、班师比等也存在校际差异；而乡镇学校则相反，学生数量、班级数量相差不大，但教师数量较为不均衡，即师资分配不均衡。

2. 小学

均值比较显示，无论是学生数量、班级数量还是教师数量，均是县城学校最大，其后依次是城市学校、乡镇学校、村屯学校。但是差异性检验结果表明学生数量存在显著的城乡差异，而班级数量和教师数量方面差异并不显著。在离散程度上，在学生数量和教师数量方面是村屯学校最高，这表明同是村屯学校，各个学校之间学生数量和教师数量差异较大。具体来说，就学生数量的离散程度而言，除村屯学校最高外，县城学校和乡镇学校相同，城市学校最低，但与县城、乡镇学校相差不大；就教师数量的离散程度而言，乡镇学校高于城市学校、县城学校，即乡镇各个学校间教师数量的差异较城市学校、县城学校更大，县城各个学校间教师数量的离散差异相对并不明显。而就班级数量的离散程度而言，乡镇学校高于城市学校、县城学校，只是村屯学校相对较低，与县城学校基本相当。

（三）实际的三种规模之间的关系

为清晰地呈现学校学生数量、班级数量和教师数量之间的关系，我们采用生师比、师班比和班额对三种规模之间的关系进行了梳理，同时将实际的生师比、师班比和班额与国家的相关标准进行比较，以此来分析当前学校实际规模是否符合国家标准。其中生师比主要采用中央编办、教育部和财政部《关于制定中小学教职工编制标准的意见》核定的标准，班额主要采用中华人民共和国住房和城乡建设部发布的《中小学校设计规范》规定的班额标准，在此基础上我们计算并确立了师班比的相应标准。下面分别就不同学校类型的生师比、班额和师班比情况与国家标准进行比较分析。

1. 生师比

生师比，是指学校在校学生数与专任教师数的比例，是衡量学校办学水平和师资条件的重要指标。[①] 2001 年中央编办、教育部和财政部《关于制定中小学教职工编制标准的意见》根据高中、初中、小学等不同教育层次和城市、县镇、农村等不同地域，按照学生数的一定比例对中小学教职工编制标准进行核定，小学教职工与学生比为城市 1:19、县镇 1:21、农村 1:23，其中，教师与教职工总数比为 91%；普通初中教职工与学生比为城市 1:13.5、县镇 1:16、农村 1:18，其中教师与教职工总人数比为 85%；普通高中教职工与学生比为城市 1:12.5、县镇 1:13、农村 1:13.5，其中教师与教职工总人数比为 84%。[②]

由于中小学教职工编制标准核定的是教职工与学生比，而生师比主要是指学生与专任教师的比例，因此我们根据中小学教职工编制标准中确定的专任教师占教职工的比例进行了生师比的重新计算。同时，由于此次调研的中学样本中，无独立高中样本，仅有的 5 个完全中学不做独立分析，故将其合并到普通初中学校样本中。另外，需要说明的是，中小学教职工编制标准中仅分城市、县城和农村三级地域，而此次的调研样本中，小学阶段包括城市、县城、乡镇和村屯四级地域，因此乡镇和村屯均与编制标准中的农村进行比较（见表 3 - 8）。

表 3 - 8　不同学校类型生师比与国家标准的比较

变量		实际情况（a）	国家标准（GB）	结果比较
中学	城市	12.58:1	11.48:1	a > GB
	县城	14.78:1	13.6:1	a > GB
	乡镇	12.22:1	15.3:1	a < GB

[①] 中央编办、教育部和财政部《关于制定中小学教职工编制标准的意见》采用教职工与学生数比例，但教育部《全国教育事业发展统计公报》均采用生师比的概念。本章统一采用"生师比"这一概念表示学生数与教师数之间的比例，生师比越高表明学生分配到的教师资源越少。

[②] 中央编办、教育部、财政部：《关于制定中小学教职工编制标准意见的通知》（国办发〔2001〕74 号），2001。需要特殊说明的是，2014 年底，中央编办、教育部、财政部《关于统一城乡中小学教职工编制标准的通知》（央编办发〔2014〕72 号）将县镇、农村中小学教职工编制标准统一到城市标准，即高中教职工与学生比为 1:12.5、初中为 1:13.5、小学为 1:19，但本研究调研数据收集于 2014 年 9 月 ~2015 年 1 月，故本研究中关于生师比的国家标准未采用最新的城乡统一的教职工编制标准，仍采用 2001 年的编制标准。

续表

变量		实际情况（a）	国家标准（GB）	结果比较
小学	城市	16.92:1	17.29:1	a＜GB
	县城	17.61:1	19.11:1	a＜GB
	乡镇	13.87:1	20.93:1	a＜GB
	村屯	4.74:1		a＜GB

生师比表示在校学生数与专任教师数量间的比例，可以用来衡量学生所分配到的教师资源的多少，生师比越高表示学生分配到的教师资源越少。受不同地域人口密度、生源分布情况和经济、交通情况等因素的影响，从农村、县城到城市，人口更加集中，办学规模更加集中，因而国家核定的生师比也呈现从农村到城市逐渐降低的特点。但就实际生师比的城乡比较来看却是县城学校生师比最高，其后依次是城市、乡镇和村屯学校。与国家标准比较来看，不同类型、地域的学校之间存在一定的差异。中学阶段，乡镇中学的生师比符合国家标准，而城市和县城学校的生师比均超出国家标准，这说明城市中学和县城中学的教师资源不足，学生所能分配到的教师资源要低于国家标准。之所以出现这种情况，主要与当前学校规模大、教师数量不足有关。由于城市、县城人口密度大，生源比较集中，城市和县城学校的规模往往要偏大；而且由于城市和县城作为区域内的政治、经济和文化中心，长期以来学校发展具有一定的资源优势，教育质量相对更高，在一定程度上也会吸引追求优质教育资源的学生集聚，导致学校规模进一步扩大。

而小学阶段的生师比均符合国家规定的生师比要求，尤其是村屯学校的生师比明显低于国家标准，这主要与村屯学校规模过小有关。通常学校的教师配备主要按照生师比，也可能考虑学科等其他影响因素，但是如果仅按生师比配备村屯学校教师，则无法兼顾学科等因素，因此对于规模较小的学校，考虑到学科等多方因素配备的教师往往超出国家规定的生师比。

2. 班额

班额是指学校每个班级中的学生数量。中华人民共和国住房和城乡建设部发布的《中小学校设计规范》规定："各类中小学校建设应确定班额人数，完全小学应为每班 45 人，非完全小学应为每班 30 人；完全中学、初级中学、高级中学应为每班 50 人。"[①] 当前不同学校类型的班额情况与国家标准的比较结果见表 3-9。

表 3-9 不同学校类型班额与国家标准的比较

单位：人

变量		实际情况（a）	国家标准（GB）	结果比较
中学	城市	45.95	50	a < GB
	县城	51.95		a > GB
	乡镇	47.70		a < GB
小学	城市	40.83	45	a < GB
	县城	45.81		a > GB
	乡镇	34.41		a < GB
	村屯	13.15		a < GB

从城乡比较来看，中学阶段县城学校的平均班额最大，其后依次是乡镇学校和城市学校；而在小学阶段，县城小学的平均班额仍是最大，之后依次是城市、乡镇和村屯学校。同时，与国家公布的班额标准比较发现，无论是中学还是小学，县城学校的实际班额均超出了国家标准，其中县城中学平均班额为 51.95 人，超出国家标准规定的每班 50 人；县城小学平均班额为 45.81 人，也超出国家标准规定的每班 45 人，即县城学校存在明显的大班额现象。而城市、乡镇和村屯学校的班额均符合国家标准，乡镇小学尤其是村屯小学的班额很小，村屯小学的平均班额不足 15 人，不足国家标准的 1/3，说明农村学校小规模班级情况比较普遍。

当前，县城学校的大班额和农村学校的小班化现象并存。一方面，可能与人口分布有关，县城往往人口分布比较集中，因而生源较多；而农村人口分布比较稀疏，计划生育政策的实施更使生源自然减少。另一方面，可能与生源的区域内流动有关，随着城镇化的不断推进，大量农村剩余劳动力及其子女进城，使农村地区生源减少、农村学校规模不断缩小，小班

① 中华人民共和国住房和城乡建设部：《中小学校设计规范》（GB-50099-2011），2010 年 12 月 24 日。

化现象严重；而县城作为区域内的政治、经济和文化中心，会吸引一部分农村剩余劳动力前来工作、生活，同时也因为县城学校拥有区域内较为丰富的教育资源，教育质量相对较高，因此吸引了大量的农村学生为追求优质教育资源而选择县城学校。人口分布和区域内生源流动导致县城大班额和农村小班化并存的现象突出。

3. 师班比

师班比主要是指学校专任教师数量与学校班级数量的比例，可以衡量班级所能分配到的教师资源的多少。师班比越高说明一个班级所能分配到的教师资源越多，可能越有利于学生的发展和教育质量的提升。当前，国家相关部门并未制定出台相关师班比的标准规定，根据中小学教师编制标准和国家的班额标准，计算出师班比的相关标准，并与当前各学校的实际师班比情况进行了比较，具体结果见表 3 – 10。

表 3 – 10　不同学校类型师班比与国家标准的比较

变量		实际情况（a）	国家标准（GB）	结果比较
中学	城市	3.80:1	4.36:1	a < GB
	县城	3.79:1	3.68:1	a > GB
	乡镇	4.13:1	3.27:1	a > GB
小学	城市	2.83:1	2.60:1	a > GB
	县城	2.96:1	2.35:1	a > GB
	乡镇	2.98:1	2.15:1	a > GB
	村屯	3.38:1		a > GB

就师班比的国家标准来看，呈现由城市到农村逐渐降低的趋势，即国家标准中城市学校每个班级所拥有的平均教师数量要高于农村地区。但是，实际的学校班师比情况却不同。在中学阶段，学校师班比的城乡比较显示乡镇学校的师班比要高于城市学校、县城学校，城市学校和县城学校相差不大。在小学阶段，村屯学校最高，其后依次是乡镇学校、县城学校和城市学校，也就是说实际的师班比与国家规定的师班比城乡趋势刚好相反。

学校实际班师比与国家标准的对比结果显示，除城市中学的师班比低于国家标准外，其他学校均符合国家标准。城市中学的师班比为 3.80:1，而根据国家标准中计算出的城市中学的师班比应该为 4.36:1，可见城市中学的师班比明显低于国家标准,其平均到班级的教师资源不足。

五 校长视角下的理想学校规模描述

当前,不同类型、不同城镇化水平的学校规模存在一定的差异,并在学生数量、班级数量和教师数量等具体维度上呈现一定的特点。在实践中,当前学校的实际规模直接影响着学校的班级设置、课程安排、教师管理,影响着学生成长、教师发展以及学校发展,因此学校规模问题是学校管理人员进行学校管理的重要影响因素和制约条件。对于校长,在长期的学校管理工作实践中,结合自身管理经验往往会基于当前学校的实际规模以及在学校管理等各方面存在的问题做出一个理想学校规模的判断,校长对于理想学校规模的判断是确定学校适宜规模的重要依据。为此,我们主要从学校管理和课程角度对校长视角中的理想学校规模情况进行了调查和分析。

(一) 管理角度

作为学校管理者,学校规模是影响管理工作和管理效果的重要因素,尤其是学校作为一个以人的发展为主旨的复杂系统,适宜的学校规模直接影响着学校管理的效果,影响着学生成长和学校发展。本章中,我们主要从纪律管理的角度,分析校长视角中最大限度发挥管理成效时,学校所能承载的学生、班级和教师的规模情况。

1. 学生数量

为了解校长基于管理角度认为的理想学校规模中学生数量情况,我们在问卷中设计了"从纪律管理的角度,您认为一所学校最多有多少名学生是最理想的",并根据问卷数据进行了分析(见表 3 - 11)。

表 3 - 11 管理角度下理想学生数量的描述统计

	变量	均值	标准差	变异系数	极小值	P25	P50	P75	极大值	F
中学	城市(a)	1366.67	766.49	0.56	600	900.00	1000.00	1850.00	3000	
	县城(b)	1514.29	764.70	0.50	500	1000.00	1500.00	2500.00	2500	1.288
	乡镇(c)	1090.68	599.62	0.55	400	702.50	900.00	1500.00	3000	

续表

变量		均值	标准差	变异系数	极小值	P25	P50	P75	极大值	F
小学	城市（a）	961.49	353.54	0.37	300	737.50	1000.00	1200.00	2000	6.874*** a，b>c
	县城（b）	1061.00	316.06	0.30	260	1000.00	1040.00	1200.00	1500	
	乡镇（c）	754.57	385.96	0.51	100	500.00	700.00	1000.00	2000	
	村屯（d）	783.33	318.85	0.41	500	500.00	750.00	1050.00	1200	

注：* $p<0.05$；** $p<0.01$；*** $p<0.001$。

（1）中学

与学校实际规模中学生数量的分布趋势一致，均值比较发现，管理角度下理想的学校学生数量也存在城乡差异，县城学校理想的学生数量要高于城市学校、乡镇学校。但差异检验结果显示，尽管城乡学校在理想学生数量上存在一定的差异，但是差异并不显著。就理想学生数量的离散程度来看，城市学校学生间的离散程度依次高于乡镇学校、县城学校，城市学校和乡镇学校的离散趋势差异不大。在均值分析之后，依据四分位数获得了25%~75%的理想学生数量的区间分布情况，通过这一分析可以发现，城市学校中居中的学生数量为900~1850，乡镇学校中居中的学生数量为702.5~1500；而对于县城学校，尽管其变异系数与城市学校和乡镇学校相比而言较小，但其理想学生数量的离散程度高于实际学生数量的离散程度，四分位数分析发现，县城学校中居中的学生数量为1000~2500。

（2）小学

小学阶段，从城乡比较来看，城乡学校的理想学生数量存在显著的城乡差异。进一步的均值比较结果表明，县城学校的理想学生数量最多，其后依次是城市学校、村屯学校、乡镇学校，城市学校、县城学校显著多于乡镇学校。通常认为，乡镇学校由于其生源分布、师资力量以及教学资源等优于办学相对分散的村屯学校，可能会吸引更多的学生就读；而且目前实际学校规模中乡镇学校的学生数量显著高于村屯学校，是村屯学校学生数量的3.48倍，所以一般认为就校长学校管理角度下理想的学生数量而言，乡镇学校应该会高于村屯学校。但是，就校长理想的学生数量的调研结果却显示乡镇学校不但没有显著高于村屯学校，反而略低于村屯学校。

之所以出现这种情况，我们分析可能的原因有两点。一是当前实际学校规模不合理，使校长出现相对极端的判断，即目前乡镇学校规模相对较大，校长认为不方便其管理，有待进一步缩小；而同时由于村屯学校过小，校长在管理上游刃有余甚至是无法体现其管理方法和理念，渴望相对扩大学校规模。二是村屯学校的办学条件、师资资源等有所转变，乡镇学校相比于村屯学校的发展优势已无从体现；同时，作为县域内政治、经济和文化中心，县城学校的资源优势日益凸显，而且随着家庭经济生活水平的提高、交通条件的改善，为县域内择校提供了条件，因而到县城学校就读现象更加普遍，使乡镇学校吸引力有所下降，出现县域内教育中间塌陷（乡镇学校相对衰落）的现象。

2. 班级数量

为了解校长基于学校管理角度认为的理想学校规模中班级数量的情况，我们在问卷中设计了"从纪律管理的角度，您认为一所学校最多有多少个班级是最理想的"，并根据问卷数据进行了分析（见表 3 - 12）。

表 3 - 12　管理角度下理想班级数量的描述统计

	变量	均值	标准差	变异系数	极小值	P25	P50	P75	极大值	F
中学	城市（a）	29.20	14.09	0.48	18	18.00	24.00	40.50	60	4.627* a，b > c
	县城（b）	31.14	11.60	0.37	18	20.00	30.00	40.00	50	
	乡镇（c）	20.63	8.09	0.39	9	15.75	18.00	24.00	40	
小学	城市（a）	23.12	7.47	0.32	9	18.00	24.00	24.00	45	2.677* a > c
	县城（b）	23.85	6.81	0.29	6	24.00	24.00	24.75	36	
	乡镇（c）	20.13	9.39	0.47	4	12.00	20.00	24.00	80	
	村屯（d）	18.57	11.89	0.64	3	12.00	12.00	30.00	36	

注：*$p < 0.05$；**$p < 0.01$；***$p < 0.001$。

（1）中学

从城乡比较来看，城乡学校在理想班级数量上存在显著的城乡差异。进一步均值比较发现，与学校实际规模中班级数量城乡分布一样，县城学校的理想班级数量最多，其后是城市学校，两者均显著多于乡镇学校。尽管学校间存在显著的城乡差异，但仅就平均理想班级数量来看，理想学规模中不同城镇化水平学校的班级数量间的差异比实际的班级数量差异有所减少，县城学校的班级数量比乡镇学校多出 50.9%，相较于实际班级数量差异中的 2.84 倍有明显下降。不仅如此，就学校理想班级数量的离散程度来看，与理想学生数量一样，城市学校的理想班级数量的离散程度高于乡镇学校、县城学校，县城学校尽管平均班级数量多，但县城中学间的班级数量差异相对较小，即班级数量多是普遍现象，而城市学校则存在较为严重的学校间不均衡现象，各学校间的班级数量差异较大。而且理想规模中班级数量的变异系数相较于实际学校规模中有所降低，说明校长管理角度下理想班级数量的离散程度变低，理想中学校之间差异更小，发展更加均衡。

（2）小学

与中学阶段的理想班级数量一样，从城乡比较来看，不同学校间在理想班级数量上存在显著的城乡差异。进一步均值比较结果显示，小学阶段理想班级数量也是县城学校最多，其后依次是城市学校、乡镇学校和村屯学校，但是不同学校的平均理想班级数量差异较小，其中县城学校和城市学校的平均班级数量相差不足 1 个班，县城学校的平均班级数量比乡镇学校也仅多 3 个班，比村屯学校多出 5 个班。

但就城乡学校理想班级数量的离散程度而言，与平均理想班级数量的趋势刚好相反，村屯学校的变异系数最高，其后依次是乡镇学校、城市学校和县城学校。在均值分析之后，依据四分位数获得了 25% ~75% 的理想班级数量的区间分布情况，通过这一分析可以发现，县城学校中居中的理想班级数量为 24 ~24.75，县城内各个学校的理想班级数量差异不大，平均每个年级 4 个平行班；而村屯学校中居中的理想班级数量为 12 ~30，各个学校间的差异较为显著，说明校长理想学校规模对班级数量的判断中，村屯学校各个学校间的发展是相对不均衡的。标准化学校建设标准规定，完全小学的适宜规模是每年级 2 ~4 个班，合计 12 ~24 个班，调研发现校长管理角度下理想班级数量基本符合学校标准化建设中对班级数量的要求，但四分位数分析显示村屯学校中有部分是超出标准化建设要求的。

3. 教师数量

为了解校长基于学校管理角度认为的理想学校规模中教师数量的情

况，我们在问卷中设计了"从教师管理的角度，您认为一所学校最多有多少名教师是最理想的"，并根据问卷数据进行了分析（见表3-13）。

表3-13 管理角度下理想教师数量的描述统计

变量		均值	标准差	变异系数	极小值	P25	P50	P75	极大值	F
中学	城市（a）	122.22	65.91	0.54	60	60.00	80.00	200.00	200	1.355
	县城（b）	128.57	47.76	0.37	50	100.00	120.00	160.00	200	
	乡镇（c）	96.35	50.70	0.53	40	60.00	80.00	120.00	200	
小学	城市（a）	79.38	32.82	0.41	18	60.00	80.00	100.00	200	2.148
	县城（b）	85.30	29.24	0.34	30	61.25	80.00	100.00	150	a > c
	乡镇（c）	69.35	32.30	0.47	10	49.50	60.00	90.00	160	
	村屯（d）	74.29	59.61	0.80	5	5.00	60.00	130.00	150	

注：$*p<0.05$；$**p<0.01$；$***p<0.001$。

（1）中学

均值比较发现，对于校长学校管理视角下的理想教师数量，县城学校高于城市学校和乡镇学校，但差异检验结果显示，城乡不同学校间的理想教师数量差异并不显著，县城学校的平均理想教师数量与城市学校基本相当，仅比城市学校高出5%，比乡镇学校高出33%。

尽管县城学校的理想教师数量较高，但是县城学校理想教师的变异系数却最低，说明县城各个学校间理想教师数量差异相对较小；而对于城市学校和乡镇学校，它们的变异系数基本相当，远大于县城学校。同时四分位数分析发现，县城学校中居中的理想教师数量为100~160，而城市学校居中的理想教师数量为60~200，可见城市各个学校之间的理想教师数量差异较大。

（2）小学

以城乡为因子进行单因素方差分析发现，城乡不同学校在理想教师数量上不存在显著差异。进一步的均值比较结果显示，小学阶段县城学校校长的理想教师数量最多，其后依次是城市学校、村屯学校、乡镇学校，城市学校的理想教师数量显著多于乡镇学校。

与当前学校实际规模中教师数量结果不同，村屯学校校长的理想教师数量高出乡镇学校 5 个百分点，但是通过对变异系数的分析发现，村屯学校理想教师数量的变异系数最高，高于乡镇学校、城市学校、县城学校。在均值分析之后，依据四分位数获得了 25%～75% 的理想教师数量的分布情况，通过这一分析可以发现，村屯学校中居中的理想教师数量为 5～130，而县城学校中理想教师数量为 61.25～100。这说明尽管县城学校的理想教师数量较大，但各个学校间的差异相对较小，而村屯学校理想教师数量的离散程度相对较高，即村屯学校校长对理想教师数量的判断具有很大的差异性。为什么村屯学校的校长判断会存在这种情况，有待于进一步思考和分析。

（二）课程角度

在学校教学管理中，课程安排是学校管理者的一项重要工作，而课程能否开齐开足、能否有充足的师资按课程安排上课是教学质量高低的前提条件，因此开齐开足课程并合理地安排师资成为学校管理者在教育教学上必须要面对和高度重视的问题。影响课程安排的因素有很多，但是学校规模中班级的数量和教师的数量是最直接的影响因素。为此，我们主要从课程开设的角度，分析校长视角中最低限度保证课程开齐开足时，学校中班级和教师的规模情况。

1. 班级数量

为了解校长基于课程安排角度认为的理想学校规模中班级数量的情况，我们在问卷中设计了"从课程开齐开足、方便排课的角度，您认为一所学校最少有多少个班级是最理想的"，并根据问卷数据进行了分析（见表 3-14）。

表 3-14 课程角度下理想班级数量的描述统计

变量		均值	标准差	变异系数	极小值	P25	P50	P75	极大值	F
中学	城市（a）	23.70	16.52	0.70	6	11.25	18.00	33.00	60	3.345 * b＞c
	县城（b）	27.43	8.38	0.31	12	24.00	30.00	46.00	60	
	乡镇（c）	16.35	8.81	0.54	8	10.00	12.00	18.00	40	

续表

变量		均值	标准差	变异系数	极小值	P25	P50	P75	极大值	*F*
小学	城市（a）	19.54	6.15	0.31	6	12.00	20.00	24.00	35	3.060 * a，b＞c
	县城（b）	20.45	7.87	0.38	10	12.00	22.00	24.00	36	
	乡镇（c）	15.99	6.72	0.42	6	12.00	14.00	20.00	49	
	村屯（d）	16.17	5.23	0.32	12	12.00	15.00	19.75	25	

注：* $p < 0.05$；** $p < 0.01$；*** $p < 0.001$。

（1）中学

从城乡比较来看，校长课程安排角度下的理想班级数量存在显著的城乡差异。通过进一步均值比较发现，县城学校理想班级数量是最多的，显著多于乡镇学校，县城学校平均理想班级数量多出乡镇学校67.8%。就离散程度而言，城市学校理想班级数量的变异系数大于乡镇学校、县城学校，县城学校尽管平均理想班级数量较大，但是学校间的离散程度较低，也就是说县城各个学校间的理想班级数量相对均衡，而城市学校和乡镇学校，尤其是城市各个学校间理想班级数量的差异很大。

（2）小学

与中学阶段理想班级数量趋势相同，小学的理想班级数量也存在显著的城乡差异。均值比较结果显示，县城学校理想班级数量是最多的，其后依次是城市学校、村屯学校、乡镇学校，县城学校和城市学校的理想班级数量显著多于乡镇学校。

与中学情况不太一样的是，小学阶段城乡学校间理想班级数量的离散程度有所不同，乡镇学校理想班级数量的变异系数最大，其后依次是县城学校、村屯学校、城市学校。但是在均值分析之后，依据四分位数获得了25%～75%的理想班级数量情况，通过这一分析可以发现，城市学校和县城学校中居中的理想班级数量均为12～24，而乡镇学校中居中的理想班级数量为12～20、村屯学校中居中的理想班级数量为12～19.75。

2. 教师数量

为了解校长基于课程安排角度认为的理想学校规模中教师数量的情况，我们在问卷中设计了"从课程开齐开足、方便排课的角度，您认为一所学校最少有多少名教师是最理想的"，并根据问卷数据进行了分析（见

表 3 - 15 ）。

表 3 - 15　课程角度下理想教师数量的描述统计

变量		均值	标准差	变异系数	极小值	P25	P50	P75	极大值	F
中学	城市（a）	106.22	71.93	0.68	30	45.00	60.00	180.00	200	2.586
	县城（b）	115.71	45.41	0.39	60	60.00	120.00	150.00	180	
	乡镇（c）	73.04	42.78	0.59	24	50.00	60.00	80.00	210	
小学	城市（a）	69.26	34.36	0.50	8	50.00	60.00	85.25	200	2.194 a > c
	县城（b）	72.50	25.64	0.35	24	57.00	70.00	87.50	120	
	乡镇（c）	58.80	30.53	0.52	9	40.00	51.50	79.50	160	
	村屯（d）	62.00	43.60	0.70	4	30.00	50.00	100.00	130	

注：＊$p < 0.05$；＊＊$p < 0.01$；＊＊＊$p < 0.001$。

（1）中学

均值比较发现，县城学校理想的教师数量高于城市学校、乡镇学校，县城学校的理想教师数量比城市学校高出 8.9%，比乡镇学校高出 58.4%。尽管不同学校的理想教师数量存在一定的差异，但是差异检验结果显示，不同学校间理想教师数量的城乡差异并不显著。与课程安排角度下的班级数量一样，尽管县城中学教师数量较大，但县城中学理想教师数量的离散程度最低，也就是说县城内各个学校的理想教师数量偏多是普遍现象，彼此之间的差异较小；而城市学校理想教师数量的离散程度最高，乡镇学校次之。均值比较之后，依据四分位数获得了 25% ~ 75% 的理想教师数量情况，通过这一分析可以发现，县城学校中居中的理想教师数量为 60 ~ 150，而城市学校中居中的理想教师数量为 45 ~ 180，城市各个学校间理想教师数量的差异较大。

（2）小学

从城乡比较的结果来看，小学阶段不同学校的理想教师数量也有一定的差异，县城学校的理想教师数量最多，其后依次是城市学校、村屯学校、乡镇学校，城市学校理想的教师数量显著多于乡镇学校。就理想教师数量的离散程度来看，村屯学校理想教师数量的离散程度最高，其后依次是乡镇学校、城市学校、县城学校。尽管县城学校的理想教师数量较多，但各个学校间的差异却相对较小，县城学校中居中的理想教师数量为 57～87.5；而村屯学校理想教师数量的差异却相对较大，村屯学校中居中的理想教师数量为 30～100。城市学校和乡镇学校离散程度居中，两者相差不大。

3. 学生数量

基于课程安排角度判断理想的学校规模，通常受班级数量和教师数量的直接影响，但是校长在判断时也会考虑到班级规模的承载情况。因此，通过校长纪律管理角度对理想学生数量、班级数量的判断可以计算出纪律管理角度下理想的班额情况。管理视角下理想的班额通常是保证课程开设和实施效果的因素，因而我们根据管理视角下理想班额和课程角度下理想的班级数量，计算得出课程开足开齐并可最大限度保证实施效果的学校理想学生数量，并对课程角度下的理想学生数量进行了数据分析，具体见表 3 - 16。

表 3 - 16　课程角度下理想学生数量的描述统计

变量		均值	标准差	变异系数	极小值	P25	P50	P75	极大值	F
中学	城市（a）	1061.67	715.22	0.67	300	427.50	1000.00	1750.00	2200	1.128
	县城（b）	1267.38	484.28	0.38	666.67	750.00	1280.00	1800.00	1875	
	乡镇（c）	872.04	620.87	0.71	400	500.00	625.00	950.00	3000	
小学	城市（a）	820.66	320.00	0.39	150	500.00	817.50	1007.14	1555.56	5.388 *** a，b > c
	县城（b）	901.83	331.34	0.37	333.33	612.50	958.33	1180.00	1500	
	乡镇（c）	644.70	383.51	0.59	125	357.50	536.67	835.00	2000	
	村屯（d）	620.00	205.91	0.33	500	500.00	500.00	790.00	1000	

注：＊$p < 0.05$；＊＊$p < 0.01$；＊＊＊$p < 0.001$。

（1）中学

均值比较发现，县城学校的理想学生数量多于城市学校、乡镇学校。尽管不同学校的理想学生数量存在一定的差异，但是差异检验结果显示，这种差异并不显著。同时，就不同学校间理想学生数量的离散程度来看，理想学生数量与离散程度趋势相反，县城学校的变异系数最小，之后是城市学校和乡镇学校，即尽管县城学校的理想学生数量较多，但是县城各学校间理想学生数量的差异较小，发展比较均衡；而乡镇学校尽管理想学生数量较少，但是各个学校间的差异较大，也就是说乡镇学校发展不均衡。在均值分析之后，依据四分位数获得了 25% ~75% 的理想学生数量情况，通过这一分析可以发现，县城学校中居中的理想学生数量为 750 ~1800，城市学校中居中的理想学生数量为 427.5 ~1750，但乡镇学校中居中的理想学生数量仅为 500 ~950，与县城学校和城市学校差距较大。

（2）小学

小学阶段，不同学校间的理想学生数量存在显著城乡差异。结合均值比较结果来看，小学阶段县城学校理想学生最多，其后依次是城市学校、乡镇学校和村屯学校，县城学校、城市学校的理想学生数量显著多于乡镇学校。就理想学生数量的离散程度来看，村屯学校的离散程度最低，其后依次是县城学校、城市学校和乡镇学校。也就是说，村屯学校各个学校之间的学生数量差异较其他学校更小，学校间的理想学生数量比较相当；县城学校尽管平均理想学生数量较多，但是离散程度并不高，县城学校学生数量较多的现象较为普遍。而乡镇学校理想学生的离散程度较高，说明乡镇学校各个学校间的理想学生数量分布较为不均衡，学校理想规模差异较大。在均值分析之后，依据四分位数获得了 25% ~75% 的理想学生数量情况，通过分析可以发现，城市学校中居中的理想学生数量为 500 ~1007.14，县城学校中居中的理想学生数量为 612.5 ~1180，两者之间的差异不大；而乡镇学校中居中的理想学生数量为 357.5 ~835，村屯学校中居中的理想学生数量为 500 ~790。

（三）理想的三种规模之间的关系

为进一步明晰校长视角下理想的学生数量、班级数量和教师数量之间的关系，我们通过计算理想的生师比、班额和师班比，分别对管理角度和课程角度下的三种理想规模情况之间的关系进行了梳理，同时将理想的生师比、师班比和班额与国家的相关标准进行比较，以此来分析当前国家制定标准是否合理、能否满足校长视角下对理想学校规模的需求。下面分别就不同学校类型的理想生师比、班额和师班比情况与国家标准进行比较分析。

1. 生师比

生师比反映的是学校在校学生数与在职专任教师之间的比例，生师比越大表明每个学生所分配到的教师资源越少。根据中小学教师编制标准中关于生师比的规定，我们分别对校长视角下管理角度和课程角度的理想的生师比与国家标准进行了比较，具体详见表 3 – 17。

表 3 – 17　不同学校类型实际和理想的生师比与国家标准的比较

变量		实际情况（a）	管理理想情况（b）	课程理想情况（c）	国家标准（GB）	结果比较
中学	城市	12.58:1	11.83:1	11.48:1	11.475:1	a > b > c > GB
	县城	14.78:1	11.55:1	11.45:1	13.6:1	a > GB > b > c
	乡镇	12.22:1	11.29:1	11.78:1	15.3:1	GB > a > c > b
小学	城市	16.92:1	12.60:1	14.16:1	17.29:1	GB > a > c > b
	县城	17.61:1	12.91:1	14.05:1	19.11:1	GB > a > c > b
	乡镇	13.87:1	12.13:1	12.45:1	20.93:1	GB > a > c > b
	村屯	4.74:1	23.78:1	10.14:1		b > GB > c > a

在中学阶段，无论是管理角度还是课程角度的理想生师比都小于实际的生师比，也就是说校长认为目前实际的生师比并不合理，理想状态下每名教师所服务指导的学生应该更少，这样才有利于教学和管理。仅就校长理想的生师比分析，纵向来看，在中学阶段，管理角度城市学校理想的生师比大于县城学校、乡镇学校，而课程角度则是乡镇学校理想的生师比大于城市学校、县城学校；在小学阶段，城市和县城学校管理角度和课程角度理想的生师比均大于乡镇学校。横向来看，学校管理角度和课程角度之间的理想生师比并不相同。城市学校和县城学校校长管理角度的理想生师比与课程角度的理想生师比相比更大，即校长认为从管理角度每个老师服务的学生可以稍多，但课程角度为保证课程开设效果，每个老师所服务的学生应该少一些。而在乡镇学校则相反，校长认为课程角度生师比可以大于管理角度的生师比。也就是说，城市和县城学校校长目前更加注重教学、注重课程的实施效果，而乡镇校长更看重管理。与国家标准相比，城市学校管理角度理想的生师比大于国家标准规定的11.475:1，课程角度理想的生师比基本与国家标准持平；对于县城学校和乡镇学校，尽管管理和课程两个角度的生师比不同，但都高于国家现有规定的标准，也就是说当前中学阶段生师比的国家标准能满足校长对理想生师比的要求。

在小学阶段，与实际的生师比相比，城市、县城和乡镇学校理想的生师比有所减少，而村屯学校却显著增加，主要是因为村屯学校当前的实际生师比太低。仅就理想的生师比分析，纵向来看，管理角度村屯学校理想的生师比最高，其后依次是县城学校、城市学校、乡镇学校。村屯学校校长理想的生师比远超其他学校，可能与校长自身经验有关，我国村屯学校规模普遍偏小，对于校长来说管理上不存在难度，因此可能使他们对管理角度理想生师比判断较大。而县城学校之所以管理角度理想的生师比较大，可能是由于县城学校长期以来规模较大，校长在学校管理方面积累了经验后认为对于管理相对较大规模的学校在一定程度上也会得心应手。课程角度学校理想的生师比则是城市学校最高，其后依次是县城学校、乡镇学校和村屯学校。横向来看，对于城市、县城和乡镇学校，管理角度的理想生师比小于课程角度的理想生师比，同时两者都小于国家规定的标准，即国家当前的标准完全符合校长在管理和课程角度对理想生师比的需求。而在村屯学校，课程角度理想的生师比低于国家标准，即国家标准能满足校长对课程角度理想生师比的需求，但管理角度理想生师比是课程角度理想生师比的 2 倍之多，因此目前小学阶段国家标准无法满足村屯学校管理角度理想师生比的要求。

2. 班额

班额是指班级中学生人数，班额过大和过小都会影响教师的教学和管理。相关研究曾证明班级人数过少会影响教师教学与学生学习的积极性和氛围，但目前并没有对最小班额的规定。目前国家规定的标准是班级的最大班额限制。仅就课程的开齐开足来说，班级班额对其影响不大，但从管理角度看班额情况会影响课程的开设效果，因此可以将课程角度的理想班额与管理角度的理想班额等同。根据国家对中小学班额限制的规定，我们对校长视角下理想班额情况与国家标准进行了比较，具体详见表 3－18。

表 3－18　不同学校类型实际和理想的班额与国家标准的比较

单位：人

变量		实际情况（a）	管理理想情况（b）	课程理想情况（b）	国家标准（GB）	结果比较
中学	城市	45.95	40.05	40.05		GB > a > b
	县城	51.95	47.10	47.10	50	a > GB > b
	乡镇	47.70	50.31	50.31		b > GB > a

变量		实际情况（a）	管理理想情况（b）	课程理想情况（b）	国家标准（GB）	结果比较
小学	城市	40.83	41.97	41.97	45	GB > b > a
	县城	45.81	45.29	45.29		a > b > GB
	乡镇	34.41	38.84	38.84		GB > b > a
	村屯	13.15	38.79	38.79		GB > b > a

注：此处假定课程角度的理想班额与管理角度的理想班额等同，故均用 b 表示。

在中学阶段，与实际班额相比，城市学校和县城学校的理想班额较实际班额都相应减少，而乡镇学校理想班额却在本来就较大的实际班额基础上有所增加，因此乡镇学校的理想班额大于县城学校、城市学校，超出国家标准对班额的限制，而县城学校和城市学校的理想班额有所下降后则符合国家标准。也就是说，当前国家对班额的规定已基本满足城市和县城学校校长对理想班额的要求，而稍低于乡镇学校校长对理想班额的要求。

在小学阶段，除县城学校外，城市、乡镇和村屯学校都认为理想班额应该有所增加，但是就学校的理想规模看，县城学校的理想班额最大，其后依次是城市学校、乡镇学校、村屯学校，其中县城学校的理想班额仍高于国家规定的标准。这可能与县城学校实际规模过大、现实生源压力有关，尽管校长希望理想班额与实际班额相比有所下降，但是考虑到当前县城集聚的生源，目前国家标准规定的 45 人的班额并不能满足县城小学的发展实际和校长对理想班额的期望，县城小学的国家班额标准可适当放宽，可根据城镇化水平设计城乡不等的班额规定。

3. 师班比

师班比反映的是学校在职专任教师与班级数量之间的比例，师班比越大表明每个班级所分配到的教师资源越多，越有利于班级的管理和学生的发展。根据中小学教师编制标准中关于生师比的规定和国家对班额的规定，计算得出国家对标准师班比的规定，之后分别对校长视角下管理角度和课程角度的理想师班比与国家标准进行了比较，具体详见表 3-19。

在中学阶段，无论是管理角度还是课程角度的理想师班比都高于实际的师班比，也就是说校长认为目前实际的师班比并不合理，理想状态下每个班级拥有的教师数量应该增加。仅就理想的师班比情况分析，纵向来看，管理角度乡镇学校的理想师班比大于城市学校、县城学校，课程角度仍是乡镇学校的理想师班比最大，之后依次是县城学校、城市学校。横向来看，城市学校和乡镇学校均是管理角度的理想师班比大于课程角度的理想师班比，即校长认为管理角度可接受的教师数量比课程角度多，满足课程安排所需的教师数量在管理上不存在太大问题；而县城学校管理角度和课程角度的理想师班比相同。与国家标准相比，城市学校课程角度的理想师班比低于国家标准，也就是说国家规定的标准可能已经超出实际中学校对于师班比的要求。而对于城市学校管理角度的理想师班比、县城学校和乡镇学校管理和课程两个角度下的理想师班比，均已超出国家规定的标准。也就是说，如果仅按国家制定的师班比的标准可能不太满足学校管理和教学实践需求。

表 3 - 19 不同学校类型实际和理想的师班比与国家标准的比较

变量		实际情况（a）	管理理想情况（b）	课程理想情况（c）	国家标准（GB）	结果比较
中学	城市	3.80:1	4.54:1	4.16:1	4.36:1	b > GB > c > a
	县城	3.79:1	4.33:1	4.33:1	3.68:1	b = c > a > GB
	乡镇	4.13:1	4.60:1	4.53:1	3.27:1	b > c > a > GB
小学	城市	2.83:1	3.46:1	3.54:1	2.60:1	c > b > a > GB
	县城	2.96:1	3.67:1	3.87:1	2.35:1	c > b > a > GB
	乡镇	2.98:1	3.72:1	3.86:1	2.15:1	c > b > a > GB
	村屯	3.38:1	3.51:1	4.20:1		c > b > a > GB

在小学阶段，与实际的师班比相比，城市、县城、乡镇和村屯学校理想的师班比均较大，也就是当前的师班比并不能满足教学管理需求，理想状态下每个班级所拥有的教师均应该有所增加。纵向来看，在管理角度乡镇学校的理想师班比仍是最大的，其后依次是县城学校、村屯学校、城市学校；而在课程角度村屯学校的理想师班比最大，其后依次是县城学校、乡镇学校、城市学校，城市学校无论是管理还是课程角度的理想师班比都相对较小。横向来看，所有学校均是课程角度的理想师班比大于管理角度的理想师班比，同时都高于国家标准规定，也就是说国家规定的师班比要求偏小，在教学和管理实践中难以满足校长对理想师班比的需求。

（四）学校实际规模与理想规模之间的相关分析

为了解学校实际规模与校长视角中学校理想规模之间的关系，我们对学校实际规模中的三个指标、学校理想规模中两个角度下的六个指标分别进行了相关分析，具体相关结果详见表 3 – 20。

表 3 – 20   学校实际规模与理想规模之间的相关分析

	变量	实际学生数量	实际班级数量	实际教师数量
管理角度	理想学生数量	0.514 **	0.418 **	0.417 **
	理想班级数量	0.459 **	0.507 **	0.459 **
	理想教师数量	0.417 **	0.367 **	0.462 **
课程角度	理想学生数量	0.441 **	0.308 **	0.357 **
	理想班级数量	0.378 **	0.357 **	0.399 **
	理想教师数量	0.404 **	0.364 **	0.493 **

注：* $p < 0.05$；** $p < 0.01$；*** $p < 0.001$。

结果显示，学校实际规模中三个指标和学校理想规模中的六个指标均呈显著正相关。其反映的基本情况是，学校实际规模会影响校长对于学校理想规模的判断，学校实际规模越大，校长视角下理想学校规模也越大。具体而言，学校实际规模与管理角度下学校理想规模的相关度大于课程角度下的学校理想规模。通常认为，对于理想学生数量，其相关度最高的是实际学生数量，与理想班级数量相关度最高的是实际班级数量，与理想教师数量相关度最高的是实际教师数量。管理角度下学校实际规模与理想规模的相关分析符合这一特点，课程角度下的理想与实际学生数量、理想与实际教师数量也是如此，而对于课程角度下理想班级数量，与其相关度最高的却不是实际班级数量，而是实际教师数量。也就是说，校长对课程开足开齐条件下理想班级数量的判断更多的是基于学校实际教师数量。

六 什么因素影响了理想的学校规模?

（一）变量说明

1. 因变量

在本研究中，因变量为理想的学校规模，包括从学校管理的角度探讨理想的学生数量、班级数量和教师数量，从课程开足开齐、方便排课的角度探讨理想的学生数量、班级数量和教师数量。其中，学校管理角度下的三种规模和课程角度下的理想班级数量、教师数量均由校长直接填答。问卷中通过"从纪律管理的角度，您认为一所学校最多有多少名学生、多少个班级、多少名教师是最理想的"和"从课程开齐开足、方便排课的角度，您认为一所学校最少有多少个班级、多少名教师是最理想的"共计五题获得校长关于理想学校规模判断的相关数据。而课程角度下理想的学生数量由于不能直接判断，而我们认为校长管理角度下理想的班额是影响课程的重要因素，因此通过管理角度下理想班额和课程角度下理想班级数量计算得出课程角度下学校的理想学生数量。由于理想的学生数量、班级数量和教师数量均为非连续变量，在具体的处理中进行对数处理。

2. 自变量

本研究中，自变量主要是学校实际规模、市场因素、校长人口特征、校长职业特征四个方面。其中学校实际规模主要包括当前学校的生师比、班额和师班比三个变量。其中在进行不同因变量的回归分析时，对实际学校规模中三个变量进行选择，如以理想学生数量作为因变量分析其影响因素时，主要投入实际学校规模中与学生有关的生师比、班额两个变量；以理想班级数量作为因变量分析其影响因素时，主要投入实际学校规模中与班级有关的师班比、班额两个变量；以理想教师数量作为因变量分析其影响因素时，主要投入实际学校规模中与教师有关的生师比、师班比两个变量。

市场因素主要包括学校所在区域（东中西部）、学校所在地（城市、县城、乡镇和村屯）城镇化水平以及学校类型（中学和小学）。由于学校所在区域、学校所在地城镇化水平及学校类型均为多分变量，在进行回归分析时将其转化为虚拟变量。在学校所在区域中选择东部作为参照组，在学校所在地城镇化水平中选择城市作为参照组，在学校类型中选择中学作为参照组，分别将其转化为虚拟变量。

校长人口特征主要包括性别、年龄，校长职业特征主要是在本校任校长的年限。其中，校长性别为分类变量，将男性作为对照组，女性由虚拟变量表示。

具体的因变量、控制变量和自变量的情况详见表3-21。

表 3 – 21　研究使用的变量说明

因素		控制变量		说明
因变量	理想的学校规模	管理角度	学生数量	表示管理角度理想学生数量的非连续变量，进行对数处理
			班级数量	表示管理角度理想班级数量的非连续变量，进行对数处理
			教师数量	表示管理角度理想教师数量的非连续变量，进行对数处理
		课程角度	学生数量	表示课程角度理想学生数量的非连续变量，进行对数处理
			班级数量	表示课程角度理想班级数量的非连续变量，进行对数处理
			教师数量	表示课程角度理想教师数量的非连续变量，进行对数处理
自变量	学校实际规模		生师比	表示实际学生数量与教师数量的比例
			班额	表示实际学生数量与班级数量的比例
			师班比	表示实际教师数量与班级数量的比例
	市场因素		地区	表示区域的分类变量，东部为对照组，中部和西部分别由两个虚拟变量表示
			城乡	表示城乡的分类变量，城市为对照组，县城、乡镇和村屯分别由三个虚拟变量表示
			类型	表示学校类型的分类变量，中学为对照组，小学由虚拟变量表示
	校长人口特征		性别	表示性别的分类变量，男性为对照组，女性由虚拟变量表示
			年龄	表示年龄的连续变量，单位为周岁
			年龄平方	连续变量，计算方式为：年龄×年龄
	校长职业特征		在本校任校长的年限	表示任本校校长年限的连续变量，单位为年

（二）回归结果及分析

本研究想探究影响校长对于理想学校规模的判断。相关分析显示学校的实际规模与学校理想规模具有显著相关关系，因此在回归分析中采用能反映实际规模三个指标动态关系的实际生师比、班额和师班比作为变量，与市场因素、校长人口特征和校长职业特征等同时作为变量，探究其对理想学校规模的影响情况。因此，主要采用线性回归中的阶层回归分析。首先投入学校实际规模中的实际生师比、班额和师班比中与因变量有关的其中两个变量；其次是市场因素中的变量，均为虚拟变量；再次是校长人口特征，主要包括校长的性别、年龄和年龄平方；最后投入的是校长职业特征，即在本校任校长的年限，以此探讨相关变量对理想学校规模是否具有显著的解释力。

1. 管理角度下理想学生数量影响因素

从阶层回归分析摘要表（见表 3 – 22）数据来看，如未投入市场因素、校长人口特征和校长职业特征层面的变量，则学校实际规模中生师比和班额两个变量共可解释管理角度理想学生数量 17.8% 的变异量。线性回归整体检验的 F 值为 27.850（$p < 0.001$），达到 0.05 的显著水平，这表示学校实际规模中至少有一个变量的回归系数达到显著。生师比与班额的标准化回归系数分别为 – 0.025（$p > 0.05$）、0.432（$p < 0.001$），其中班额的标准化回归系数达到显著水平。由于其回归系数为正，这表明学校实际班额对理想学生数量的影响为正向，即学校实际的班额越大，校长对于理想的学生数量的判断也越多。如再投入市场因素层面的自变量，则整体解释变异增加 5.9%，显著性改变的 F 值为 3.231，达到 0.05 的显著水平，这表明市场因素中至少有一个变量的回归系数达到显著。数据显示，西部 & 东部、中部 & 东部、乡镇 & 城市、小学 & 中学的标准化回归系数分别为 – 0.226（$p < 0.001$）、– 0.161（$p < 0.01$）、– 0.160（$p < 0.01$）、0.101（$p < 0.05$），均达到显著水平。由于西部 & 东部、中部 & 东部、乡镇 & 城市的标准化回归系数为负，表示此三个变量对理想学生数量的影响均为负向，即与东部相比，西部和中部学校的理想数量更少；与城市相比，乡镇学校理想的学生数量更少。而小学 & 中学的标准化回归系数为正，表明小学的理想学生数量高于中学。模型二线性回归整体检验的 F 值为 9.474（$p < 0.001$），达到 0.05 的显著水平，表示学校实际规模和市场因素的相关变量对理想学生数量具有显著的解释力，其共同解释变异为 23.6%。如再投入校长人口特征的三个变量，则整体解释变异只增加 1.6%，显著性改变的 F 值为 1.822，未达到显著水平，但数据显示，女性 & 男性的标准化回归系数为 – 0.109（$p < 0.05$），达到 0.05 的显著水平。由于其标准化回归系数为负，表明女性校长认为的理想学生数量低于男性校长。而乡镇 & 城市的标准化回归系数并不显著，表明加入校长人口特征因素后其对理想学生数量的影响不再显著。模型三线性回归整体检验的 F 值为 7.655（$p < 0.001$），达到 0.05 的显著水平，表示学校实际规模、市场因素和校长人口特征等变量对理想学生数量具有显著的解释力，其共同解释变异为 25.3%。最后，如再投入校长职业特征的一个变量，则整体解释变异没有

增加，显著性改变的 F 值为 0.033，未达到显著水平，这表明校长职业特征对理想学生数量的直接影响并不显著。模型四线性回归整体检验的 F 值为 6.993（$p < 0.001$），达到 0.05 的显著水平，表示学校实际规模、市场因素、校长人口特征和校长职业特征等变量对理想学生数量具有显著的解释力，其共同解释变异为 25.3%。因此，最终对理想学生数量产生直接影响的是学校实际班额、学校所在区域、学校类型、校长性别，而市场因素、校长人口特征和校长职业特征等其他变量对理想学生数量的直接影响并不显著。

表 3 − 22　管理角度下理想学生数量的阶层回归模型简摘

变量		模型一		模型二		模型三		模型四	
		β	t 值	β	t 值	β	t 值	β	t 值
学校实际规模	生师比	− 0.025	− 0.397	− 0.018	− 0.285	− 0.015	− 0.245	− 0.015	− 0.241
	班额	0.432	6.826***	0.436	6.313***	0.420	6.058***	0.421	6.029***
市场因素	西部 & 东部			− 0.226	− 2.934***	− 0.191	− 2.373**	− 0.191	− 2.372**
	中部 & 东部			− 0.161	− 2.023**	− 0.150	− 1.819*	− 0.150	− 1.804*
	县城 & 城市			0.007	0.115	0.031	0.498	0.031	0.493
	乡镇 & 城市			− 0.160	− 2.290*	− 0.118	− 1.603	− 0.117	− 1.582
	村屯 & 城市			0.050	0.801	0.054	0.849	0.056	0.865
	小学 & 中学			0.101	1.719*	0.109	1.838*	0.109	1.825*
校长人口特征	女性 & 男性					− 0.109	− 1.726*	− 0.109	− 1.728*
	年龄					− 0.298	− 0.325	− 0.313	− 0.339
	年龄平方					0.402	0.437	0.420	0.454
校长职业特征	在本校任校长的年限							− 0.011	− 0.182
回归模型摘要	F 值	27.850***		9.474***		7.655***		6.993***	
	R^2	0.178		0.236		0.253		0.253	
	ΔF 值	27.850***		3.231**		1.822		0.033	
	ΔR^2	0.178		0.059		0.016		0.000	

注：* $p < 0.05$；** $p < 0.01$；*** $p < 0.001$。

2. 管理角度下理想班级数量影响因素

从阶层回归分析摘要表（见表 3 − 23）数据来看，如未投入市场因素、校长人口特征和校长职业特征层面的变量，则实际学校规模中实际师班比、班额共可解释管理角度理想班级数量 4.5% 的变异量。线性回归整体检验的 F 值为 6.549 （$p < 0.001$），达到 0.05 的显著水平。实际学校规模中师班比、班额的标准化回归系数分别为 -0.098 （$p < 0.05$）、0.188 （$p < 0.001$），均达到显著水平。其中师班比的回归系数为负，这表明师班比对理想班级数量的影响为负向，即学校实际师班比越大，校长视角下理想班级数量越少；而班额的回归系数为正，即班额对理想班级数量的影响为正向，即学校实际班额越大，校长视角下理想的班级数量越多。如再投入市场因素层面的自变量，则整体解释变异增加 6.7%，显著性改变的 F 值为 3.402，达到 0.05 的显著水平，这表明实际学校规模和市场因素的变量中至少有一个自变量的回归系数达到显著。其中，实际师班比、实际班额、西部 & 东部、乡镇 & 城市、村屯 & 城市和小学 & 中学的标准化回归系数分别为 -0.113 （$p < 0.05$）、0.158 （$p < 0.01$）、-0.166 （$p < 0.01$）、-0.137 （$p < 0.05$）、-0.109 （$p < 0.05$）、0.143 （$p < 0.01$），达到显著水平。这表明在实际学校规模和市场因素中除实际师班比、班额外，西部 & 东部、乡镇 & 城市、村屯 & 城市、小学 & 中学也对校长理想班级数量判断产生直接影响。其中，西部 & 东部、乡镇 & 城市、村屯 & 城市的标准化回归系数为负，这表明与东部地区学校相比，西部地区学校的理想班级数量更少；乡镇学校和村屯学校的理想班级数量少于城市学校。而小学 & 中学的回归系数为正，这表明其对理想班级数量的影响为正向，即小学的理想班级数量多于中学。模型二线性回归整体检验的 F 值为 4.274 （$p < 0.001$），达到 0.05 的显著水平，表示学校实际学生数量和市场因素等变量对理想学生数量具有显著的解释力，其共同解释变异为 11.2%。如再投入校长人口特征的三个变量，则整体解释变异只增加 1.7%，显著性改变的 F 值为 1.731，未达到显著水平，这表明校长人口特征对理想班级数量的直接影响并不显著。而且市场因素中西部 & 东部、乡镇 & 城市的回归系数并不显著，说明加入校长人口特征后两者对于理想班级数量不再产生直接影响。模型三线性回归整体检验的 F 值为 3.606 （$p < 0.001$），达到 0.05 的显著水平，表示学校实际规模、市场因素和校长人口特征等变量对理想班级数量具有显著的解释力，其共同解释变异为 12.9%。最后，如再投入校长职业特征的一个变量，则整体解释变异没有增加，显著性改变的 F 值

为 0.058，未达到显著水平，这表明校长职业特征对理想班级数量的直接影响并不显著。而且加入校长职业特征后，村屯 & 城市的影响也不再显著。模型四线性回归整体检验的 F 值为 3.299（$p < 0.001$），达到 0.05 的显著水平，表示学校实际规模、市场因素、校长人口特征和校长职业特征等变量对理想班级数量具有显著的解释力，其共同解释变异为 13%。因此，最终对理想班级数量产生直接影响的是实际师班比、班额、学校类型，而市场因素的其他变量、校长人口特征和校长职业特征对理想班级数量的直接影响并不显著。

表 3 - 23　管理角度下理想班级数量的阶层回归模型简摘

变量		模型一		模型二		模型三		模型四	
		β	t 值	β	t 值	β	t 值	β	t 值
学校实际规模	师班比	- 0.098	- 1.673*	- 0.113	- 1.913*	- 0.100	- 1.694*	- 0.100	- 1.674*
	班额	0.188	3.197***	0.158	2.369**	0.136	2.018**	0.138	2.029**
市场因素	西部 & 东部			- 0.166	- 2.037**	- 0.119	- 1.397	- 0.119	- 1.400
	中部 & 东部			- 0.014	- 0.172	0.013	0.150	0.014	0.164
	县城 & 城市			0.038	0.593	0.053	0.810	0.052	0.802
	乡镇 & 城市			- 0.137	- 1.864*	- 0.115	- 1.496	- 0.113	- 1.471
	村屯 & 城市			- 0.109	- 1.654*	- 0.114	- 1.708*	- 0.111	- 1.650
	小学 & 中学			0.143	2.338**	0.147	2.377**	0.146	2.351**
校长人口特征	女性 & 男性					- 0.068	- 1.046	- 0.068	- 1.048
	年龄					- 0.737	- 0.777	- 0.756	- 0.793
	年龄平方					0.861	0.907	0.885	0.926
校长职业特征	在本校任校长的年限							- 0.015	- 0.242
回归模型摘要	F 值	6.549***		4.274***		3.606***		3.299***	
	R^2	0.045		0.112		0.129		0.130	
	ΔF 值	6.549***		3.402***		1.731		0.058	
	ΔR^2	0.045		0.067		0.017		0.000	

注：* $p < 0.05$；** $p < 0.01$；*** $p < 0.001$。

3. 管理角度下理想教师数量影响因素

从阶层回归分析摘要表（见表 3 - 24）数据来看，如未投入市场因素、校长人口特征和校长职业特征层面的变量，则学校实际规模共可解释管理角度理想教师数量 4% 的变异量。线性回归整体检验的 F 值为 5.610（$p < 0.001$），达到 0.05 的显著水平。学校实际规模中实际生师比、师班比的标准化回归系数分别为 0.148（$p < 0.01$）、0.232（$p < 0.001$），均达到显著水平。而且两者的标准化回归系数均为正，这表明学校生师比、师班比对理想教师数量的影响为正向，即学校生师比和师班比越大，校长视角下理想教师数量也越多。如再投入市场因素层面的自变量，则整体解释变异增加 11.6%，显著性改变的 F 值为 6.029，达到 0.05 的显著水平，这表明市场因素中地区、城乡、学校类型的六个变量中至少有一个自变量的回归系数达到显著。数据显示，西部 & 东部、乡镇 & 城市、村屯 & 城市、小学 & 中学的标准化回归系数分别为 −0.302（$p < 0.001$）、−0.119（$p < 0.05$）、−0.176（$p < 0.001$）、0.182（$p < 0.001$），均达到显著水平。其中，西部 & 东部、乡镇 & 城市、村屯 & 城市的标准化回归系数为负，表示西部学校理想的教师数量要少于东部，与城市相比，乡镇和村屯学校的理想教师数量要相对较少；而小学 & 中学的回归系数为正，表示与中学相比，小学校长理想的教师数量更多。市场因素的其他变量对理想教师数量的直接影响并不显著。模型二线性回归整体检验的 F 值为 6.082（$p < 0.001$），达到 0.05 的显著水平，表示学校实际学生数量和市场因素等变量对理想教师数量具有显著的解释力，其共同解释变异为 15.6%。如再投入校长人口特征的三个变量，则整体解释变异只增加 1%，显著性改变的 F 值为 1.045，未达到显著水平，这表明校长人口特征对理想教师数量的直接影响并不显著。而且加入校长人口特征变量后，乡镇 & 城市的回归系数不再显著，其对理想教师数量不再产生直接影响。模型三线性回归整体检验的 F 值为 4.710（$p < 0.001$），达到 0.05 的显著水平，表示学校实际学生数量、市场因素和校长人口特征等变量对理想教师数量具有显著的解释力，其共同解释变异为 16.6%。最后，如再投入校长职业特征的一个变量，则整体解释变异增加 0.2%，显著性改变的 F 值为 0.671，未达到显著水平，这表明校长职业特征对理想教师数量的直接影响并不显著。模型四线性回归整体检验的 F 值为 4.368（$p < 0.001$），达到 0.05 的显著水平，表示学校实际学生数量、市场因素、校长人口特征和校长职业特征等变量对理

想教师数量具有显著的解释力，其共同解释变异为16.8%。因此，最终对理想教师数量产生直接影响的是实际生师比、师班比、学校所在地区（西部）、学校所在地（乡镇）和学校类型，而市场因素的其他变量、校长人口特征和校长职业特征对理想教师数量的直接影响并不显著。

表 3-24 管理角度下理想教师数量的阶层回归模型简摘

变量		模型一		模型二		模型三		模型四	
		β	t 值	β	t 值	β	t 值	β	t 值
学校实际规模	生师比	0.148	2.117**	0.118	1.717*	0.112	1.624	0.107	1.530
	师班比	0.232	3.317***	0.187	2.792***	0.193	2.863***	0.187	2.754***
市场因素	西部 & 东部			-0.302	-3.650***	-0.270	-3.137***	-0.269	-3.118***
	中部 & 东部			-0.128	-1.515	-0.107	-1.235	-0.110	-1.267
	县城 & 城市			0.064	1.030	0.074	1.152	0.074	1.154
	乡镇 & 城市			-0.119	-1.698*	-0.098	-1.308	-0.103	-1.370
	村屯 & 城市			-0.176	-2.885***	-0.175	-2.811***	-0.182	-2.895***
	小学 & 中学			0.182	3.018***	0.183	3.012***	0.186	3.049***
校长人口特征	女性 & 男性					-0.051	-0.781	-0.049	-0.756
	年龄					-0.634	-0.680	-0.559	-0.597
	年龄平方					0.727	0.780	0.636	0.677
校长职业特征	在本校任校长的年限							0.050	0.819
回归模型摘要	F 值	5.610***		6.082***		4.710***		4.368***	
	R^2	0.040		0.156		0.166		0.168	
	ΔF 值	5.610***		6.029***		1.045		0.671	
	ΔR^2	0.040		0.116		0.010		0.002	

注：* $p<0.05$；** $p<0.01$；*** $p<0.001$。

4. 课程角度下理想学生数量影响因素

从阶层回归分析摘要表（见表 3-25）数据来看，如未投入市场因素、校长人口特征和校长职业特征层面的变量，则学校的实际规模中生师比和班额两个变量共可解释课程角度下理想学生数量19.2%的变异量。线性回归整体检验的 F 值为30.129（$p<0.001$），达到0.05的显著水平，这表示学校实际规模中至少有一个变量的回归系数达到显著。生师比与班额的标

准化回归系数分别为 -0.047（$p > 0.05$）、0.457（$p < 0.001$），其中班额的标准化回归系数达到显著水平。由于其回归系数为正，这表明学校实际班额对课程角度下理想学生数量的影响为正向，即学校实际班额越大，校长对于课程角度下理想学生数量的判断也越多。如再投入市场因素层面的自变量，则整体解释变异增加 5.2%，显著性改变的 F 值为 2.857，达到 0.05 的显著水平，这表明市场因素中至少有一个变量的回归系数达到显著。数据显示，西部 & 东部、乡镇 & 城市、小学 & 中学的标准化回归系数分别为 -0.134（$p < 0.05$）、-0.195（$p < 0.001$）、0.117（$p < 0.01$），均达到显著水平。由于西部 & 东部、乡镇 & 城市的标准化回归系数为负，表示此两个变量对理想学生数量的影响均为负向，即与东部相比，西部学校理想学生数量更少；与城市相比，乡镇学校理想学生数量更少。而小学 & 中学的标准化回归系数为正，表明小学的理想学生数量多于中学。模型二线性回归整体检验的 F 值为 10.006（$p < 0.001$），达到 0.05 的显著水平，表示学校实际规模和市场因素的相关变量对理想学生数量具有显著的解释力，其共同解释变异为 24.4%。如再投入校长人口特征的三个变量，则整体解释变异只增加 1%，显著性改变的 F 值为 1.119，未达到显著水平，说明校长人口特征变量对课程角度下理想学生数量并无直接影响。而加入校长人口特征变量后，西部 & 东部的标准化回归系数并不显著，表明加入校长人口特征因素后其对理想学生数量不再产生直接影响。模型三线性回归整体检验的 F 值为 7.592（$p < 0.001$），达到 0.05 的显著水平，表示学校实际规模、市场因素和校长人口特征等变量对理想学生数量具有显著的解释力，其共同解释变异为 25.4%。最后，如再投入校长职业特征的一个变量，则整体解释变异没有增加，显著性改变的 F 值为 0.074，未达到显著水平，这表明校长职业特征对理想学生数量的直接影响并不显著。模型四线性回归整体检验的 F 值为 6.940（$p < 0.001$），达到 0.05 的显著水平，表示学校实际规模、市场因素、校长人口特征和校长职业特征等变量对理想学生数量具有显著的解释力，其共同解释变异为 25.4%。因此，最终对理想学生数量产生直接影响的是实际班额、学校所在地（乡镇）、学校类型，而市场因素、校长人口特征和校长职业特征等其他变量对理想学生数量的直接影响并不显著。

表 3 – 25 课程角度下理想学生数量的阶层回归模型简摘

变量		模型一		模型二		模型三		模型四	
		β	t 值	β	t 值	β	t 值	β	t 值
学校实际规模	生师比	− 0.047	− 0.743	− 0.048	− 0.762	− 0.043	− 0.688	− 0.044	− 0.693
	班额	0.457	7.235 ***	0.455	6.568 ***	0.445	6.370 ***	0.443	6.283 ***
市场因素	西部 & 东部			− 0.134	− 1.714 *	− 0.115	− 1.411	− 0.115	− 1.399
	中部 & 东部			− 0.101	− 1.249	− 0.105	− 1.259	− 0.107	− 1.269
	县城 & 城市			− 0.009	− 0.149	0.014	0.217	0.014	0.224
	乡镇 & 城市			− 0.195	− 2.785 ***	− 0.155	− 2.108 **	− 0.157	− 2.119 **
	村屯 & 城市			0.041	0.647	0.049	0.768	0.046	0.711
	小学 & 中学			0.117	1.978 **	0.126	2.115 **	0.127	2.120 **
校长人口特征	女性 & 男性					− 0.102	− 1.612	− 0.102	− 1.599
	年龄					0.016	0.017	0.038	0.041
	年龄平方					0.045	0.049	0.018	0.020
校长职业特征	在本校任校长的年限							0.016	0.271
回归模型摘要	F 值	30.129 ***		10.006 ***		7.592 ***		6.940 ***	
	R^2	0.192		0.244		0.254		0.254	
	ΔF 值	30.129 ***		2.857 ***		1.119		0.074	
	Δ R^2	0.192		0.052		0.010		0.000	

注: * $p < 0.05$; ** $p < 0.01$; *** $p < 0.001$。

5. 课程角度下理想班级数量影响因素

从阶层回归分析摘要表（见表 3 – 26）数据来看，如未投入市场因素、校长人口特征和校长职业特征层面的变量，则实际学校规模中实际师班比、班额共可解释管理角度下理想班级数量 6.8% 的变异量。线性回归整体检验的 F 值为 9.940（$p < 0.001$），达到 0.05 的显著水平。实际学校规模中师班比、班额的标准化回归系数分别为 − 0.037（$p > 0.05$）、0.256（$p < 0.001$），班额的回归系数达到显著水平。由于其回归系数为正，这表

明班额对理想班级数量的影响为正向，即学校实际的班额越大，校长视角下理想班级数量越多。如再投入市场因素层面的自变量，则整体解释变异增加 7.6%，显著性改变的 F 值为 3.980，达到 0.05 的显著水平，这表明实际学校规模和市场因素的变量中至少有一个自变量的回归系数达到显著。其中，乡镇 & 城市和小学 & 中学的标准化回归系数分别为 -0.188（$p < 0.01$）、0.185（$p < 0.001$），达到显著水平。这表明在实际学校规模和市场因素中除实际班额外，乡镇 & 城市、小学 & 中学也对校长理想班级数量判断产生直接影响。其中乡镇 & 城市的标准化回归系数为负，这表明乡镇学校和村屯学校理想的班级数量少于城市学校；而小学 & 中学的回归系数为正，这表明其对理想班级数量的影响为正向，即小学的理想班级数量多于中学。模型二线性回归整体检验的 F 值为 5.632（$p < 0.001$），达到 0.05 的显著水平，表示学校实际规模和市场因素等变量对理想班级数量具有显著的解释力，其共同解释变异为 14.4%。如再投入校长人口特征的三个变量，则整体解释变异只增加 0.8%，显著性改变的 F 值为 0.840，未达到显著水平，这表明校长人口特征对理想班级数量的直接影响并不显著。模型三线性回归整体检验的 F 值为 4.317（$p < 0.001$），达到 0.05 的显著水平，表示学校实际规模、市场因素和校长人口特征等变量对理想班级数量具有显著的解释力，其共同解释变异为 15.2%。最后，如再投入校长职业特征的一个变量，则整体解释变异没有增加，显著性改变的 F 值为 0.098，未达到显著水平，这表明校长职业特征对理想班级数量的直接影响并不显著。模型四线性回归整体检验的 F 值为 3.952（$p < 0.001$），达到 0.05 的显著水平，表示学校实际规模、市场因素、校长人口特征和校长职业特征等变量对理想班级数量具有显著的解释力，其共同解释变异为 15.2%。因此，最终对理想班级数量产生直接影响的是实际班额、学校所在地（乡镇）和学校类型，而其他变量对理想班级数量的直接影响并不显著。

表 3 - 26 课程角度下理想班级数量的阶层回归模型简摘

变量		模型一		模型二		模型三		模型四	
		β	t 值	β	t 值	β	t 值	β	t 值
学校实际规模	师班比	-0.037	-0.642	-0.046	-0.795	-0.041	-0.702	-0.042	-0.719
	班额	0.256	4.394***	0.240	3.682***	0.225	3.413***	0.223	3.354***

变量		模型一		模型二		模型三		模型四	
		β	t 值	β	t 值	β	t 值	β	t 值
市场因素	西部 & 东部			− 0.028	− 0.348	− 0.016	− 0.192	− 0.016	− 0.185
	中部 & 东部			0.083	0.999	0.087	1.024	0.086	1.003
	县城 & 城市			0.019	0.309	0.032	0.490	0.032	0.496
	乡镇 & 城市			− 0.188	− 2.612 **	− 0.166	− 2.193 **	− 0.168	− 2.206 **
	村屯 & 城市			− 0.029	− 0.459	− 0.033	− 0.508	− 0.036	− 0.549
	小学 & 中学			0.185	3.068 ***	0.194	3.176 ***	0.195	3.184 ***
校长人口特征	女性 & 男性					− 0.076	− 1.178	− 0.076	− 1.173
	年龄					− 0.968	− 1.028	− 0.942	− 0.996
	年龄平方					1.013	1.075	0.981	1.034
校长职业特征	在本校任校长的年限							0.019	0.313
回归模型摘要	F 值	9.940 ***		5.632 ***		4.317 ***		3.952 ***	
	R²	0.068		0.144		0.152		0.152	
	ΔF 值	9.940 ***		3.980 ***		0.840		0.098	
	Δ R²	0.068		0.076		0.008		0.000	

注：* $p < 0.05$；** $p < 0.01$；*** $p < 0.001$。

6. 课程角度下理想教师数量影响因素

从阶层回归分析摘要表（见表 3 − 27）数据来看，如未投入市场因素、校长人口特征和校长职业特征层面的变量，则学校实际规模共可解释管理角度下理想教师数量 4.6% 的变异量。线性回归整体检验的 F 值为 6.579（$p < 0.001$），达到 0.05 的显著水平。学校实际规模中实际的生师比、师班比的标准化回归系数分别为 0.124（$p < 0.05$）、0.251（$p < 0.001$），均达到显著水平。而且两者的标准化回归系数均为正，这表明学校生师比、师班比对理想教师数量的影响为正向，即学校生师比和师班比越大，校长视角下理想教师数量也越多。如再投入市场因素层面的自变量，则整体解释变异增加 6.3%，显著性改变的 F 值为 3.145，达到 0.05 的显著水平，这表明市场因素中地区、城乡、学校类型的六个变量中至少有一个自变量的回归系数达到显著。数据显示，乡镇 & 城市、小学 & 中学的标准化回归系数分别为 − 0.153（$p < 0.01$）、0.124（$p < 0.01$），均达到显著水平。其

中乡镇 & 城市的标准化回归系数为负，表示与城市相比，乡镇学校校长的理想教师数量要相对较少；而小学 & 中学的回归系数为正，表示小学校长的理想教师数量多于中学学校。市场因素的其他变量对理想教师数量的直接影响并不显著。但加入市场因素后，学校实际生师比的回归系数不再显著，说明投入市场因素后实际生师比不再对理想教师数量产生直接影响。模型二线性回归整体检验的 F 值为 4.081（$p < 0.001$），达到 0.05 的显著水平，表示学校实际规模和市场因素等变量对理想教师数量具有显著的解释力，其共同解释变异为 10.9%。如再投入校长人口特征的三个变量，则整体解释变异只增加 1.5%，显著性改变的 F 值为 1.556，未达到显著水平，这表明校长人口特征对理想教师数量的直接影响并不显著。而且加入校长人口特征变量后，乡镇 & 城市的回归系数不再显著，其对理想教师数量不再产生直接影响。模型三线性回归整体检验的 F 值为 3.411（$p < 0.001$），达到 0.05 的显著水平，表示学校实际规模、市场因素和校长人口特征等变量对理想教师数量具有显著的解释力，其共同解释变异为 12.4%。最后，如再投入校长职业特征的一个变量，则整体解释变异增加 0.2%，显著性改变的 F 值为 0.544，未达到显著水平，这表明校长职业特征对理想教师数量的直接影响并不显著。模型四线性回归整体检验的 F 值为 3.166（$p < 0.001$），达到 0.05 的显著水平，表示学校实际规模、市场因素、校长人口特征和校长职业特征等变量对理想教师数量具有显著的解释力，其共同解释变异为 12.6%。因此，最终对理想教师数量产生直接影响的是实际师班比和学校类型，而市场因素的其他变量、校长人口特征和校长职业特征对理想教师数量的直接影响并不显著。

表 3 – 27　课程角度下理想教师数量的阶层回归模型简摘

变量		模型一		模型二		模型三		模型四	
		β	t 值	β	t 值	β	t 值	β	t 值
学校实际规模	生师比	0.124	1.788*	0.090	1.278	0.084	1.192	0.079	1.111
	师班比	0.251	3.625***	0.229	3.351***	0.239	3.484***	0.233	3.382***
市场因素	西部 & 东部			-0.111	-1.331	-0.065	-0.752	-0.064	-0.737
	中部 & 东部			0.002	0.024	0.029	0.333	0.026	0.301
	县城 & 城市			0.082	1.296	0.097	1.495	0.098	1.503

续表

变量		模型一		模型二		模型三		模型四	
		β	t 值	β	t 值	β	t 值	β	t 值
市场因素	乡镇 & 城市			-0.153	-2.137**	-0.124	-1.635	-0.127	-1.678
	村屯 & 城市			-0.088	-1.411	-0.083	-1.320	-0.089	-1.405
	小学 & 中学			0.124	2.012**	0.126	2.038**	0.129	2.074**
校长人口特征	女性 & 男性					-0.068	-1.031	-0.067	-1.017
	年龄					-0.360	-0.380	-0.295	-0.309
	年龄平方					0.482	0.508	0.402	0.421
校长职业特征	在本校任校长的年限							0.046	0.738
回归模型摘要	F 值	6.579***		4.081***		3.411***		3.166***	
	R^2	0.046		0.109		0.124		0.126	
	ΔF 值	6.579***		3.145***		1.556		0.544	
	ΔR^2	0.046		0.063		0.015		0.002	

注:* $p < 0.05$;** $p < 0.01$;*** $p < 0.001$。

七　多大规模是合理的?——一个数学推断

(一) 合理的学校规模区间推断原理

通过分析理想学校规模的影响因素,我们得出学校实际规模会直接影响校长对于理想规模的判断,同时市场因素中学校所在区域、学校所在地以及学校类型等都会影响校长对理想规模的判断。那对于校长来说,多大规模是合理的呢?对于校长而言,学校规模合理一方面要方便学校管理,保证管理效果;另一方面要方便课程安排,保证课程开足开齐。

管理角度下的理想学校规模考察的是在保证管理效果的前提下,学校所能承受的最大规模,因此管理角度下的学生数量、班级数量以及教师数量是对学校规模上限的判断,即最大是多少,可适当向下延伸;而课程角度下的理想学校规模考察的是保证课程开足开齐,学校所需的最低条件和限度,因此课程角度下的学生数量、班级数量以及教师数量是对学校规模下限的判断,即最少要保证多少,可适当向上延伸(见图 3 - 1)。为最大限度地涵盖校长对理想学校规模的判断，对管理角度和课程角度下校长理想学校规模居中数据进行分析，选取课程角度的最小值（B_{min}）作为理想学校规模的下限；选取管理角度的最大值（A_{max}）作为理想学校规模的上限，从而归纳得出两种角度下校长理想学校规模的大致情况。

图 3 - 1　理想学校规模区间推断原理示意

注：A 代表管理角度下的理想学校规模，B 代表课程角度下的理想学校规模。

（二）合理的学校规模区间推断

由于学校当前的实际规模，以及市场因素中学校所在区域、学校所在地、学校类型等都会影响校长对理想学校规模的判断，因此校长视角下的理想学校规模跨度较大。在分析校长基于管理和课程角度对理想学生数量、班级数量和教师数量做判断时，我们在剔除极端值后，通过四分位数分布选择了居中的 50% 数据，对城乡不同学校类型的理想学校规模区间进行判断。

1. 理想学生数量

为得出不同类型的学校理想的学生数量，我们通过四分位数分布获得了校长管理视角和课程视角下理想学生数量居中的 50% 所处的区间，按照前文所述的推断原理将两种视角下的学校理想学生数量区间进行合并，以此得出校长理想的学生数量分布区间。具体数据详见表 3 - 28。

表 3 - 28　理想学生数量的估计

变量		角度	P25 ~ P75	$X = \{x \mid B_{min} \leq x \leq A_{max}, x \in N\}$
中学	城市	管理角度（A）	900 ~ 1850	427.5 ~ 1850
		课程角度（B）	427.5 ~ 1750	
	县城	管理角度（A）	1000 ~ 2500	750 ~ 2500
		课程角度（B）	750 ~ 1800	
	乡镇	管理角度（A）	702.5 ~ 1500	500 ~ 1500
		课程角度（B）	500 ~ 950	

续表

变量		角度	P25 ~ P75	$X = \{x \mid B_{min} \leqslant x \leqslant A_{max} , x \in N\}$
小学	城市	管理角度（A）	737.5 ~ 1200	500 ~ 1200
		课程角度（B）	500 ~ 1007.14	
	县城	管理角度（A）	1000 ~ 1200	612.5 ~ 1200
		课程角度（B）	612.5 ~ 1180	
	乡镇	管理角度（A）	500 ~ 1000	357.5 ~ 1000
		课程角度（B）	357.5 ~ 835	
	村屯	管理角度（A）	500 ~ 1050	500 ~ 1050
		课程角度（B）	500 ~ 790	

注：X 指理想规模中，不同类型学校学生数量的具体情况。

在中学阶段，对于城市学校，校长管理角度下理想学生数量是 900 ~ 1850 人，即校长认为为方便学校管理学校最大能承载的学生数量为 1850 人；课程角度下其理想学生数量是 427.5 ~ 1750 人，即学校最少应该有 427.5 名学生才能保证课程开足开齐。因此可得出，城市学校中校长基于管理和课程两种视角对理想学生数量的判断为 427.5 ~ 1850 人。对于县城学校，校长管理角度下理想学生数量是 1000 ~ 2500 人，课程角度下其理想学生数量是 750 ~ 1800 人，故校长认为学校理想学生数量为 750 ~ 2500 人。而在乡镇学校，校长管理角度下理想学生数量是 702.5 ~ 1500 人，课程角度下其理想学生数量是 500 ~ 950 人，故校长认为学校理想学生数量为 500 ~ 1500 人。

在小学阶段，对于城市学校，校长管理角度下理想学生数量是 737.5 ~ 1200 人，即校长认为为方便学校管理学校最大能承载的学生数量为 1200 人；课程角度下其理想学生数量是 500 ~ 1007.14 人，即学校最少应该有 500 名学生才能保证课程开足开齐。因此可得出，城市学校中校长基于管理和课程两种视角对理想学生数量的判断为 500 ~ 1200 人。同理，在县城学校，校长管理角度下理想学生数量是 1000 ~ 1200 人，课程角度下其理想学生数量是 612.5 ~ 1180 人，即校长认为学校理想学生数量为 612.5 ~ 1200 人。在乡镇学校，校长管理角度下理想学生数量是 500 ~ 1000 人，课程角度下其理想学生数量是 357.5 ~ 835 人，即校长认为学校理想学生数量为 357.5 ~ 1000 人。在村屯学校，校长管理角度下理想学生数量是 500 ~ 1050 人，课程角度下其理想学生数量是 500 ~

790 人，因此校长视角下学校理想学生数量为 500～1050 人。

2. 理想班级数量

为得出不同类型的学校理想班级数量，我们通过四分位数分布获得了校长管理视角和课程视角下理想班级数量居中的 50% 所处的区间，按照前文所述的推断原理将两种视角下的学校理想班级数量区间进行合并，以此得出校长的理想班级数量分布区间。具体数据详见表 3－29。

表 3－29　理想班级数量的估计

变量		角度	P25～P75	$X = \{x \mid B_{min} \leqslant x \leqslant A_{max}, x \in N\}$
中学	城市	管理角度（A）	18～40.5	11.25～40.5
		课程角度（B）	11.25～33	
	县城	管理角度（A）	20～40	24～40
		课程角度（B）	24～46	
	乡镇	管理角度（A）	15.75～24	10～24
		课程角度（B）	10～18	
小学	城市	管理角度（A）	18～24	12～24
		课程角度（B）	12～24	
	县城	管理角度（A）	24～24.75	12～24.75
		课程角度（B）	12～24	
	乡镇	管理角度（A）	12～24	12～24
		课程角度（B）	12～20	
	村屯	管理角度（A）	12～30	12～30
		课程角度（B）	12～19.75	

注：X 指理想规模中，不同类型学校班级数量的具体情况。

在中学阶段，对于城市学校，校长管理角度下理想班级数量是 18～40.5 个，即校长认为从方便学校管理角度出发学校最多可有的班级数量为 40.5 个；课程角度下其理想班级数量是 11.25～33 个，即学校最少应该有 11.25 个班级才能保证课程开足开齐。因此可得出，城市学校中校长基于管理和课程两种视角对理想班级数量的判断为 11.25～40.5 个。对于县城学校，校长管理角度下理想班级数量是 20～40 个，课程角度下其理想班级数量是 24～46 个，即校长认为学校理想班级数量为 24～40 个。而在乡镇学校，校长管理角度下理想班级数量是 15.75 ~ 24 个，课程角度下其理想班级数量是 10 ~ 18 个，即校长认为学校理想班级数量为 10 ~ 24 个。

在小学阶段，对于城市学校，校长管理角度下理想班级数量是 18 ~ 24 个，即校长认为从方便学校管理角度出发学校最多可有的班级数量为 24 个；课程角度下其理想班级数量是 12 ~ 24 个，即学校最少应该有 12 个班级才能保证课程开足开齐。因此可得出，城市学校中校长基于管理和课程两种视角对理想班级数量的判断为 12 ~ 24 个。同理，对于县城学校，校长管理角度下理想班级数量是 24 ~ 24.75 个，课程角度下其理想班级数量是 12 ~ 24 个，即校长认为学校理想班级数量为 12 ~ 24.75 个。而在乡镇学校，校长管理角度下理想班级数量是 12 ~ 24 个，课程角度下其理想班级数量是12 ~ 20 人，即校长认为学校理想班级数量为 12 ~ 24 个。在村屯学校，校长管理角度下理想班级数量是 12 ~ 30 个，课程角度下其理想班级数量是 12 ~ 19.75 个，因此校长认为村屯学校有 12 ~ 30 个班级比较理想。

3. 理想教师数量

为得出不同类型的学校理想教师数量，我们通过四分位数分布获得了校长管理视角和课程视角下理想教师数量居中的 50% 所处的区间，按照前文所述的推断原理将两种视角下的学校理想教师数量区间进行合并，以此得出校长的理想教师数量分布区间。具体数据详见表 3 - 30。

表 3 - 30　理想教师数量的估计

变量		角度	P25 ~ P75	$X = \{x \mid B_{min} \leqslant x \leqslant A_{max}, x \in N\}$
中学	城市	管理角度（A）	60 ~ 200	45 ~ 200
		课程角度（B）	45 ~ 180	
	县城	管理角度（A）	100 ~ 160	60 ~ 160
		课程角度（B）	60 ~ 150	
	乡镇	管理角度（A）	60 ~ 120	50 ~ 120
		课程角度（B）	50 ~ 80	
小学	城市	管理角度（A）	60 ~ 100	50 ~ 100
		课程角度（B）	50 ~ 85.25	
	县城	管理角度（A）	61.25 ~ 100	57 ~ 100
		课程角度（B）	57 ~ 87.5	

变量		角度	P25 ~ P75	$X = \{x \mid B_{min} \leq x \leq A_{max}, x \in N\}$
小学	乡镇	管理角度（A）	49.5 ~ 90	40 ~ 90
		课程角度（B）	40 ~ 79.5	
	村屯	管理角度（A）	5 ~ 130	30 ~ 130
		课程角度（B）	30 ~ 100	

注：X 指理想规模中，不同类型学校教师数量的具体情况。

在中学阶段，对于城市学校，校长管理角度下理想教师数量是 60 ~ 200 人，即校长认为为方便学校管理学校最大能承载的教师数量为 200 人；课程角度下其理想教师数量是 45 ~ 180 人，即学校最少应该有 45 名教师才能保证课程开足开齐。因此可得出，城市学校中校长基于管理和课程两种视角对理想教师数量的判断为 45 ~ 200 人。对于县城学校，校长管理角度下理想教师数量是 100 ~ 160 人，课程角度下其理想教师数量是 60 ~ 150 人，故校长认为学校理想教师数量为 60 ~ 160 人。而在乡镇学校，校长管理角度下理想教师数量是 60 ~ 120 人，课程角度下其理想教师数量是 50 ~ 80 人，故校长认为学校理想教师数量为 50 ~ 120 人。

在小学阶段，对于城市学校，校长管理角度下理想教师数量是 60 ~ 100 人，即校长认为为方便学校管理学校最大能承载的教师数量为 100 人；课程角度下其理想教师数量是 50 ~ 85.25 人，即学校最少应该有 50 名教师才能保证课程开足开齐。因此可得出，城市学校中校长基于管理和课程两种视角对理想教师数量的判断为 50 ~ 100 人。同理，在县城学校，校长管理角度下理想教师数量是 61.25 ~ 100 人，课程角度下其理想教师数量是57 ~ 87.5 人，即校长认为学校理想教师数量为 57 ~ 100 人。在乡镇学校，校长管理角度下理想教师数量是 49.5 ~ 90 人，课程角度下其理想教师数量是 40 ~ 79.5 人，即校长认为学校理想教师数量为 40 ~ 90 人。在村屯学校，校长管理角度下理想教师数量是 5 ~ 130 人，课程角度下其理想教师数量是 30 ~ 100 人，因此校长视角下学校理想的教师数量为 30 ~ 130 人。

（三）理想的学校规模

通过对管理和课程角度下的校长理想学校规模推断，我们得出了校长视角下学校的理想学生数量、班级数量和教师数量。由此可以发现，校长的理想学校规模存在城乡差异。在分城乡推断的基础上，取城乡理想学校规模的并集得到全国理想学校规模，这样可以最大限度地涵盖各种复杂情况。

1. 中学理想的学校规模

通过对管理和课程角度下的校长理想学校规模推断，我们分城乡得出了校长视角下中学阶段的理想学生数量、班级数量和教师数量。在分城乡推断的基础上，这里进一步分城乡进行对比分析并得出了中学理想的学校规模（见表3–31）。

表3–31　中学理想的学校规模情况

变量	学生数量（人）	班级数量（个）	教师数量（人）
全国	427.5~2500	10~40.5	45~200
城市学校	427.5~1850	11.25~40.5	45~200
县城学校	750~2500	20~33	60~160
乡镇学校	500~1500	10~24	50~120

就学生数量来看，城市学校校长理想的学生数量为427.5~1850人，县城学校校长理想的学生数量为750~2500人，乡镇学校校长理想的学生数量为500~1500人，县城学校的理想学校规模大于城市学校和乡镇学校。因此，综合考虑学校管理和课程开足开齐，中学阶段学校学生数量为427.5~2500人较为合理，城市学校和乡镇学校规模可适当小些。学生数量不足这一区间的学校可以认为相对偏小，而超过这一区间的学校应该适当控制规模。

就班级数量来看，城市学校校长理想的班级数量为11.25~40.5个，县城学校校长理想的学生数量为20~33人，乡镇学校校长理想的学生数量为10~24人，乡镇学校的理想班级数量小于城市学校和县城学校。因此，综合考虑学校管理和课程开足开齐，中学阶段学校班级数量为10~40.5个较为合理。也就是说，规模小的学校每个年级3~4个平行班，规模大的学校每个年级13~14个平行班，班级数量再多可能需要控制学校规模。

就教师数量来看，城市学校校长理想的教师数量为45~200人，县城学校校长理想的教师数量为60~160人，乡镇学校校长理想的教师数量为

50～120 人。因此，综合考虑学校管理和课程开足开齐，中学阶段学校教师数量为 45～200 人较为合理，学校教师数量不足 45 人可能不利于课程开足开齐，而教师数量超过 200 人则可能会增加教师的管理难度。

2. 小学理想的学校规模

通过对管理和课程角度下的校长理想学校规模推断，我们分城乡得出了校长视角下小学阶段理想的学生数量、班级数量和教师数量。在分城乡推断的基础上，这里进一步分城乡进行对比分析并得出了小学理想的学校规模（见表 3 - 32）。

表 3 - 32　小学理想的学校规模情况

变量	学生数量（人）	班级数量（个）	教师数量（人）
全国	357.5～1200	12～30	30～130
城市学校	500～1007.14	12～24	50～100
县城学校	612.5～1200	12～24.75	57～100
乡镇学校	357.5～1000	12～24	40～90
村屯学校	500～1050	12～30	30～130

就学生数量来看，城市学校校长理想的学生数量为 500～1007.14 人，县城学校校长理想的学生数量为 612.5～1200 人，乡镇学校校长理想的学生数量为 357.5～1000 人，村屯学校校长理想的学生数量为 500～1050 人，县城学校的理想学校规模最大。因此，综合考虑学校管理和课程开足开齐，小学阶段学校学生数量为 357.5～1200 人较为合理，也就是说每个年级有 60～200 人。

就班级数量来看，城市学校校长理想的班级数量为 12～24 个，县城学校校长理想的班级数量为 12～24.75 个，乡镇学校校长理想的班级数量为 12～24 个，村屯学校校长理想的班级数量为 12～30 个，城市、县城和乡镇学校的理想班级数量大致相当，村屯学校的理想班级数量稍高。因此，综合考虑学校管理和课程开足开齐，小学阶段学校班级数量为 12～30 个较为合理，也就是说规模小的学校每个年级 1～2 个平行班，规模大的学校每个年级 5 个平行班，这样既能保证课程开足开齐又能方便学校管理。

就教师数量来看，城市学校校长理想的教师数量为 50～100 人，县城学校校长理想的教师数量为 57～100 人，乡镇学校校长理想的教师数量为

40~90人，村屯学校校长理想的教师数量为30~130人，村屯学校校长理想的教师数量区间较大。因此，综合考虑学校管理和课程开足开齐，中学阶段学校教师数量为30~130人较为合理，学校教师数量不足30人可能不利于课程开足开齐，而教师数量超过130人则可能会增加教师的管理难度。

八 简要结论与讨论

（一）理想的学校规模

通过对管理角度下学校最大能承载的学生、班级、教师数量和保证课程开齐开足所需的最少学生、班级、教师数量的分析，我们得出了当前不同类型学校合理的学校规模区间。在中学阶段，理想的学生数量是427.5~2500人，理想的班级数量是10~40.5个，理想的教师数量是45~200人。在小学阶段，理想的学生数量是357.5~1200人，理想的班级数量是12~30个，理想的教师数量是30~130人。在这一学校规模的合理区间内，既能保证学校管理，又能保证课程开足开齐。

（二）学校实际规模直接影响理想的学校规模

研究发现，学校实际规模会直接影响校长对于理想学校规模的判断。对于两种角度下理想学生数量，最直接和最显著的影响因素是学校实际班额；影响两种角度下理想教师数量的最直接、最显著的因素是实际师班比和生师比；对于管理角度下理想班级数量最直接产生影响的是实际班额和师班比，而对于课程角度下理想的班级数量，主要影响因素仅是学校的实际班额。因此，学校实际规模即学校的班额、生师比和师班比会直接影响校长视角下理想的学校规模。

学校实际规模对理想学校规模的影响在不同类型、城镇化水平的学校间有所不同。对于城市、县城和乡镇中学，尤其是对于实际规模较大的学校来说，校长理想的学校规模往往低于学校实际规模，而且理想学校规模和实际学校规模间的差距相对比较合理。但是调研发现，村屯学校的理想学校规模与实际学校规模之间存在较大差异。当前在我国农村地区，村屯小规模学校仍大量存在，平均学生数量不足县城学校的1/6。其生师比和班额都远低于国家标准，师班比也优于其他学校。尽管当前村屯学校的实际规模偏小，但是校长视角中理想学校规模却较大，有的甚至超出乡镇学校和城市学校，理想规模与实际规模间存在较大的差异。之所以会出现这种情况，可能是由于村屯学校规模较小，在管理、课程安排上长期处于"吃不饱"的状态，并未遇到管理难题，因而校长受自身经验的影响对理想学校规模的判断往往与实际规模存在一定的差距。

（三）其他因素对理想学校规模的影响

1. 学校所在区域、所在地城镇化水平和学校类型会影响理想学校规模

就学校所在区域来看，对于西部地区学校，无论是管理还是课程角度下的理想学生数量、班级数量和教师数量均小于东部地区；对于中部地区学校，管理角度下的理想学生数量、班级数量和教师数量以及课程角度下的学生数量均小于东部地区，而课程角度下的理想班级数量和教师数量大于东部地区学校。但是地区间的差异并不十分显著。

就学校所在地的城镇化水平来看，无论是管理还是课程角度下的理想的学生数量、班级数量和教师数量，县城学校均大于城市学校；而乡镇学校则相反，无论是管理还是课程角度下的理想学生数量、班级数量和教师数量均小于城市学校；对于村屯学校，管理和课程角度下的理想学生数量大于城市学校，而班级数量和教师数量则小于城市学校。

就学校类型来看，小学阶段两种角度下的理想学生数量、班级数量和教师数量均大于中学阶段。

2. 校长人口特征和职业特征对理想学校规模并无直接影响

由于对理想学校规模的判断是校长基于自身的立场所做出的，通常认为校长人口特征（如性别、年龄）和校长职业特征（主要是在本校任校长的年限）会影响校长对理想学校规模的判断。但是研究发现，当综合分析学校实际规模、市场因素、校长人口特征和职业特征因素的作用时，校长人口特征和校长职业特征并不对理想学校规模产生直接的影响，尤其是与学校实际规模、市场因素等一起分析时，其对理想学校规模的影响并不显著。

九 结语

关注合理的学校规模、对学校进行合理布局对于提高教育教学质量、节约办学成本、保障教育公平具有重要的意义。在学校布局调整过程中，一度为追求经济效益而撤并了大量的小规模学校，县城出现大量的"巨型学校"，不仅损害了村屯学校学生的利益，规模扩大也使"巨型学校"面临教学和管理上的诸多困难。因此，在学校布局调整过程中应该充分关注合理的学校规模，避免因盲目追求经济效益而忽视对合理学校规模的关注，影响教育公平和教育教学质量。

当前，通过分析不同区域、不同城镇化水平和不同类型学校实际规模以及校长视角下理想学校规模，判断得出影响理想学校规模大小的因素，即学校实际规模和部分市场因素；同时在分析学校实际规模、理想规模与国家相关标准规定的基础上，通过校长的理想学校规模估计推断出不同类型学校的合理规模区间。尽管这一合理区间并不能成为学校布局调整中的判断标准，但其可作为确定学校规模、合理进行学校布局的重要参考。

第四章　家校距离对农村学生上学影响的实证研究

一　引言

　　受城镇化加速、生育观念转变等因素的影响，农村学校生源呈现不断下降的趋势，导致农村学校尤其是偏远地区的农村学校难以招到足够的生源，加之农村学校教育质量不高、课程难以开齐开足等问题亟待解决，凸显出学校合理布局的迫切性。2001 年《国务院关于基础教育改革与发展的决定》规定："按照小学就近入学、初中相对集中、优化教育资源配置的原则，合理规划和调整学校布局。农村小学和教学点要在方便学生就近入学的前提下适当合并。"① 从此在我国农村地区开始了新一轮中小学布局调整。相关统计数据显示，从 2001 年到 2010 年，我国农村地区共减少了20.76 万所小学和 11.10 万个教学点。大量农村小学和教学点的撤并使不少农村学生陷入"上学太远"的困境，部分家校距离过远的适龄儿童面临失学、辍学、推迟入学等潜在威胁。因此，研究家校距离对学生上学的影响具有现实意义，能为合理制定家校距离限值提供理论支持。

二　文献综述

　　长期以来，学生家校距离远近受到社会各界的关注，因此以学生家校距离为主题的研究成为教育学领域的一个热点。通过梳理文献，当前相关研究主要集中在三个方面：第一，学生家校距离的现状研究；第二，家校

---

① 《国务院关于基础教育改革与发展的决定》（国发〔2001〕21 号），2001 年 5 月 29 日。

距离对学生的影响研究；第三，合理家校距离的估算研究。

（一）学生家校距离的现状研究

摸清学生家校距离的现状是判断各地政府是否有效执行就近入学原则的前提，为此许多研究机构和学者进行了大规模的调查。2009 年华中师范大学对全国 11 个省份的一项调研显示，学校布局调整后，学生的平均家校距离由原来的 1.60 公里提高到 4.05 公里，增幅超过 150%。以加权平均数计算，学校布局调整前后学生步行上学时间从 26 分钟提高到 44 分钟，平均增加了 18 分钟。① 郭清扬等学者通过对云南、广西、河南等中西部 6 个省份 38 个县市 177 个乡镇的调研发现，目前农村小学校均服务范围为 2.8 公里，初中为 12.2 公里。就小学而言，与 1998 年全国小学的服务半径相比增加了 1.3 倍；与 1998 年中西部 5 省份的均值相比增长了 1.9 倍。② 2004 年某地 3 县 15 个乡镇的一项调查显示，当地 1200 名小学生中，每天往返路程超过 5 公里的约为 40%，超过 10 公里的有近 10%。③ 为了解各地学校布局调整情况，2012 年 4 月教育部基础教育一司根据各省级教育行政部门报送的相关数据，选择 18 个省份的有效数据为样本，估算出农村小学和初中的服务半径，如把寄宿与非寄宿学校一并测算，全国农村小学服务半径平均为 7.2 里，农村初中的服务半径平均为 15.9 里。④ 庞丽娟在宁夏、甘肃等地的调研表明，有大约 1/3 的学生每天上学单程超过 3 公里，有将近 1/8 的学生上学单程在 5~10 公里。⑤

（二）家校距离对学生的影响研究

1. 家校距离对学生入学率的影响

诸多研究表明，家校距离和学生入学率之间呈负向相关关系。在英

---

① 雷万鹏、徐璐：《农村校车发展中的政府责任——以义务教育学校布局调整为背景》，《中国教育学刊》2011 年第 1 期，第 16~19 页。
② 郭清扬、王远伟：《我国农村中小学布局调整的总体评价》，《河北师范大学学报》（教育科学版）2008 年第 3 期，第 71~77 页。
③ 庞丽娟：《当前我国农村中小学布局调整的问题、原因与对策》，《教育发展研究》2006 年第 2 期，第 1~6 页。
④ 王定华：《关于我国农村义务教育学校布局调整的调查与思考》，《华中师范大学学报》（人文社会科学版）2012 年第 6 期，第 141~146 页。
⑤ 原春琳：《学校布局调整不当造成义务教育倒退》，《中国青年报》2006 年 3 月 2 日。

国，一些规模太小的乡村小学合并后，越来越多的家长不愿意让他们的小孩每天早晨到数英里以外的学校就读，而选择正规教育制度之外的家庭教育。① 世界银行运用地理信息系统（GIS）对179个农村进行调查指出，当儿童，特别是女童要到其他村庄而不是他们自己的村庄上学时，入学率就急剧下降（见图4-1）。在乍得（非洲）农村，当到学校的距离大于1公里时，入学率就非常低了。② 拉维（Lavy）运用逻辑回归方程对加纳农村地区的基础教育需求进行实证研究，发现区域内家庭与学校的距离等因素对儿童是否接受小学教育有负向预测作用，也就是说距离越远，儿童越不愿意去上学。③

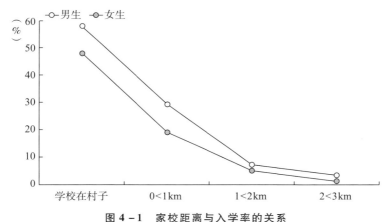

图 4-1　家校距离与入学率的关系

2. 家校距离对学生学习成绩的影响

梳理家校距离对学习成绩的关系研究成果发现，国内外相关研究关于家校距离对学生学业成绩是否存在影响有三种观点。一是家校距离与学习成绩有显著的负相关关系。1973年，美国学者 Yao-Chi lu 和 Luther Tweeten 选取了俄克拉荷马州四年级、八年级和十一年级的学生进行乘车时间对学

---

① 石人炳：《国外关于学校布局调整的研究及启示》，《比较教育研究》2004年第12期，第35~39页。

② Lehman，D.，*Bringing the School to the Children：Shortening the Path to EFA*（The World Bank Education，2003）.

③ 范先佐：《中国中西部地区农村中小学合理布局结构研究》，中国社会科学出版社，2009，第3页。

习成绩影响的调查，收集数据并通过回归模型分析得出乘车时间对四年级、八年级的学生学习成绩有显著负向影响，而对十一年级的学生的成绩没有显著影响。① 中央教科所对我国 8 省份 31 区县的 18600 名六年级学生进行的一项调查显示，上学路上花费时间在 30 分钟以下学生的学业成绩水平显著高于花费时间在 30 分钟到 1 小时和 1 小时以上的学生。② 二是家校距离对学生的学习成绩并不存在影响。例如，Barbars Zoloth 对 Yao-Chi lu 和 Luther Tweeten 的模型进行扩展，利用扩展后的模型进行分析得出，学生乘车所用时间对四年级、八年级和十一年级的学生成绩无显著负向影响。③ 三是家校距离对学生的成绩有显著正向影响。高东胜等人利用陕西省 6 个县区 12 个乡镇 36 所完全小学 2002 年和 2006 年的截面数据来研究上学距离的变化对学生学习成绩的影响，分析结果显示，农村学校布局调整所导致的学生上学距离的增加对学生学习成绩的提高并未产生负面影响，并且上学距离的增加对山区学生学习成绩的提高有显著影响。布局调整带来的上学距离增加对来自经济状况较差的家庭的学生学习成绩的提高具有促进作用。④

3. 家校距离对辍学率的影响

多数研究发现家校距离过远容易导致学生辍学率的上升。例如，贾勇宏等认为农村中小学布局调整后，在"上学远"、"上学难"和"上学贵"等因素的综合影响下，有相当一部分地区的农村中小学辍学率出现了增加的趋势。⑤ 于海波研究认为，就学路途较远、存在安全隐患是促使农村学生辍学率反弹的重要因素。⑥

① Lu, Y. C. , & Tweeten, L. , "The Impact of Busing on Student Achievement," *Growth and Change* 4 (1973): 44 – 46.
② 田慧生:《我国小学六年级学生学业成就调查报告》,《教育研究》2011 年第 1 期, 第 27 ~ 38 页。
③ Zoloth, B. , "The Impact of Busing on Student Achievement: Reanalysis," *Growth and Change* 7 (1976): 43 – 47.
④ 高东胜、史耀疆、刘承芳等:《上学距离对学生学习成绩的影响研究——基于陕西省农村小学的实证分析》,《西部发展评论》2007 年第 1 期, 第 109 ~ 123 页。
⑤ 贾勇宏、曾新:《农村中小学布局调整对教育起点公平的负面影响——基于全国 9 省（区）的调查》,《华中师范大学学报》（人文社会科学版）2012 年第 3 期, 第 143 ~ 153 页。
⑥ 于海波:《农村学校布局调整要警惕辍学率反弹》,《求是》2009 年第 16 期, 第 56 ~ 57 页。

4. 家校距离对学生安全的影响

农村中小学布局调整导致部分学生步行往返上学距离变远，在一些交通相对便利的地区，学生不得不使用交通工具走读，但交通工具不合理使用、交通工具安全系数不达标等问题依然存在。上学距离变远和由此引发的安全问题成为家长和学生的一块心病。[①] 有研究发现，学校布局调整后，学生上学路程普遍变远，学生上学交通安全存在隐患，2011 年全国有学生上学接送车辆 28.5 万辆，其中符合国家标准的校车只有 2.9 万辆，占10.2%。[②] 特别是在一些偏远地区，许多学生上学途中要经过崎岖蜿蜒的山路，山坡陡峭、河道纵横，遇上刮风下雨道路更是难走，山洪、泥石流等自然灾害时有爆发，学生的人身安全无法保障。

5. 家校距离对家庭经济的影响

农村中小学布局调整后，家校距离的增加迫使不少离校较远的学生家庭面临上学方式的选择，是选择寄宿、乘车上学还是选择其他上学方式，无论选择其中任何一种方式，对学生家庭而言都意味着经济负担的增加或家长接送时间成本的增加。[③] Hanley 探究了美国艾奥瓦州学校撤并（2000～2001 年）与学生上学距离及费用之间的相关关系，研究显示该州实施的学校撤并计划导致学生上学距离增大，政府通过撤并计划减少教育经费的投资并没有实现。因为需要支出的交通运营和资本成本的增加完全抵消了学校撤并带来的教育经费投入的节省，并且对学生上学公平带来了负面影响，这些负面影响很难用金钱来衡量。[④] 2010 年教育部委托开展的对 11 个省份 4011 个学校的 46912 名学生的调查表明，2008 年由于学校布局调整，住宿生一年额外花费的交通费、住宿费和伙食费平均是 1331 元，走读生额外花费的费用平均是 950 元。从教学点、村小、中心小学到初中，学生额外付出的教育费用都有所增加，其中教学点住宿生每生额外支付的教育费用为 769 元，村小为 1113 元，中心小学为 1356 元，初中为 2041

---

① 于海波：《农村学校布局调整要警惕辍学率反弹》，《求是》2009 年第 16 期，第 56～57 页。

② 刘利民：《城镇化背景下的农村义务教育》，《求是》2012 年第 23 期，第 55～57 页。

③ 贾勇宏、曾新：《农村中小学布局调整对教育起点公平的负面影响——基于全国 9 省（区）的调查》，《华中师范大学学报》（人文社会科学版）2012 年第 3 期，第 143～153 页。

④ Hanley, P. F., "Transportation Cost Changes with Statewide School District Consolidation," *Socio-Economic Planning Sciences* 41 (2007): 163–179.

元，九年一贯制学校为 2112 元。[1] 家校距离变远后，部分孩子选择走读、寄宿、乘校车等方式上学，在不具备寄宿条件的地区，家长为了孩子的安全选择在学校附近陪读。这样既增加了家庭的经济成本，也增加了家庭的时间成本。对多个子女同时需要入学的家庭来说，经济压力非常大，这样可能会导致孩子辍学和延迟入学。

（三） 合理家校距离的估算研究

义务教育阶段学生的合理家校距离应该为多少？这一问题长期以来受到政策领域和学界的关注。就各国政策领域对合理的家校距离的规定来看，许多国家基于其国情和学生发展的需要设置家校距离限值，诸如 1870 年英国的《初等教育法》中"就近入学"就已经出现了，并且该法明确规定小学生上学距离为 3 英里，超过 3 英里时，家长有权以距离远为由拒绝送孩子入学。20 世纪 80 年代，丹麦政府也曾有过类似规定：以不同年龄段的学生对应不同的上学距离为标准，上学的最远距离应为：一到三岁为 2500 米，四到九岁为 6000 米，十岁为 7000 米，如果远于上述规定的话，市政府必须提供交通工具。[2] 美国弗吉尼亚州对学生的上学距离进行了规定，小学生乘坐公交车单程不应该多于 30 分钟，初中生乘坐校车单程不应该超过 45 分钟，高中生乘坐校车单程不应该超过 60 分钟。[3] 受限于我国各地复杂的地形，2012 年之前，一直没有对家校距离进行统一规定。2012 年 7 月教育部发布的《规范农村义务教育学校布局调整的意见（征求意见稿）》[4] 对家校的时间距离进行了规定，农村小学 1 至 3 年级学生原则上不允许寄宿，学生应该就近上学；小学高年级学生以走读为主，确有需要可以寄宿；各地要根据实际条件合理确定学校覆盖范围，一般应使学生每天上学单程步行时间不超过 40 分钟；具备公交交通或校车服务条件的，学生

---

[1] 王定华：《关于我国农村义务教育学校布局调整的调查与思考》，《华中师范大学学报》（人文社会科学版）2012 年第 6 期，第 141～146 页。

[2] 文东茅：《我国城市义务教育阶段的择校及其对弱势群体的影响》，《北京大学教育评论》2006 年第 4 期，第 12～24 页。

[3] Spence，B.，*Long School Bus Rides*：*Stealing the Joy of Childhood*（Covenant House，Charleston，west Virginia，2000），pp. 1 – 13.

[4] 教育部：《规范农村义务教育学校布局调整的意见（征求意见稿）》，2012 年 7 月 22 日。

每天上学单程不应该超过 40 分钟。① 就学界对合理家校距离的探索来看，不同的学者以自己收集的数据为分析单元，采用不同的方法得出不同地区的学生上学的合理家校距离。赵丹、吴宏超等人通过对广东省某山区县 2003～2009 年的学校布局规划的数据进行统计分析得出，0.5 小时应成为山区农村学生步行上学的时间限制，并且指出如果家校距离过远、学生步行的时间超过 0.5 小时，教育部门应据此采取相应的配套措施。② 王远伟、钱林晓等研究发现，山区走读小学服务半径以 1.5～2 公里为宜，最远不应超过 3 公里；而山区寄宿小学重点服务对象应为小学高年级学生，其服务半径以 3～6 公里为宜，最远不应超过 6 公里；丘陵平原小学服务半径一般为 2～2.5 公里，最远不应超过 3.5 公里。③

　　由上可知，尽管国内外学者深入探讨家校距离对学生上学产生的影响，取得了大量研究成果，但这些研究主要集中在家校距离与学生成绩、上学机会等方面的关系研究，鲜有文章探讨家校距离与学生到校劳累程度、上学积极性等因素之间的关系。在研究方法上，国外文献微观实证研究较多，但运用实证方法研究中国问题的较少，国内文献则多数是从理论上宏观分析，运用实证研究方法的少。本研究以研究团队对 1521 名义务教育阶段学生问卷调查所获得数据为分析单元，拟探索五个问题：第一，家校距离中物理距离、时间距离、心理距离是否存在显著的相关关系？第二，家校距离对学生到校后劳累程度是否有显著影响？第三，家校距离对学生的学业成绩是否有显著影响？第四，家校距离对学生的上学积极性是否有显著影响？第五，低丘陵地区小学生、初中生选择乘坐校车（公交

---

①　值得说明的是，2012 年 9 月 6 日，《国务院办公厅关于规范农村义务教育学校布局调整的意见》出台，意见中规定"农村义务教育学校布局要保障学生就近上学的需要。农村小学 1 至 3 年级学生原则上不寄宿，就近走读上学；小学高年级学生以走读为主，确有需要的可以寄宿；初中学生根据实际可以走读或寄宿。原则上每个乡镇都应设置初中，人口相对集中的村寨要设置村小学或教学点，人口稀少、地处偏远、交通不便的地方应保留或设置教学点。各地要根据不同年龄段学生的体力特征、道路条件、自然环境等因素，合理确定学校服务半径，尽量缩短学生上下学路途时间"，但对于意见稿中提出的时间规定未做要求。具体参见《国务院办公厅关于规范农村义务教育学校布局调整的意见》（国办发〔2012〕48 号），2012 年 9 月 6 日。

②　赵丹、吴宏超、Bruno Parolin：《农村学校撤并对学生上学距离的影响》，《教育学报》2012 年第 3 期，第 62～73 页。

③　王远伟、钱林晓：《关于农村中小学合理布局的设计》，《华中师范大学学报》（人文社会科学版）2008 年第 5 期，第 136～140 页。

车）时，合理的家校距离是多少？

三　分析框架及数据说明

（一）分析框架

本研究旨在对学生家校距离实际情况进行分析与探索，并对家校距离对学生到校后劳累程度、学生学业成绩和上学积极性的影响进行深入研究。在对以往文献进行梳理分析的基础上，阐释了家校距离的概念，认为家校距离中应该包含三种距离即物理距离、时间距离、心理距离，并在学理层次上对三种距离取向进行了阐释和分析。之后，通过问卷调查等实证研究方法获得数据资料，描述了学生家校距离的现状，并分析不同家校距离的学生到校后劳累程度、学业成绩以及上学积极性方面的差异。同时，将家校距离中的三种距离取向看作自变量，分别与学生到校后劳累程度、学业成绩、上学积极性这三个因变量进一步探讨相关和回归关系。最后在此基础上，进一步探讨家校距离多远是合适的。

（二）数据和样本说明

为探究家校距离对学生到校后劳累程度、学业成绩和上学积极性的影响，本研究选取吉林省东丰县 D 镇和 R 镇两所中心小学、两所初中、一所九年一贯制学校为调查学校。这些学校均位于平原地区，人口密度相对较大，居住相对集中。值得说明的一点是，调查样本的选取并不包括小学一年级学生（这主要是考虑小学一年级孩子的理解和作答能力有限，为了保证样本的质量，因此没有作为样本选取）。D 乡镇的学校平均服务半径是10 里，最远的学生家校距离是 30 多里，最近的是居住在城镇上的学生，不到 1 里。R 镇的学校平均服务半径为 8 里，从家到学校经过的大部分都是柏油马路、宽阔平坦的水泥路，学生最远的有 20 多里，校车大致需要40 分钟，最近的 1 里左右。两所学校的学生到学校可选用的交通方式多样，一般多选择校车、公交车、步行等几种方式。

本研究采用自行编制的封闭式问卷《农村学生家校距离调查问卷》，先后进行了两次调研，共发放问卷 1557 份，回收 1557 份，回收率 100%。

因上学积极性和心理距离是本研究的两个重要变量，将相关信息漏答或存在极端值的问卷全部剔除，有效问卷为1521份，有效率为97.7%。就样本情况来看，男生占总体样本数的46.94%，女生占总体样本数的53.06%，性别比例总体相对均衡。大多数学生的家庭所在地分布在乡镇和村屯，占总比例的97.69%，其中家庭所在地在乡镇一级的同学占总人数的18.47%，居住在村屯同学的人数占总人数的79.22%。从样本年级的总体分布来看，二年级的人数比较少，占样本总数的5.52%，初一的人数比较多，占样本总数的18.93%，其余年级的人数分布比较平均（见表4-1）。

表4-1　学生的基本情况统计

单位：人，%

统计量		频数	百分比	累计百分比	统计量		频数	百分比	累计百分比
性别	男生	714	46.94	46.94	年级	二年级	84	5.52	5.52
	女生	807	53.06	100.00		三年级	176	11.57	17.09
						四年级	187	12.29	29.39
家庭所在地	县城	35	2.30	2.30		五年级	175	11.51	40.89
	乡镇	281	18.47	20.78		六年级	164	10.78	51.68
	村屯	1205	79.22	100.00		七年级	288	18.93	70.61
						八年级	234	15.38	86.00
						九年级	213	14.00	100.00

（三）变量情况说明

本研究所采用的《农村学生家校距离调查问卷》由基本信息、劳累程度、学业成绩、上学积极性和家校距离五部分组成。其中，学生到校后劳累程度、学业成绩和上学积极性为本研究的因变量，家校距离为本研究的自变量。

1. 因变量

（1）劳累程度

劳累程度指学生到校后感知的疲倦程度。涉及劳累程度的问题在问卷中有一题，对它的赋值如下："非常轻松""轻松""一般""累""非常累"分别赋值1~5。

（2）学业成绩

学业成绩指学生一学期的学习成绩，以年级为单位对学生的学习成绩进行标准化处理。在问卷设计中主要设计相应的题项对学生的语文、数学、英语三科的成绩进行信息收集。

（3）上学积极性

本研究从内在动机和外在动机两方面来研究探讨农村学生的上学积极性。内在动机主要考查学生对上学的兴趣、情感、需要和愿望，外在动机主要考查学生上学的目的性和意志性，在问卷中共14道题，每道题都是以"完全不符合""不太符合""基本符合""比较符合""非常符合"五级的程度选项呈现。本研究对上学积极性的量表进行信度检验与分析，信度检验的结果显示，其 Alpha 系数为 0.945，表明学生上学积极性量表具有较高的信度（见表4-2）。分析过程中，从"完全不符合"到"非常符合"五级选项分别赋值 1~5，对问卷中的"学生上学积极性"部分进行五级积分累加法，得出学生上学积极性总分。

表4-2　学生上学积极性部分信度分析

	案例处理汇总		可靠性统计量	
	样本数（个）	有效百分比（%）	Alpha 系数	项数
有效	1521	100.0		
已排除	0	0	0.945	14
总计	1521	100.0		

此外，为便于更好地研究不同劳累程度、学业成绩和上学积极性学生的家校距离情况，在具体分析过程中将劳累程度五级中"非常累"和"比较累"合并为"劳累"，将"比较轻松"和"非常轻松"合并为"轻松"。将学业成绩与上学积极性分成 5 个等分组，取分数的前 20% 定为高水平组，取分数的后 20% 为低水平组，进行不同水平组学生家校距离的对比分析。

2. 自变量

Lehman 对非洲 179 个农村研究的结论表明，学校撤并的过程中，除了物理距离变远外，时间距离和心理距离也发生了变化，表明家校距离应该包括三种距离即物理距离、时间距离、心理距离。[1] 本研究在参考了 Lehman 的研究成果的基础上，将物理距离、时间距离、心理距离作为本研究的三个自变量。

（1）物理距离

物理距离是指学生从家到学校沿途所经过的路程，即实际的家庭所在地与学校所在地之间的路程，用里（1 里 = 500 米）为单位来衡量，主要调查从学生住的地方到学校多少里。

（2）时间距离

时间距离是指学生从家到学校沿途所花费的时间，主要从以下两个方面考察：第一，通勤方式，学生从家到校需要采用何种交通工具等；第二，到达时间，学生从家到学校所花时间和从学校到家所花时间。物理距离与时间距离是非连续的数据，因此在本研究中，分别对其做对数处理（在以后的研究中不再提及）。

（3）心理距离

心理距离是指家校之间的距离导致学生内心的隔阂程度，包括其路上的恐惧程度、师生关系融洽程度、伙伴间亲密程度等，强调其在心理层面的反应。在问卷中的心理距离部分，采用积分累加法，分数越高，表示学生的心理距离越大，心理的隔阂程度越高。有关家校距离的问卷结构分析如表 4 - 3 所示。

表 4 - 3　有关家校距离的问卷结构分析

二级分析维度	三级分析维度	包含的题目	题目项数
物理距离	距离远近	6	1
时间距离	1. 通勤方式	9	1
	2. 到达时间	7	1
心理距离	1. 师生关系	10、12	3
	2. 同伴关系	11、13	4
	3. 情绪状态	14	1

[1]　Lehman，D，*Bringing the School to the Children：Shortening the Path to EFA*（The World Bank Education，2003）.

3. 控制变量

以往研究发现，家庭所在地、性别、年级等变量可能会对学生到校后劳累程度、学业成绩和上学积极性等因变量产生一定的影响。因此，为了更为精确地估计三个自变量对因变量的影响，在进行回归分析时本研究将家庭所在地、性别、年级等变量作为研究的控制变量加以控制。值得强调的一点是，家庭所在地（县城、乡镇、村屯）和性别（男、女）都是非连续变量，不满足多元线性回归的参数估计的基本假定，需要将两个非连续变量转化为虚拟变量，再将转化后的虚拟变量放到多元回归模型中进行估计。具体来说，以村屯作为对照组，家庭所在地变量将生成两个虚拟变量，分别是县城＆村屯、乡镇＆村屯；以女生作为对照组，性别变量将生成一个虚拟变量即男生＆女生。

四　分析结果

（一）学生的家校距离现状

1. 家校距离的基本情况

从物理距离来看，在小学阶段，学生上学物理距离在 6 里以内的学生比例为 57.54%，小学上学距离超过 6 里的学生有 42.47%，其中有 22.47% 的学生上学物理距离超过 10 里；在初中阶段，上学物理距离在 6 里以内的学生比例为 41.84%，超过 6 里的初中生占总体初中生的 58.14%，其中超过 10 里的学生比例为 33.97%。初中生的上学物理距离总体比小学生要远。从总体来说，样本中上学物理距离没有超过 6 里的学生人数占总体的 49.94%，超过 6 里的学生人数占总体人数的 50.06%（见表 4 - 4）。

表 4 - 4　学生从家到校物理距离情况

单位：人，%

		≤2 里	(2，4]	(4，6]	(6，8]	(8，10]	(10，15]	>15 里	合计
小学	频数	235	98	110	85	69	62	111	770
	百分比	30.52	12.73	14.29	11.04	8.96	8.05	14.42	100
初中	频数	109	94	100	82	93	67	179	724
	百分比	15.05	12.98	13.81	11.32	12.85	9.25	24.72	100

续表

		≤2 里	(2，4]	(4，6]	(6，8]	(8，10]	(10，15]	>15 里	合计
总体	频数	344	192	210	167	162	129	290	1494
	百分比	23.03	12.85	14.06	11.18	10.84	8.63	19.41	100

从时间距离来看，学生从家到校所需平均时间为 24.70 分钟，到校时间在 30 分钟以内的学生比例为 69.41%，仍有 30.59% 的学生到校的时间需要花 30 分钟以上。从学段来看，在小学，学生平均时间距离为 22.73 分钟，到校时间在 20 分钟以内的学生比例为 57.44%，到校时间在 30 分钟以内的学生人数比例为 73.35%，到校时间超过 30 分钟的学生比例为 26.65%，其中有 13.33% 的小学生上学时间超过 40 分钟。在初中，学生平均时间距离为 26.80 分钟，到校时间在 20 分钟以内的学生比例为 44.20%，到校时间在 30 分钟以内的学生比例为 65.19%，到校时间超过 30 分钟的学生比例为 34.81%，其中有 17.27% 的初中生上学时间超过 40 分钟。与小学生相比，初中生上学所需时间明显比小学生上学所需时间长（见表 4 -5）。

表 4 - 5　学生从家到校时间距离情况

单位：人，%

		≤10 分钟	(10，20]	(20，30]	(30，40]	(40，50]	>50 分钟	合计	均值
小学	频数	257	187	123	103	80	23	773	22.73
	百分比	33.25	24.19	15.91	13.32	10.35	2.98	100	
初中	频数	122	198	152	127	96	29	724	26.80
	百分比	16.85	27.35	20.99	17.54	13.26	4.01	100	
总体	频数	379	385	275	230	176	52	1497	24.70
	百分比	25.32	25.72	18.37	15.36	11.76	3.47	100	

2. 不同年级学生的家校距离情况

从物理距离来看，总的来说，学生家校平均距离为 9.01 里，二年级到六年级学生上学的平均距离在 6.11 ~ 8.86 里，七年级到九年级学生上学的平均距离 9.36 ~ 11.03 里。从时间距离来看，学生到校平均所需时间为 24.70 分钟，二年级到六年级学生到校所花时间的平均值在 17.54 ~ 24.16

分钟，七年级到九年级学生到校所花时间的平均值在 25.17～28.45 分钟。初中阶段学生到校时间均在 25 分钟以上，高于小学生的平均上学时间。究其原因，可能是一个乡镇只有一个初中和多所小学，这样所有的初中生不论多远都要来乡镇读书。相对于初中生，小学生可以选择离自己家近的学校就读。从心理距离来看，学生因距离变远导致的心理距离的平均值为 13.24，各年级、各学段之间的平均心理距离差异不大，没有呈现规律性（见表 4 - 6）。

表 4 - 6　不同年级的学生家校距离情况

年级	频数	物理距离均值	标准差	时间距离均值	标准差	心理距离均值	标准差
二年级	74	6.11	4.77	17.54	11.90	13.50	3.44
三年级	174	8.38	6.42	24.02	15.94	13.14	3.17
四年级	183	6.21	6.32	22.21	14.04	13.04	3.04
五年级	174	7.83	7.23	22.84	14.44	13.75	2.73
六年级	150	8.86	7.74	24.16	14.09	13.14	2.70
七年级	286	10.96	7.35	28.45	14.47	13.25	2.77
八年级	228	11.03	8.80	26.23	13.57	12.91	2.57
九年级	210	9.36	8.57	25.17	13.17	13.37	2.78
总计	1479	9.01	7.65	24.70	14.34	13.24	2.86

3. 不同家庭所在地学生的家校距离情况

对不同家庭所在地学生的家校距离进行单因素方差分析发现，不同家庭所在地学生在物理距离（$F = 113.87$，$p < 0.001$）和时间距离（$F = 90.71$，$p < 0.001$）上存在显著差异，而不同家庭所在地学生在心理距离（$F = 1.07$，$p > 0.05$）上不存在显著差异，说明不同家庭所在地学生家校距离的差异主要集中在时间距离和物理距离上。

为了进一步研究哪些配对组别间的差异达到显著，本文采用了 LSD 的方法进行探究。LSD 比较结果（见表 4 - 7）显示，就物理距离而言，县城学生的物理距离显著高于村屯学生，村屯学生的物理距离显著高于乡镇学生。就时间距离而言，县城和村屯学生的时间距离均显著高于乡镇。就心理距离而言，县城学生、乡镇学生、村屯学生之间并没有显著差异。

表 4 - 7　不同家庭所在地学生的家校距离 LSD 多重比较

变量	家庭所在地		均差
物理距离	县城	乡镇	11.8163 *
		村屯	5.10432 *
	乡镇	县城	- 11.81631 *
		村屯	- 6.71199 *
时间距离	县城	乡镇	9.83396 *
		村屯	- 2.34247
	乡镇	县城	- 9.83396 *
		村屯	- 12.17643 *
心理距离	县城	乡镇	- 0.93733
		村屯	- 0.69155
	乡镇	县城	0.93733
		村屯	0.24578

注：* $p < 0.05$；** $p < 0.01$；*** $p < 0.001$。

4. 不同上学方式学生的家校距离情况

调查发现，学生上学所使用的交通方式是多种多样的，中小学生在交通方式的选择上不存在太大差异。当地学生上学的交通方式主要有四种：步行、坐校车、坐公交车、骑自行车。在小学阶段，有 28.17% 的小学生步行上学，有 25.89% 的小学生乘坐校车，有 24.75% 的小学生乘坐公交车，还有 7.11% 的小学生选择骑自行车上学。在初中阶段，选择步行上学、乘坐校车、乘坐公交车和骑自行车的学生比例分别为 22.85%、19.43%、26.81%、18.88%，相比于小学生，初中生选择骑自行车的比例较高。可以看出，骑机动车和步行仍然是大多数学生所选择的主要方式（见表 4 - 8）。

表 4 - 8　学生上学使用交通工具情况

单位：人，%

		步行	自行车（电动车）	摩托车	公交车	校车	私家车	三轮车	其他
小学	频数	222	56	37	195	204	50	18	6
	百分比	28.17	7.11	4.70	24.75	25.89	6.35	2.28	0.76
初中	频数	167	138	8	196	142	35	39	6
	百分比	22.85	18.88	1.09	26.81	19.43	4.79	5.33	0.82

从学生使用的交通方式所需的时间和距离远近情况来看，家校距离对学生上学采用什么样的交通方式是有影响的。从物理距离来看，家庭离学校比较近的学生会选择步行，这部分学生的平均上学距离为 3.89 里，除了步行以外，剩余的主要到校方式分别是坐公交车、坐校车和骑自行车（电动车），平均上学距离分别为 14.23 里、10.35 里、6.56 里。从时间距离来看，步行学生平均上学时间为 18.01 分钟，坐公交车、坐校车和骑自行车（电动车）学生上学的平均时间分别为 36.01 分钟、22.14 分钟、24.05 分钟。从心理距离来看，步行、坐公交车、坐校车和骑自行车（电动车）相差不大（见表 4-9）。

表 4-9　不同上学方式的学生家校距离情况

上学方式	频数	百分比	物理距离		时间距离		心理距离	
			均值	均值	均值	标准差	均值	标准差
步　行	386	25.84	3.89	4.62	18.01	11.77	13.19	2.85
自行车（电动车）	193	12.92	6.56	4.41	24.05	11.64	13.40	2.87
摩托车	44	2.95	7.16	6.22	21.87	13.79	13.32	3.15
公交车	390	26.10	14.23	7.38	36.01	13.40	13.49	2.61
校　车	329	22.02	10.35	7.78	22.14	13.02	13.95	2.55
私家车	84	5.62	9.38	8.54	18.15	10.68	12.42	2.92
三轮车	57	3.82	9.85	7.48	21.57	12.53	12.90	3.10
其　他	11	0.74	8.64	9.82	22.91	14.64	12.82	3.25
总计	1494	100	9.01	7.65	24.70	14.34	13.23	2.86

5. 三种距离之间的关系

在探寻三个自变量与因变量的线性关系之前，首先分别对三个自变量之间的两两关系进行分析。相关分析发现：学生家校的物理距离和时间距离在 0.001 水平上显著相关，相关系数为 0.649，表明学生家校的物理距离与时间距离呈高度的正相关。更进一步说，随着学生家校的物理距离的增加，他们家校的时间距离也会出现相应的增加。这一结论符合日常直观经验。此外，值得说明的一点是，学生家校的物理距离和时间距离的相关系数（0.649）接近 0.70，意味着家校物理距离和时间距离两者之间可能存在共线性的风险。其次，学生家校的物理距离和心理距离在 0.05 水平上显著相关，相关系数为 0.019，低于 0.30，表明两者具有低度的正相关关系。也就是说，学生家校的物理距离变远，还会给学生带来一定的心理影响。最后，学生家校的时间距离和心理距离在 0.001 水平上显著相关，其相关系数为 0.123，低于 0.30，表明学生家校的时间距离与心理距离存在低度正相关关系（见表 4 - 10）。也就是说，学生家校的时间距离变长会导致学生的心理隔阂增加。以上结论揭示了三个自变量之间的关系，同时也从侧面证明了 Lehman 的观点，即学校布局调整除了导致学生的家校物理距离变远外，还会分别引起学生的家校时间距离和心理距离的变化。

表 4 - 10　三种距离之间的相关关系

自变量	物理距离	时间距离	心理距离
物理距离	1.000	0.649 ***	0.019 *
时间距离	0.649 ***	1.000	0.123 ***
心理距离	0.019 *	0.123 ***	1.000

注：* $p < 0.05$；** $p < 0.01$；*** $p < 0.001$。

（二）家校距离对学生到校后劳累程度的影响

1. 学生劳累程度的基本情况

对不同学段的学生到校后劳累程度进行独立样本 t 检验（见表 4 - 11）发现，学生到校后劳累程度存在显著的学段差异（$t = -8.127$，$p < 0.001$），说明小学和初中的学生到校后对劳累程度的感受不同，相比初中生，小学生到校后更容易感到劳累。从性别来看，独立样本 t 检验结果显示，学生到校后劳累程度在性别上存在显著差异（$t = 2.349$，$p < 0.05$），也就是说，相比于女生，男生到校后更容易感到劳累。

表 4 - 11　不同学段和性别学生到校后劳累程度的差异分析

		频数	均值	标准差	均值的标准误	t 检验
学段	小学	786	2.28	1.11	0.040	$t = -8.127$ ***；
	初中	731	2.72	1.00	0.037	$df = 1515$
性别	男	711	2.60	1.13	0.042	$t = 2.349$ *；
	女	806	2.43	1.03	0.036	$df = 1515$

注：* $p < 0.05$；** $p < 0.01$；*** $p < 0.001$。

2. 不同劳累程度学生的家校距离情况

独立样本 t 检验结果显示，到校后不同劳累程度学生在家校的物理距离、时间距离和心理距离上均存在显著差异。从物理距离来看，到校后感到劳累学生家校的物理距离为 11. 57 里，感到轻松学生家校的物理距离为 7. 47 里，感到劳累学生家校的物理距离显著高于感到轻松的学生（$t = 8.020$，$p <$ 0. 001）。从时间距离来看，到校后感到劳累学生家校的时间距离为 31. 12 分，感到轻松学生家校的时间距离为 20. 86 分，感到劳累学生家校的时间距离显著高于感到轻松的学生（$t = 10.757$，$p < 0.001$）。从心理距离来看，感到劳累学生家校的心理距离为 16. 26，感到轻松学生家校的心理距离为 17. 11，感到劳累学生家校的心理距离显著低于感到轻松的学生（$t = -4.224$，$p < 0.001$）（见表 4 - 12）。至于为什么感到劳累学生家校的心理距离更小，原因有待于进一步探究。

表 4 - 12　到校后不同劳累程度学生的家校距离差异情况

家校距离	劳累程度	频数	均值	标准差	均值的标准误	t 检验
物理距离	劳累	273	11. 57	8. 26	0. 50	$t = 8.020$ *** ;
	轻松	749	7. 47	6. 81	0. 25	$df = 1020$
时间距离	劳累	275	31. 12	15. 71	0. 95	$t = 10.757$ *** ;
	轻松	749	20. 86	12. 64	0. 46	$df = 1022$
心理距离	劳累	278	16. 26	2. 74	0. 16	$t = -4.224$ *** ;
	轻松	759	17. 11	2. 92	0. 11	$df = 1035$

注：$* p < 0.05$；$** p < 0.01$；$*** p < 0.001$。

研究发现不仅在一定程度上反映了家校距离对劳累程度存在影响关系，也说明学段和性别是影响学生到校劳累程度的重要因素。这些结论为随后进一步探究学生家校距离与劳累程度的线性关系以及选择哪些作为回归模型中的控制变量提供了初步的数据支持。

3. 家校距离与学生到校后劳累程度的相关关系

本研究采用 Pearson 相关的方法，探讨家校距离与学生到校后劳累程度的关系。结果显示，物理距离、时间物理、心理距离与学生到校后劳累程度存在显著正相关关系。从学生家校的物理距离与学生到校后劳累程度的关系来看，学生家校物理距离与学生到校后劳累程度在 0. 001 水平上呈显著正相关，相关系数为 0.222，说明随着学生家校的物理距离增加，学生到校后感知到的劳累程度逐渐加重。从学生家校的时间距离与学生到校后劳累程度的关系来看，学生家校的时间距离与学生到校后劳累程度在 0.001 水平上呈显著正相关，相关系数为 0.291，说明随着学生家校的时间距离增加，学生到校后感知到的劳累程度逐渐加重。从学生家校的心理距离与学生到校后劳累程度的关系来看，学生家校的心理距离与学生到校后劳累程度在 0.001 水平上呈显著正相关，相关系数为 0.122（见表 4－13），说明随着学生家校的心理距离增加，学生到校后感知到的劳累程度逐渐加重。

表 4－13　家校距离与学生到校后劳累程度的相关关系

变量	物理距离	时间距离	心理距离
劳累程度	0.222 ***	0.291 ***	0.122 ***

注：$* p < 0.05$；$** p < 0.01$；$*** p < 0.001$。

4. 家校距离与劳累程度的回归关系

由于学生的家校物理距离与时间距离的相关系数很高，可能存在共线性的风险。为此，本研究对其进行共线性检验，发现学生的家校物理距离与时间距离二者之间存在高度的共线性。因此本研究采用主成分分析提取物理距离×时间距离来代替学生的家校物理距离和时间距离，从而消除共线性导致参数估计的偏误（在随后的分析中不再具体说明）。最后本研究采用逐步法将物理距离×时间距离、心理距离与四个控制变量（男生＆女生、年级、县城＆村屯、乡镇＆村屯）投入回归模型中。还需要补充的一点是，县城＆村屯、乡镇＆村屯属于家庭所在地这一变量，而男生＆女生、年级属于学生人口学特征这一变量，为了更好地估计它们对因变量的影响大小，本研究将县城＆村屯、乡镇＆村屯，男生＆女生、年级逐步投入模型如模型二和模型三的部分（见表 4－14）。

在模型一中，物理距离×时间距离、心理距离两变量共能解释学生到校后劳累程度的变异的 7.5%。两变量标准化的回归系数分别为 0.247、0.098，并且这两个回归系数的 t 检验均分别通过显著性检验，表明在心理距离不变的情况下，随着物理距离×时间距离增加，学生到校后的劳累程度也增加。同理在物理距离×时间距离不变的情况下，随着学生的家校心理距离增加，学生到校后越容易感觉到累。

　　模型二在模型一的基础上纳入了男生 & 女生和年级两个变量。模型二整体共能解释学生到校后的劳累程度变异量的 13.8%。并且模型二中的四个变量的标准化回归系数分别为 0.243、0.096、0.061、0.246，以及对应的 t 值分别为 9.968、3.911、2.518、10.110，四个回归系数的 t 检验均通过显著性检验，表明在其他变量不变的情况下，随着物理距离×时间距离增加，学生到校后感觉到的劳累程度也增加。同理，在其他变量不变的情况下，随着学生的家校心理距离增加，学生到校后越容易感觉到累。而男生 & 女生变量的回归系数通过显著性检验说明，与女生相比，男生到校后更容易感到劳累。此外研究还发现，在控制其他变量不变的情况下，随着学生年级的增加，学生到校后感知到的劳累程度逐渐增加。

　　模型三在模型二的基础上纳入家庭所在地的两个虚拟变量。模型三中的六个变量共能解释劳累程度变异量的 13.8%。在模型三中，六个变量的标准化系数分别是 0.235、0.098、0.061、0.244、0.013、0.020。回归系数的显著性 t 检验值分别为 8.941、3.976、2.495、9.988、0.517、0.780。除家庭所在地中的县城 & 村屯、乡镇 & 村屯两个虚拟变量 t 值没有通过显著性检验，其余变量的系数均通过显著性检验，说明物理距离×时间距离、心理距离、年级、男生 & 女生虚拟变量对劳累程度有显著影响，这一结论与模型二中的相关结论一致。

表 4-14　家校距离与学生到校后劳累程度的计量回归模型

变量	模型一		模型二		模型三	
	β	t	β	t	β	t
物理距离×时间距离	0.247	9.763 ***	0.243	9.968 ***	0.235	8.941 ***
心理距离	0.098	3.862 ***	0.096	3.911 ***	0.098	3.976 ***
男生 & 女生			0.061	2.518 ***	0.061	2.495 **
年级			0.246	10.110 ***	0.244	9.988 ***
县城 & 村屯					0.013	0.517
乡镇 & 村屯					0.020	0.780
F 值	58.897 ***		58.408 ***		39.063 ***	
R^2	0.075		0.138		0.138	
ΔF	58.897 ***		53.676 ***		0.459	
ΔR^2	0.075		0.063		0.01	

注：* $p < 0.05$；** $p < 0.01$；*** $p < 0.001$。

（三）家校距离对学生学业成绩的影响

1. 学生学业成绩的基本情况

就不同学段学生学业成绩来看，独立样本 t 检验发现，学生学业成绩在学段上存在显著差异（$t = 11.090$，$p < 0.001$），小学生的学业成绩均值为 90.25，初中学生学业成绩的均值为 80.58，小学生的学业成绩显著高于初中生。就不同性别学生学业成绩来看，独立样本 t 检验显示，学生学业成绩在性别上存在显著差异（$t = -8.067$，$p < 0.001$），男生学业成绩的均值为 81.69，女生学业成绩的均值为 88.86，女生学业成绩显著高于男生（见表 4 – 15）。

表 4 – 15　不同学段和性别学生的学业成绩差异分析

		频数	均值	标准差	均值的标准误	t 检验
学段	小学	752	90.25	9.26	0.34	$t = 11.090$ ***；
	初中	728	80.58	21.97	0.81	$df = 1478$
性别	男	695	81.69	19.62	0.74	$t = -8.067$ ***；
	女	785	88.86	14.46	0.52	$df = 1478$

注：* $p < 0.05$；** $p < 0.01$；*** $p < 0.001$。

2. 不同学业成绩学生的家校距离情况

独立样本 t 检验结果显示，学业成绩高水平组学生与低水平组学生在家校物理距离、时间距离上均存在显著差异。从物理距离来看，学业成绩高水平组学生家校的物理距离为 8.58 里，低水平组学生家校的物理距离为 10.12 里，学业成绩低水平组学生家校的物理距离显著高于高水平组学生（$t = 2.30$，$p < 0.05$）。从时间距离来看，学业成绩高水平组学生家校的时间距离为 22.64 分，低水平组学生家校的时间距离为 26.62 分，学业成绩低水平组学生家校的时间距离显著高于高水平组学生（$t = 3.44$，$p < 0.001$）。从心理距离来看，学业成绩高水平组学生家校的心理距离为 17.02，低水平组学生家校的心理距离为 16.72，高低学业成绩水平组学生家校的心理距离的差异并不显著（$t = -1.30$，$p > 0.05$）（见表 4 – 16）。

表 4 - 16　不同学业成绩水平学生家校距离的差异分析

家校距离	成绩等级	频数	均值	标准差	均值的标准误	t 检验
物理距离	低水平组	289	10.12	7.94	0.47	$t = 2.30^{*}$; $df = 574$
	高水平组	287	8.58	8.08	0.48	
时间距离	低水平组	292	26.62	14.48	0.85	$t = 3.44^{***}$; $df = 574$
	高水平组	284	22.64	13.23	0.79	
心理距离	低水平组	295	16.72	2.68	0.16	$t = -1.30$; $df = 580$
	高水平组	287	17.02	2.94	0.17	

注：$*p < 0.05$；$**p < 0.01$；$***p < 0.001$。

3. 家校距离与学生学业成绩之间的相关关系

从学生家校的物理距离与学生学业成绩的关系来看，在没有考虑控制变量的情况下，学生家校的物理距离与学生学业成绩在 0.01 水平上呈显著负相关，相关系数为 -0.082，说明随着学生家校的物理距离变远，学生学业成绩也会降低。从学生家校的时间距离与学生学业成绩的关系来看，学生家校的时间距离与学生学业成绩在 0.01 水平上呈显著负相关，相关系数为 -0.079，这说明随着学生家校时间距离变长，学生学业成绩同样也会呈现缓慢下降趋势。从学生家校的心理距离与学生学业成绩的关系来看，学生家校的心理距离与学生学业成绩在 0.05 水平上呈显著负相关，相关系数为 -0.053，这说明随着学生的家校心理距离的变大，学生学业成绩也会呈现消极变化。综上所述，学生家校的物理距离、时间距离、心理距离与学生学业成绩呈现显著的负相关关系（见表 4 - 17）。

表 4 - 17　家校距离与学生学业成绩的相关关系

变量	物理距离	时间距离	心理距离
学业成绩	-0.082^{**}	-0.079^{**}	-0.053^{*}

注：$*p < 0.05$；$**p < 0.01$；$***p < 0.001$。

4. 家校距离与学生学业成绩的计量回归关系

在对物理距离、时间距离、心理距离和学生学业成绩相关分析的基础上，为探寻家校距离与学生学业成绩的线性关系，本研究以学生学业成绩为因变量，以县城 & 村屯、乡镇 & 村屯、男生 & 女生、年级变量作为控制变量，以物理距离×时间距离、心理距离为自变量，放到多元线性回归模型里进行分析（见表 4 - 18）。

模型一中，当只投入物理距离×时间距离与心理距离这两个变量时，两个自变量对因变量学习成绩的解释力仅有 0.3%。标准化的回归系数分别为 - 0.028、 - 0.049，回归系数的 t 检验值分别为 - 1.060、 - 1.855，均没有通过显著性检验。也就是说，家校距离对学生的学业成绩没有显著影响。

模型二在模型一的基础上加入男生 & 女生和年级变量。模型二中四个变量共能够解释学生学业成绩变异量的 10.5%，四个变量的标准化回归系数分别为 - 0.013、 - 0.030、 - 0.208、 - 0.253，与之相对应的 t 检验值分别为 - 0.506、 - 1.197、 - 8.252、 - 10.097，其中只有男生 & 女生和年级变量这两个回归系数的 t 检验值在 $p < 0.001$ 水平上显著，说明女生的学业成绩好于男生；在其他变量不变的情况下，随着学生年级的增加，成绩逐渐降低。

模型三在模型二的基础上投入县城 & 村屯、乡镇 & 村屯两个虚拟变量后，发现六个变量共能解释学生学业成绩的变异量的 11.4%，六个变量的标准化回归系数分别为 0.022、 - 0.035、 - 0.207、 - 0.242、0.210、0.108，相应回归系数的 t 检验值分别为 0.829、 - 1.404、 - 8.273、 - 9.642、0.031、4.012，其中男生 & 女生、年级、乡镇 & 村屯均通过显著性检验。以上数据说明女生的学业成绩比男生好；在其他变量不变的情况下，随着学生年级的增加，学生的成绩逐渐降低；与村屯学生相比，乡镇学生有更好的学业成绩。

表 4 - 18　家校距离与学生学业成绩的计量回归模型

变量	模型一		模型二		模型三	
	β	t	β	t	β	t
物理距离×时间距离	- 0.028	- 1.060	- 0.013	- 0.506	0.022	0.829
心理距离	- 0.049	- 1.855	- 0.030	- 1.197	- 0.035	- 1.404
男生 & 女生			- 0.208	- 8.252 ***	- 0.207	- 8.273 ***
年级			- 0.253	- 10.097 ***	- 0.242	- 9.642 ***
县城 & 村屯					0.210	0.031
乡镇 & 村屯					0.108	4.012 ***

续表

变量	模型一		模型二		模型三	
	β	t	β	t	β	t
F 值	2.468*		42.615***		31.590***	
R^2	0.003		0.105		0.114	
ΔF	2.462*		82.468***		8.625***	
ΔR^2	0.003		0.104		0.011	

注：* $p<0.05$；** $p<0.01$；*** $p<0.001$。

（四）家校距离对学生上学积极性的影响

1. 学生上学积极性的基本情况

就不同学段学生的上学积极性来看，小学生上学积极性的均值为43.46，初中生上学积极性的均值为43.72。但独立样本 t 检验发现，学生的上学积极性在学段上不存在显著差异（$t=-0.295$，$p>0.05$）。就不同性别学生上学积极性来看，男生上学积极性的均值为43.58，女生上学积极性的均值为43.59。但独立样本 t 检验发现，不同性别学生在上学积极性上不存在显著差异（$t=-0.019$，$p>0.05$）（见表4-19）。

表4-19 不同学段和性别学生上学积极性的差异分析

		频数	均值	标准差	均值的标准误	t 检验
学段	小学	788	43.46	18.41	0.66	$t=-0.295$;
	初中	733	43.72	15.35	0.57	$df=1519$
性别	男	714	43.58	16.53	0.62	$t=-0.019$;
	女	807	43.59	17.41	0.61	$df=1519$

注：* $p<0.05$；** $p<0.01$；*** $p<0.001$。

2. 不同上学积极性水平学生的家校距离情况

差异检验结果显示，积极性高水平组学生与低水平组学生在家校物理距离、时间距离和心理距离上均存在显著差异。从物理距离来看，积极性高水平组学生家校的物理距离为7.42里，低水平组学生家校的物理距离为9.39里，积极性低水平组学生家校的物理距离显著高于高水平组学生（$t=3.25$，$p<0.01$）。从时间距离来看，积极性高水平组学生家校的时间

距离为 19.34 分，低水平组学生家校的时间距离为 29.06 分，积极性低水平组学生家校的时间距离显著高于高水平组学生（$t = 8.67$，$p < 0.001$）。从心理距离来看，积极性高水平组学生家校的心理距离为 18.00，低水平组学生家校的心理距离为 15.67，积极性低水平组学生家校的心理距离显著低于高水平组学生（$t = -10.43$，$p < 0.001$）（见表 4 - 20）。至于为什么积极性低水平组学生家校的心理距离更小，原因有待于进一步探究。

表 4 - 20　不同积极性水平学生的家校距离差异分析

家校距离	积极性水平	频数	均值	标准差	均值的标准误	t 检验
物理距离	低水平组	318	9.39	7.73	0.43	$t = 3.25^{**}$；$df = 594$
	高水平组	278	7.42	6.98	0.42	
时间距离	低水平组	318	29.06	14.51	0.81	$t = 8.67^{***}$；$df = 599$
	高水平组	283	19.34	12.76	0.76	
心理距离	低水平组	318	15.67	2.38	0.13	$t = -10.43^{***}$；$df = 607$
	高水平组	291	18.00	3.12	0.18	

注：$*p < 0.05$；$**p < 0.01$；$***p < 0.001$。

3. 家校距离与学生上学积极性之间的相关关系

在没有考虑控制变量的情况下，本研究利用 Pearson 相关分析法分别探讨物理距离、时间距离、心理距离与学生上学积极性的相关关系。结果显示，从学生家校的物理距离与学生上学积极性的关系来看，学生家校的物理距离与上学积极性在 0.001 水平上呈显著负相关，相关系数为 -0.120，说明学生家校的物理距离增加，学生上学积极性逐渐下降。从学生家校的时间距离与学生上学积极性的关系来看，学生家校的时间距离与学生上学积极性在 0.001 水平上呈显著负相关，相关系数为 -0.329，说明随着学生家校的时间距离增加，学生上学积极性出现下降趋势。从学生家校的心理距离与学生上学积极性的关系来看，学生家校的心理距离与学生上学积极性在 0.001 水平上呈显著负相关，相关系数为 -0.341（见表 4 - 21），说明随着学生家校的心理距离增加，学生上学积极性会呈现下降趋势。综上所述，学生家校的物理距离、时间距离、心理距离的增加均会对学生上学积极性产生消极作用。

表 4 – 21   家校距离与学生上学积极性的相关关系

变量	物理距离	时间距离	心理距离
上学积极性	– 0. 120 ***	– 0. 329 ***	– 0. 341 ***

注：* $p < 0.05$；** $p < 0.01$；*** $p < 0.001$。

4. 家校距离与学生上学积极性的计量回归关系

在对物理距离、时间距离、心理距离与上学积极性相关分析的基础上，为探寻家校距离与学生上学积极性的线性关系，本研究以学生的上学积极性为因变量，以县城 & 村屯、乡镇 & 村屯、男生 & 女生、年级变量作为控制变量，以物理距离×时间距离、心理距离为自变量，放到多元阶层回归模型里进行分析，详见表 4 – 22。

模型一中，首先将物理距离×时间距离和心理距离两个变量投入回归模型，发现两个自变量对因变量上学积极性的解释力为 16.7%，并且两个自变量的标准化回归系数分别为 – 0.233、– 0.316，相应回归系数的 t 检验值分别为 – 9.716、– 13.200，均在 0.001 水平上显著。两变量的回归系数均为负值，说明在控制其中一个变量时，一个自变量的变化必然引起学生上学积极性的反向变化。具体来说，在物理距离×时间距离不变的情况下，随着心理距离的增大，学生上学积极性在降低。同理，在心理距离不变的情况下，随着物理距离×时间距离的增加，学生上学积极性也随之降低。这些发现都说明家校距离是影响学生上学积极性的重要外部因素。

模型二在模型一的基础上投入了男生 & 女生和年级这两个控制变量，四个自变量能够解释上学积极性变异量的 17.3%。四个自变量的标准化回归系数分别为 – 0.233、– 0.320、0.033、– 0.071，与之相对应的回归系数的 t 检验值分别为 – 9.753、– 13.357、1.370、– 2.994，除了男生 & 女生这一虚拟变量的回归系数没有通过 0.05 水平的显著性检验，其余变量的回归系数均通过 0.05 水平的显著性检验。具体来看，在其他变量不变的情况下，随着物理距离×时间的增加，学生上学积极性随之降低；在其他变量不变的情况下，随着心理距离的增大，学生上学积极性随之降低；学生上学积极性在性别上不存在显著差异；在其他变量不变的情况下，随着学生年级的增加，学生上学积极性会逐渐降低。

模型三在模型二的基础上投入家庭所在地中的两个虚拟变量，发现模型整体能够解释学生上学积极性变异量的 18.8% 。六个自变量的回归系数分别为 -0.281、-0.311、0.031、-0.083、0.016、-0.129，相关回归系数的 t 检验值分别为 -11.037、-13.035、1.297、-3.478、0.695、-5.060，除了男生 & 女生和县城 & 村屯回归系数没有通过显著性检验外，剩余的变量均通过显著性检验。具体来看：首先，在其他变量不变的情况下，随着心理距离的增大，学生上学积极性在降低；在其他变量不变的情况下，随着物理距离×时间距离增加，学生上学积极性会降低。其次，学生上学积极性在性别上不存在显著差异；在其他变量不变的情况下，学生上学积极性会随着学生年级的增加而下降。最后，与村屯学生相比，乡镇学生上学积极性更低；县城学生上学积极性与村屯学生之间没有显著差异。

表 4 - 22　家校距离与学生上学积极性的计量回归模型

变量	模型一		模型二		模型三	
	β	t	β	t	β	t
物理距离 × 时间距离	-0.233	-9.716***	-0.233	-9.753***	-0.281	-11.037***
心理距离	-0.316	-13.200***	-0.320	-13.357***	-0.311	-13.035***
男生 & 女生			0.033	1.370	0.031	1.297
年级			-0.071	-2.994**	-0.083	-3.478***
县城 & 村屯					0.016	0.695
乡镇 & 村屯					-0.129	-5.060***
F 值	146.640***		76.535***		67.480***	
R^2	0.167		0.173		0.188	
ΔF	146.640***		5.524**		13.248***	
ΔR^2	0.167		0.006		0.014	

注：* $p < 0.05$；** $p < 0.01$；*** $p < 0.001$。

五　家校距离的限值

关于学校服务半径，国家在 2012 年之前一直没有对家校距离限值做出具体规定。直到 2012 年 7 月，教育部印发了关于《规范农村义务教育学校布局调整的意见（征求意见稿）》（以下简称《意见》）。《意见》规定，农村小学 1 至 3 年级学生原则上不允许寄宿，学生应该就近上学；小学高年级学生以走读为主，确有需要可以寄宿；各地要根据实际条件合理确定学校覆盖范围，原则上每个乡镇应至少设置 1 所初中，3 万人口以上的乡镇可设置 2 所初中；人口相对集中的村寨，要设置村小或教学点；人口稀少、地处偏远、交通不便的地方，应保留或设置教学点。各地要根据实际条件合理确定学校覆盖范围，一般应使学生每天上学单程步行时间不超过 40 分钟；具备公交交通或校车服务条件的，学生每天上学单程乘车时间不应该超过 40 分钟。①

为了验证《意见》规定的家校距离的限值是否具有普适性，本研究以到校后学生感知劳累程度为分析的切入点，以对吉林省东丰县（丘陵地区）乘坐校车（公交车）调查所获得的数据为分析单元，对义务教育阶段学生乘坐校车（公交车）单程到校时间距离限值和物理距离限值进行研究与分析。值得补充的是，之所以不对步行学生的物理距离和时间距离进行探讨，主要原因是，调查地交通发达，校车（公交车）布局合理，学生是否选择乘坐校车（公交车）上学主要取决于学生家校直观距离。也就是说，距离近的学生更倾向于步行，距离远的学生更倾向于乘坐校车（公交车）。在这种情况下，选择步行学生家校距离均不太远，而据此求出选择步行的初中生和小学生到校的物理距离和时间距离限值难以科学反映选择步行的初中生和小学生到校的物理距离限值与时间距离限值。

（一）小学生乘坐校车（公交车）的物理距离和时间距离限值

本研究以到校后学生感知的劳累程度为分析的切入点，综合考虑"单位时间内感到劳累的学生人数累计百分比变化状况"以及"将劳累学生人数累计百分比控制在 50% 以内"② 这两条判断原则，对义务教育阶段学生乘坐校车（公交车）单程到校的物理距离限值和时间距离限值进行分析。

1. 小学生乘坐校车（公交车）的物理距离限值

如图 4 - 2 所示，随着乘坐校车（公交车）物理距离的增加，感到劳

---

① 教育部：《规范农村义务教育学校布局调整的意见（征求意见稿）》，2012 年 7 月 22 日。
② 假设学生的劳累程度呈正态分布，在劳累人数累计百分比 50% 处一定会出现"断崖式"增长，故本研究提出"将劳累学生人数累计百分比控制在 50% 以内"这一判断原则。

累的小学生累计百分比也在增加。当乘坐校车（公交车）到校的物理距离为 14 里时，感到劳累人数的累计百分比仅为 48.71%，当乘坐校车（公交车）到校的物理距离到达 15 里时，感到劳累人数的累计百分比达 57.69%，此数值较在 14 里时感到劳累人数的累计百分比提高了 8.98 个百分点，并且感到劳累人数的累计百分比在此后的 5 分钟内呈现大幅提升的趋势。由上可知，小学生乘坐校车（公交车）的物理距离的限值为 14 里。

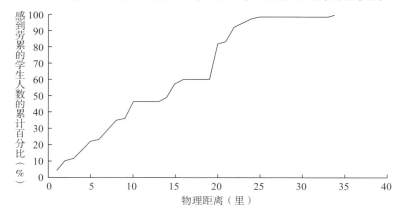

图 4 - 2　小学生乘坐校车（公交车）到校后感到劳累的
人数累计百分比随物理距离的变化曲线

2. 小学生乘坐校车（公交车）的时间距离限值

如图 4 - 3 所示，随着乘坐校车（公交车）时间距离的增加，感到劳累的小学生累计百分比的数值也在增加。当小学生乘坐校车（公交车）时

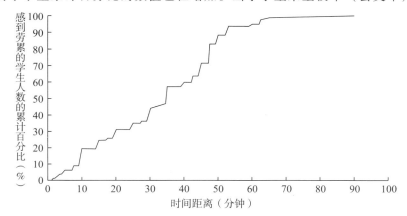

图 4 - 3　小学生乘坐校车（公交车）到校后感到劳累的
人数累计百分比随时间距离的变化曲线

间为 34 分钟时，感到劳累人数的累计百分比为 45. 45% ，当小学生乘坐校车的时间达到 35 分钟时，感到劳累人数的累计百分比为 57. 14 % ，此数值较乘坐校车（公交车）时间在 34 分钟时感到劳累人数的累计百分比提高了 11. 69 个百分点。由此可知，小学生乘坐校车（公交车）的时间距离的限值为 34 分钟。

（二）初中生乘坐校车（公交车）的物理距离和时间距离限值

1. 初中生乘坐校车（公交车）的物理距离限值

如图 4 - 4 所示，随着乘坐校车（公交车）物理距离的增加，感到劳累人数的累计百分比也在增加。当乘坐校车（公交车）到校的物理距离为 19 里时，感到劳累人数的累计百分比仅为 49. 4% 。当乘坐校车到校的物理距离达到 20 里时，感到劳累人数的累计百分比达到 68. 7% ，此数值较 19 里时感到劳累人数的累计百分比增加了 19. 3 个百分点，这一改变值远高于其他相邻点的变化值。由上可知，初中生乘坐校车（公交车）的物理距离的限值为 19 里。

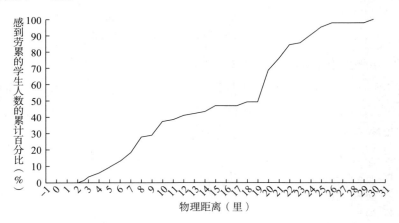

图 4 - 4　初中生乘坐校车（公交车）到校后感到劳累的
人数累计百分比随物理距离变化的曲线

2. 初中生乘坐校车（公交车）时间距离的限值

如图 4 - 5 所示，随着乘坐校车（公交车）时间距离的增加，感到劳累人数累计百分比也在增加。当初中生乘坐校车（公交车）的时间距离为 39 分钟时，感到劳累人数累计百分比仅为 45. 2% ，当乘坐校车（公交车）

到校的时间距离为 40 分钟时，感到劳累人数的累计百分比达到 58.3%，一分钟内感到劳累人数的计百分比增加了 13.1 个百分点，远高于其他相邻的两个时间点增加值。由上可知，初中生乘坐校车（公交车）的时间距离的限值为 39 分钟。

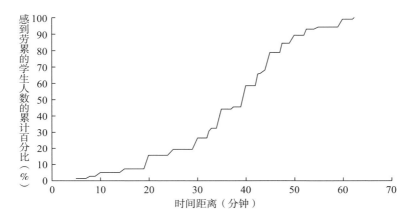

**图 4 - 5　初中生乘坐校车（公交车）到校后感到劳累的
人数累计百分比随时间距离变化的曲线**

综上所述，在低丘陵地区：小学生乘坐校车（公交车）物理距离限值为 14 里，时间距离限值为 34 分钟；初中生乘坐校车（公交车）物理距离限值为 19 里，时间距离限值为 39 分钟。

六　结论与讨论

本研究通过对吉林省东丰县 1521 名义务教育阶段学生进行调查，运用描述性统计和线性回归分析等方法，不仅对家校距离是否影响学生到校后的劳累程度、学业成绩和上学积极性进行了研究与分析，也对小学生和初中生乘坐校车（公交车）到校的合理物理距离和时间距离进行了估计。主要结论如下。

（一）物理距离、时间距离、心理距离之间存在显著相关

学生家校的物理距离、时间距离、心理距离三者之间存在显著相关关系，具体结论如下：第一，学生家校的物理距离与时间距离有显著的正相

关关系，也就是说，随着学生家校物理距离的增加，学生家校时间距离也会逐渐增加，这一结论符合日常直观经验；第二，学生的家校物理距离与心理距离存在显著正相关关系，说明随着学生家校的物理距离的增加，学生的心理隔阂也会逐渐变大；第三，学生家校时间距离与心理距离有显著的正向相关关系，也就是说，随着学生家校的时间距离的增加，学生心理隔阂也会逐渐变大。

（二）家校距离对学生到校后的劳累程度有显著正影响

研究发现，学生家校的物理距离、时间距离、心理距离与学生到校后的劳累程度呈显著正相关。具体来看，随着学生家校的物理距离、时间距离、心理距离的增加，学生到校后感知的劳累程度会越来越重。另外，阶层回归分析发现物理距离×时间距离、心理距离能够显著正向预测学生到校后的劳累程度。也就是说，家校距离是影响学生到校后劳累程度的重要因素。因此，在学校布局调整的过程中，相关部门要谨防家校距离变化对学生到校后身体疲劳带来的消极影响。

（三）家校距离不会直接影响学生的学业成绩

研究发现，学生家校的物理距离、时间距离和心理距离与其学业成绩均呈现负向低相关关系。具体来看，随着学生家校的物理距离、时间距离、心理距离的增加，学生的学业成绩会逐渐下降。但阶层回归分析发现，在考虑年级、性别和家庭所在地等变量的情况下，物理距离×时间距离和心理距离均不能够预测学生的学业成绩。也就是说，学生家校距离对学生学业成绩不会产生消极影响。这与 Yao-Chi lu 和 Luther Tweteen[1]、Macdongald[2]、高东胜等[3]的研究结论不一致。该结论从侧面也提醒我们，尽管学生家校距离与学生学业成绩不存在直接效应，但它可能会通过影响

---

[1] Lu, Y. C. , & Tweeten, L. , "The Impact of Busing on Student Achievement," *Growth and Change* 4（1973）: 44 – 46.

[2] Macdongald, J. , "The Process and Impact of School Closures in Four Rural Nova Scotion Communities," Rural Communities Impacting Policy 2003: 1 – 7.

[3] 高东胜、史耀疆、刘承芳、罗仁福：《上学距离对学生学习成绩的影响研究——基于陕西省农村小学的实证分析》，《西部发展评论》2007 年第 00 期，第 109 ~ 123 页。

学生到校后劳累程度和上学积极性从而间接影响学生的学业成绩。家校距离对学生学业成绩的间接影响将会在本团队的后续研究中得到深入探讨。

（四）　家校距离对学生上学积极性有显著负影响

研究发现，学生家校物理距离、时间距离、心理距离与上学积极性呈显著负相关关系。具体来看，随着学生家校的物理距离、时间距离、心理距离的增加，学生上学积极性逐渐下降。同时，阶层回归分析发现，学生的物理距离×时间距离、心理距离均能够负向预测学生上学积极性。也就是说，家校距离是影响学生上学积极性的重要因素，它会对学生上学积极性产生一定的消极影响。这一结论值得教育部门、学校、家长警惕与反思。

（五）　关于合理的物理距离和时间距离的讨论

以学生到校后学生劳累程度为视角，分析小学生和初中生乘坐校车（公交车）时间距离和物理距离的限值发现：第一，在低丘陵地区，选择乘坐校车（公交车）的小学生单程乘坐物理距离不应该超过14里，时间距离不应该超过34分钟，这一结论与《意见》规定的时间限值有一定的出入；第二，在低丘陵地区，初中生单程乘坐校车（公交车）物理距离不应该超过19里，乘坐校车（公交车）的时间不应该超过39分钟，这一结论中的乘坐校车（公交车）的时间限值为39分钟与《意见》中规定的学生每天乘坐单程上学时间限值40分钟差距不大。以上所得的结论与吉林省东丰县的低丘陵地区地形是分不开的，这也给低丘陵地区的地方政府考虑学校服务半径合理值提供了数据参考。

七　政策建议

基于学生家校距离对学生上学的影响探究以及合理家校距离的分析，本研究建议可以从关注因家校距离变远导致学生隐性的负面影响、因地制宜制定学生家校距离限值、适当保留农村地区的教学点三个方面减少因家校距离太远对学生造成的不利影响。

（一）关注因家校距离变远导致学生隐性的负面影响

研究发现学生到校的时间距离对学生到校后的劳累程度、学业成绩和上学积极性有显著负向影响，即到校所花的时间变长，会给学生带来一系列潜在的负面影响，而这种潜在的变化往往不容易被发现，并且对学生的危害较大。目前学校布局随城镇化持续进行而不断改变，乡村学生远距离上学的现象会长期存在。如何降低因上学距离变远而产生的对学生身心负面的影响是一个重要课题。相关部门、学校、家长和社会需要相互协作，从以下三个方面着手：首先，教育行政部门、学校以及家长应该更加关注和预防学生因为到校时间的变长，导致外显行为的变化，诸如辍学等，也要防止因为距离变远引发的潜在负向影响如疲劳感增加、学习积极性降低，切实采取有效手段及时消除这些不利的影响；其次，引入第三方力量，比如高校科研机构，对区域内学生因为上学距离远而产生的心理变化进行专业的监测并对出现身心问题的学生进行疏导和干预；最后，各地区结合自己的实际对远距离上学的学生提供校车服务和寄宿服务，以期减少上学距离远对学生带来的不利影响。

（二）因地制宜制定学生家校距离限值

世界上很多国家对学生上学距离进行了严格规定。有的国家从家校之间的物理距离上进行了严格规定。如印度政府规定每300人以上的居民所在地在1公里之内有小学，3公里之内有一所中学。[①] 也有的国家从家校之间的时间距离上进行了规定。如美国弗吉尼亚州对学生的上学距离限制从家校之间的时间距离上进行规定，小学生乘坐公交车单程不应该超过30分钟，初中生乘坐校车单程不应该超过45分钟，高中生乘坐校车单程不应该超过60分钟。[②] 我国也不例外，在2012年出台的《规范农村义务教育学校布局调整的意见（征求意见稿)》考虑到了学生的上学时间、交通方式等因素对学生上学的影响，并且规定中小学生到校时间不应该超过40分

---

① Govinda，R.，& Josephine，Y.，*Para Teachers in India：A Review*（International Institute for Educational Planning. 2004）.

② Spence，B.，*Long School Bus Rides：Stealing the Joy of Childhood*（Covenant House，Charleston，West Virginia，2000），pp. 1 – 13.

钟。然而我国地形复杂，一个简单标准很难符合我国复杂的实际情况。基于此，笔者建议应该从两方面来努力完善政策：第一，国家应该针对不同的地形、不同的到校方式制定出不同家校距离限值标准；第二，政府应该从学生身心微观变化，如从学生劳累程度入手进行大量调查，制定出科学的家校距离的限值。

（三）适当保留农村地区的教学点

农村地区教学点不仅能有效解决农村学生上学远的问题，而且有助于防止因为上学远而导致家庭负担加重的现象，避免农村家庭因学致贫的现象产生。基于此，在贫困地区尤其是边远贫困地区应该适当保留和恢复一到二年级的教学点，保障低龄学生能就近上学。在这些地区，如果学龄人口不足，可以采取隔年招生策略办教学点。除此之外，地方教育行政部门还需要探索提高教学点教学质量的策略和方法，使教学点发展成"小而精"的小规模学校。

第三编

过程梳理与政策分析：个案研究

本编导读

　　学校布局调整是由于一些客观原因和为了一定目标，一定区域内学校分布格局变化的过程。个案研究可以以最大的信息含量揭示一个区域内布局调整的过程。通过个案研究，一个区域的学校布局调整过程，包括该区域学校布局调整的动因、不同阶段学校布局调整的主要任务与目标追求，以及具体学校布局调整阶段的做法，在时间之维可以得到有效的梳理与分析。

　　人口流入主导型、人口稳定型和人口流出主导型这三种不同类型区域的学校布局调整面临不同的挑战。在人口流入主导型地区，学校布局调整超出了狭义的学校布局调整范畴，教育均衡发展是本地学龄人口的主要教育诉求，能入学特别是进入公办学校成为外来人口子女的主要教育诉求，该类型地区面临有质量的教育公平与教育扩容的双重压力。在人口稳定型地区，随着交通条件的改进与交通工具的现代化，人口的流动更加方便，一些生源向城镇聚集，村屯生源减少。人口的微观流动决定了人口稳定型地区学校布局调整的特点：县城、乡镇学校规模增加，村屯学校规模减小。人口流出主导型地区面临乡村学校特别是村屯学校的大量撤并，学校布局调整从学校数量变化上看表现得比较剧烈。

　　不同地区的学校布局调整面临不同的问题，这些问题有的是政策内容本身造成的，有的是在政策文本权威化的过程中出现的，有的是在政策实施过程中出现的。可以从政策文本本身、政策制定、政策实施等方面对政策诱致性的学校布局调整进行评价，具体包括学校布局调整政策文本所涉及内容的价值合理性、政策文本的合法性、过程与手段的合理性、政策实施预期目标的达成度等内容。

第五章　人口流入主导型县域学校布局调整研究：浙江温岭

　　改革开放以来，中国的城镇化进程不断加快，大量的农村剩余劳动力转移到城市或经济发达地区，其子女的受教育问题也日益凸显。大量进城务工人员及其随迁子女的集聚，给人口流入主导型地区带来了巨大的教育扩容压力。作为我国东部经济发达地区，浙江省温岭市由于民营经济发达、劳动密集型产业集聚，吸引了大批的中西部农村剩余劳动力来此就业，并带来了其学龄子女。大量的进城务工人员随迁子女的流入，使温岭市域内的教育资源紧张，有效解决进城务工人员随迁子女的教育问题成为当地政府和教育部门面临的重大挑战。不仅如此，随着经济发展水平的提高，人民群众对优质教育资源的需求日益旺盛，推进区域内教育均衡发展、缩小城乡教育差距成为当前区域内教育改革发展的重点。

　　为了解温岭市在解决进城务工人员随迁子女教育问题以及推进区域教育均衡发展方面的情况，我们进行了此次调研。目前温岭市义务教育阶段学校主要分为四种类型：全部接收本地学生的公办学校、同时接收本地学生和外来人口子女的公办学校、全部接收外来人口子女的公办学校以及全部接收外来人口子女的民办学校。此次调研通过向教育局了解相关情况、走访多个乡镇，样本主要选择的是温岭市 DX 镇。温岭市目前所辖 5 个街道、11 个乡镇，DX 镇在工业经济方面位居温岭市各乡镇的首位，外来人口较为集中；同时由于外来务工人员短期快速集聚，DX 镇目前是温岭市外来人口携带儿童登记在册数量最多、学校数量最多的乡镇（街道），而且学校类型也较为丰富。

　　此次调研主要运用座谈法、访谈法，与教育局各部门相关领导进行座谈，并实地调研走访了 DX 镇的 5 所学校（小学）——中心小学及其下属 3 个校区、XG 小学，对校长、教师、学生以及学生家长等相关人员进行了访谈。同时，课题组收集了温岭市关于外来人口子女教育问题的相关政策文件，对此进行了系统的分析。调研学校情况如表 5 – 1 所示。

表 5 – 1　调研学校情况

	学校名称	类型	主要特点
1	中心小学	公办学校	全部接收本地学生（中心校，位于镇中）
2	中心小学 MC 校区	公办学校	1/3 为本地学生，2/3 为外来人口子女（中心小学下属最好的校区，2015 年升格为中心校）
3	中心小学 GG 校区	公办学校	1/3 为本地学生，2/3 为外来人口子女（中心小学下属规模最大的校区）
4	中心小学 XX 校区	公办学校	全部接收外来人口子女（中心小学下属规模最小、质量较低的校区）
5	XG 小学	民办学校	全部接收外来人口子女（DX 镇第一所民办学校）

一　温岭市概况

（一）地理及行政区划

1. 自然地理

温岭是浙江省台州市所辖的县级市，地处浙江东南沿海台州湾以南，长三角地区的南翼，三面临海，东濒东海，南连玉环，西邻乐清及乐清湾，北接台州市区。全市陆域面积 926 平方公里，海域面积 1079 平方公里，大小岛屿 170 个，海岸线长 317 公里，滩涂面积 155 平方公里。甬台温铁路客运专线、沿海高速公路、104 国道穿境而过，市人民政府驻地太平街道距省会杭州 300 公里。全境"四山一水五分田"，源自沧海桑田，后成绿洲一方，是著名的温黄平原所在地。

境内陆域地势西高东低，自西和西南向东渐倾，西部和西南部为海拔 100～250 米的低山丘陵，最高处为太湖山主峰，海拔 734 米，系北雁荡山余脉。北部、中部和东部为平原，地势平坦、河流纵横，系温黄平原的主要组成部分，海拔 2.5～3.0 米。温岭属中亚热带季风气候，受海洋性气候影响明显，总的特征是气候温和、四季分明、雨量充沛、光照适宜。

2. 行政沿革

温岭历史悠久，始称太平。民国 3 年（1914 年），因与山西、四川、安徽等省的太平县同名，改以县西温峤岭之别称"温岭"为名，称温岭县。1949 年 5 月，温岭县城解放，温岭县人民政府随之成立。中华人民共和国成立以来，随着人口变化和地区发展，行政区划先后历经多次调整。1984 年，石桥头、石粘、大溪 3 个乡被批准改为建制镇；1986 年 3 月至次年 2 月，省民政厅批准箬环、牧屿、横峰、长屿、淋川、新街、箬山、潘郎 8 个乡改为建制镇；1992 年 6 月，全县进行撤区扩镇并乡工作，撤销 9 个区，原有的 65 个乡镇调整为 20 个镇 14 个乡；1994 年 3 月，经国务院批准，撤县设市，始称"温岭市"。2001 年 2 月，市区行政区划调整动员大会召开，宣布撤销太平镇和锦屏镇，将温峤镇所辖的碗头山等 7 个行政村并入，成立太平、城东、城西 3 个街道办事处；2001 年 10 月，温岭市乡镇行政区划调整动员大会宣布，温岭市行政区划从原有的 35 个乡镇（街道），精简调整为 11 个镇和 5 个街道。截至 2014 年，温岭市现辖 5 个街道（太平、城东、城西、城北、横峰街道）、11 个镇（泽国、大溪、松门、箬横、新河、石塘、滨海、温峤、城南、石桥头、坞根镇）、98 个社区（居委会）、830 个行政村。

（二）人口与经济发展

1. 人口变化

温岭市是台州市 9 个县（市、区）中人口数量最多的县（市、区），也是全国人口密度最高的县（市、区）之一。1982 年第三次全国人口普查资料统计显示，全市人口数为 98.47 万人；据 1990 年第四次全国人口普查结果，全市总人口为 107.72 万人；到 2000 年第五次全国人口普查，全市普查登记的常住人口为 116.28 万人（包括外来人口，不包括外出人口），同 1982 年第三次全国人口普查的 98.47 万人相比，共增加 17.81 万人，增长 18.09%。2010 年第六次全国人口普查结果显示，全市常住人口为 136.68 万人，同第五次全国人口普查时的 116.28 万人相比，共增加 20.40 万人，增长 17.54%。全市常住人口中市外流入人口为 42.54 万人，占 31.12%。截至 2013 年末，温岭市户籍人口为 121.05 万人，人口密度为每平方公里 1307 人。温岭市 1996~2013 年户籍人口变化情况如表 5-2 所示。

表 5-2 温岭市 1996~2013 年户籍人口变化情况

单位：人

年份	户籍人口	年份	户籍人口	年份	户籍人口
1996	1115848	2002	1142800	2008	1175783
1997	1122305	2003	1145039	2009	1184510
1998	1128314	2004	1148154	2010	1192900
1999	1132809	2005	1150903	2011	1199321
2000	1137981	2006	1156957	2012	1205998
2001	1140900	2007	1165583	2013	1210548

资料来源：根据温岭市国民经济和社会发展统计公报（温岭统计调查网）整理制作。

温岭市经济的发展，尤其是劳动密集型产业的发展，吸引了大量的外来人口来此就业，温岭市外来人口逐年增多。2000 年第五次全国人口普查显示，温岭市外来人口为 20.28 万人；而 2010 年第六次全国人口普查结果显示，全市外来人口达 42.54 万人，占全市常住人口的 31.12%，比"五普"时增加了 1.1 倍。据温岭市外来人口服务管理局 2013 年 3 月的信息统计，温岭外来流动人口在册累计为 881327 人，达历史最高。

2013 年 3 月，浙江省决定自 2013 年至 2015 年在全省深入开展旧住宅区、旧厂区、城中村改造和拆除违法建筑（简称"三改一拆"）三年行动。在全省范围的"三改一拆"政策指导下，温岭一些企业被改造或拆迁，由于企业所需的务工人员减少，温岭市外来人口逐渐减少，截至 2014 年底，温岭外来流动人口在册累计为 604201 人（见表 5-3）。

表 5-3 温岭市外来流动人口数量变化情况

单位：人

时间	外来流动人口	时间	外来流动人口	时间	外来流动人口
2011.3	624437	2012.9	870797	2014.3	629435
2011.6	729544	2012.12	871444	2014.6	572467
2011.9	761840	2013.3	881327	2014.9	551612
2011.12	770750	2013.6	852172	2014.12	604201
2012.3	815569	2013.9	665762		
2012.6	834592	2013.12	703321		

资料来源：根据温岭市外来流动人口服务管理工作统计表（温岭外来人口服务管理局）整理制作。

根据温岭市外来人口服务管理局的外来人口结构特征分析，温岭市外来人口从户籍所在地域来看，省外外来人口来自全国 30 个省、自治区和直辖市。其中，省内各县市的有 2.71 万人，省外的有 39.82 万人。贵州、江西、安徽、湖北、河南、四川六省来温岭人数均超过 4 万人，占总数的 80.76%。其中贵州省达 6.09 万人，占省外外来人口总数的 15.29%，西藏自治区仅 6 人。从居住地域分析，泽国镇、大溪镇、横峰街道、城北街道、城东街道、城西街道、松门镇、太平街道的外来人口数量，占全市外来流动人口总数的 82%，是外来人口居住最密集的区域，其中尤以泽国镇和大溪镇居多（见图 5－1）。从单位面积经济密度分析，城北街道、泽国镇、横峰街道、城东街道、大溪镇、太平街道在温岭市各镇（街道）单位面积经济密度的排序中，位居全市前列，除流动人口集聚特点外，同时也呈现着温岭市相应区域产业的特征和活力。

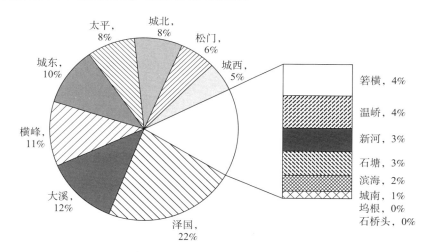

图 5－1　2014 年底温岭市各乡镇（街道）流动人口分布特点

2. 经济发展

新中国成立后尤其是改革开放以来，温岭市经济社会持续快速协调发展。1983 年，改革开放后全国第一家股份制企业在温岭诞生，拉开了温岭民营经济快速发展的序幕，温岭逐渐形成了民营经济发展方面的优势，在全市工业经济中形成了"十分天下有其九"的局面，其中股份合作经济已成为温岭经济持续发展的重要支柱。目前，全市经济体量在 2000 万元及以上的工业企业有 877 家，总产值为 696.12 亿元，其中工业总产值超亿元的企业有 155 家。交通运输设备、通用设备、皮革毛皮制品、金属塑料制品等支柱行业迅猛发展，已建成"中国泵业名城""中国小型空压机之都"等十多个"国"字号生产基地。

温岭是浙江省粮、鱼重点产地之一。其中近海海洋生物资源丰富，海水养殖业发达，渔业占农业产业结构的 62.5%，水产品总量多年位居全省首位、全国第二，尤以虾仁出口为最。同时，温岭市规模和品牌农业发展被列为全省农业三大亮点之一，全市形成了西瓜、果蔗、大棚葡萄、草鸡等六大优势农业产业带。目前，全市已培育发展农业专业合作社 563 家，其中国家级示范性合作社 12 家、省级示范性合作社 23 家、台州市级强社 27 家、本市级规范化合作社 121 家。全市拥有农业龙头企业 127 家，年产值超百亿元。"走出去"发展的农业生产基地近 40 万亩，年产值达 27 亿元。

温岭市对外贸易平稳增长，外贸自营出口总额逐年上涨，出口总量与增幅双双居台州各县市区首位，其中，机电产品占全市出口总量的 61.2%，鞋类出口占全市出口总量的 30.2%。出口企业规模化加速，全市有出口实绩企业 691 家、出口 300 万美元以上企业 223 家，其中 1000 万美元以上企业 99 家。同时，财税部门坚持以组织收入为中心，依托数据平台，狠抓税收征管，优化纳税服务，积极培植税源，全市财政总收入持续稳定增长。

近年来，温岭不断调整产业结构，2017 年三次产业比例为 7.7:41.3:51.0，产业结构更趋优化，经济社会实现持续快速协调发展，形成了体制灵活、市场活跃、民资丰厚等鲜明的区域经济发展特色。2013 年第十三届全国县域经济基本竞争力居全国百强县市第 44 位。据初步核算，2013 年全市实现生产总值 740.32 亿元，按可比价格计算，比上年增长 7.5%。人均生产总值 61271 元，比上年增长 7.0%（见表 5-4），按现行年平均汇率计算的人均生产总值 9894 美元达到中等收入国家（地区）水平。2013 年城镇居民人均可支配收入 37647 元，农村居民人均纯收入 18403 元，扣除价格因素，两者实际增长分别为 5.8% 和 7.1%。城镇和农村居民人均消费性支出也逐年上涨，消费结构日趋完善合理。①

---

① 资料来源于温州市 2013 年国民经济和社会发展统计公报。

表 5 - 4　温岭市 1996～2013 年国内生产总值和人均生产总值

年份	国内生产总值 （亿元）	人均生产总值 （元）	年份	国内生产总值 （亿元）	人均生产总值 （元）
1996	121. 41	–	2005	305. 12	26543
1997	130. 50	–	2006	351. 31	30445
1998	144. 33	12826	2007	410. 86	35380
1999	159. 57	14114	2008	478. 55	40878
2000	179. 86	15841	2009	500. 49	42409
2001	193. 97	17023	2010	578. 10	48634
2002	217. 48	19046	2011	661. 29	55287
2003	248. 62	21734	2012	676. 77	56273
2004	291. 78	25447	2013	740. 32	61271

资料来源：根据 1996～2013 年温岭市国民经济和社会发展统计公报整理制作。

（三）教育基本情况

截至 2014～2015 学年初，温岭市有小学学校 60 所（另含 57 所校区），在校学生 99294 人，班级 2208 个，教职工 4917 人，其中专任教师 4461 人。全市有中学 47 所，在校学生 52899 人，其中初中 35797 人、高中 17102 人；中学班级 1205 个，其中初中 815 个、高中 390 个；中学教职工 4388 人，专任教师 3921 人，其中初中 2568 人、高中 1353 人。另外，温岭市有职业学校 3 所，在校学生 10449 人，班级 242 个，教职工 672 人，其中专任教师 611 人。特教学校 1 所，在校学生 310 人，班级 32 个，教职工 80 人，其中专任教师 70 人。各级各类教育持续协调发展。

二　21 世纪以来温岭学校布局调整的动因及过程回顾

合理调整中小学布局是充分利用教育资源、提高办学质量和效益、促进基础教育均衡发展的重要举措。因此，学校布局调整一方面是学校空间布局的调整，另一方面是在学校空间布局调整的同时加强教育资源的整合与管理。改革开放后，尤其是 21 世纪以来，由于经济的快速发展，温岭市吸引了大量外来人口及其学龄子女集聚，区域内教育面临新问题、新挑战。为此，温岭市积极尝试进行学校布局调整。

（一）学校布局调整的背景及动力分析

温岭市 21 世纪以来的学校布局调整，其实是迫于现实压力而进行的努力和尝试。外来务工人员及其学龄子女的流入，使整个区域内的学龄人口急剧增加，而且随着经济生活水平的不断提高，人们对于优质教育资源的需求更加旺盛。但现实情况是温岭市外来务工人员随迁子女的增加使县级教育财政压力增大，生均教育经费紧张；人们对优质教育的追求使教育均衡发展的矛盾凸显；区域内的择校、外来务工人员随迁子女数量的增加使教育扩容空间压力大、学校布局出现困难；外来务工人员随迁子女的流动性和不稳定性使区域内教师编制出现阶段性不协调，这些都迫切需要学校布局进行相应的改革和调整，以适应新形势的发展。

1. 教育财政紧张

按照国家"两为主"（以流入地政府为主，以公办学校为主）政策的要求，国家、省级政府层面对解决外来务工人员随迁子女入学问题给予了足够重视。《浙江省中长期教育改革和发展规划纲要 （2010 - 2020）》明确提出：增加政府对教育的经费投入，把教育作为财政支出的重点领域予以优先保障，地方年初预算和预算执行中的超收收入分配都要体现法定增长要求，确保教育经费依法实现"三个增长"；确保全省财政性教育经费支出占一般预算支出比例超过中央核定的比例，到 2012 年达到 21%；确保全省各级财政教育经费支出比例高于现有水平，力争逐步提高；确保全社会教育投入增长比例高于同期地区生产总值增长比例。但是，国家财政性教育经费、针对中西部地区的财政转移支付目前仍按照学生所在的户籍登记地进行拨付，而真正解决外来务工人员随迁子女教育问题的流入地政府却未得到这部分经费；而且目前国家还缺少针对外来务工人员随迁子女教育成本的其他补偿措施和机制，这给外来务工人员随迁子女集聚的流入地政府带来了很大的财政负担。不仅如此，由于外来务工人员随迁子女流动性强，注册登记的在校学生数量变化大，生均公用经费的拨付往往出现滞后性，也给县级教育财政和学校运转造成了一定的影响。

就温岭县域的经济、财政状况来看，温岭在全省 61 个县市进入 17 强，经济总量进入全国百强县。但是温岭经济的特点是个体经济、私营经济发达，规模不大，税收状况并不乐观，县财政收入相对较少、人均量低，这主要与地方的产业结构有关。而相对于发展规模经济、规模企业的地区（如宁波慈溪、余姚等），这些地区的经济总量更大、政府税收更多，地方财政对教育的投入总量都高于温岭。尽管温岭政府也比较重视教育，每年的教育经费都在增长，教育投入占整个县财政收入的20%以上，但是相对而言，温岭市财政性教育投入总量仍略显不足；而且大量的外来务工人员随迁子女在公办学校就读，使生均教育经费紧张、生均教育资源明显短缺。[①] 为缓解教育财政紧张的状况，温岭市积极进行学校布局调整。

2. 均衡发展矛盾凸显

让全体孩子能够公平地享受到优质的教育资源，构建均衡优质的现代义务教育体系，重视区域内的教育均衡发展，使区域内各学校在教育经费、基础设施、办学资源和办学水平等方面处于相对均衡的状态，是温岭市乃至全国各地区发展义务教育的目标和追求。但是温岭市长期以来面临均衡发展的巨大压力。一方面，城乡教育均衡发展矛盾依然突出。中国长期以来的城乡二元思维使城乡间经济发展严重不协调，城乡教育不均衡也成为教育发展中最为突出的现实问题。然而，经济生活水平的提高使人们对于优质教育的需求更加迫切，城乡教育不均衡、优质教育资源的有限性使乡教育均衡发展的矛盾和压力日益凸显。

另一方面，外来务工人员随迁子女的流入使温岭校际教育均衡形势更加严峻。长期以来，当地政府积极倡导"新温岭人"的理念，试图努力让外来人口融入本地人的生活和文化中来。温岭市政府努力把外来务工人员随迁子女教育问题纳入全市的教育发展规划中，增加教育投入，加大支持力度，保障外来务工人员随迁子女能够享有受教育的权利，能够"有学上"。尽管这些"新温岭人"都能够"有学上"，但是外来务工人员随迁子女所能就读的公办民工子弟学校与普通公办学校相比，在办学条件和教学质量上还存在很大的差距，民办民工子弟学校更是不能与普通公办学校相提并论，无论是办学条件还是师资水平都与普通公办学校差距很大，这使他们与温岭本地人在教育起点上就已经拉开了差距，对优质教育资源的

---

① 资料来源：2014年12月1日，温岭市教育局相关领导访谈文本（Z－WL－141201－B－A）。

需求不能得到满足。平衡区域内校际的发展差距，让本地孩子和外来务工人员随迁子女都能"上好学"，促进区域内教育均衡发展，温岭仍面临巨大压力。为此，地方政府希望通过学校布局调整，缓解区域内教育均衡发展的矛盾。

3. 教育扩容空间压力大

大量外来务工人员随迁子女的集聚，造成了流入地的生源压力，也进一步带来了学校布局的压力。目前温岭市有近4.6万人的外来人口子女要入学就读，按照"两为主"政策都要由政府来解决和安排就学问题，短期内急剧增加的学龄人口对学校的布局调整和发展规划带来了巨大的挑战。流入地公办学校要解决数量如此庞大的外来务工人员随迁子女入学问题，通常有两种途径：一是扩大原有学校的规模，即扩建学校；二是新建符合标准化学校建设规定的学校。但是近年来国家不断推进义务教育标准化学校建设，强调限制县镇的"大校额""大班额"现象，尤其是浙江省标准化学校建设规定出台后，对省内义务教育学校班级规模做出了严格的限定，扩大班级规模不太现实，增加班级数量也不能完全满足需要，出现了部分学校因无法扩建、新建教室，不得不进行学校内部改造、压缩学校功能教室的数量来满足生源入学需要。同时，城市规划又要求城市发展模式要科学合理，严格控制城市建设用地，尤其是在温岭这样的东部经济发达地区，人多地少、空间有限，教育用地紧张。学校的扩建和新建一方面由于用地紧张、涉及拆迁等问题，土地指标落实上困难；另一方面，学校的扩建和新建费用高昂，资金保障也面临问题，对政府财政来说大规模的建设投资比较紧张，学校新建和扩建面临压力。除此之外，外来务工人员随迁子女流动性较强、不稳定等特点直接影响学校布局调整实施，给政府的学校布局和发展规划造成巨大的影响。

4. 师资阶段性短缺

大量外来务工人员随迁子女的集聚给义务教育发展带来了巨大压力，但是小学阶段和初中阶段并不完全一样，小学阶段的外来务工人员随迁子女数量明显多于初中阶段，小学阶段的就学压力明显大于初中阶段。通常外来务工人员会选择把年纪比较小的孩子带在身边，既方便照顾孩子也有利于孩子的身心健康和社会性发展。到初中阶段，一部分学生会选择回流到自己的老家，一方面是在经济发达的流入地就读初中生活成本比较高、寄宿等费用开支等比较大，初中孩子已经能够独立照顾自己，如果回老家，家庭经济压力会减轻；另一方面是外来务工人员随迁子女在流入地就读初中，尤其是好的初中，相对比较困难。因此，初中阶段的外来务工人员随迁子女数量会相对减少。

　　小学和初中阶段生源数量的严重不平衡造成了教育资源配置的困难。据了解，温岭市目前小学阶段教师缺编严重，尤其是作为工业强镇的 DX 镇，外来务工人员及随迁子女数量多而且短期内迅速集聚，使小学阶段教师缺编严重。小学教师的紧缺使几乎所有的小学教师都要跨学科教学，有的还要跨学科、跨年级教学，备课、批改作业等教学负担较重，一些校区因教师紧缺不得不聘用代课教师。相对于小学教师严重缺编的现象，初中阶段由于生源的自然减少，教师超编问题突出，一度超编五百多个。针对这一问题，温岭市实施教师流动政策，鼓励初中教师到缺编的小学任教，同时限制小学教师向初中学校流动。尽管通过限制初中教师分配数和鼓励初中教师向小学的流动已经取得了一定成效，但这种阶段性不平衡现象仍然存在。然而太大的流动对初中发展也有不利的影响，初中新分配教师人数减少，学校无法注入新鲜血液，同时中年、骨干教师流向小学，老教师又即将退休，如此下去也会使初中正常的教育教学活动开展和学校持续发展受到影响。[1] 因此，尽管此项教师流动政策是经过教育局多次论证后确定的，对小学发展非常有利，但是这样的流动机制应该会逐渐回归常态化。如何有效地解决小学阶段教师缺编问题，仍是温岭市教育部门面临的重大问题之一。

（二）学校布局调整的过程回顾

　　面对区域内学龄人口集聚以及教育财政、教育均衡、学校布局和师资等方面的多重困境，温岭市积极进行了一系列学校布局调整。图 5 - 2 描述了温岭市 1996 ~ 2013 年的小学学校数量和学生数量变化情况。从小学在校学生数量、小学学校数量以及具体的政策文件来看，温岭市义务教育阶段学校布局调整大致从 21 世纪初开始，先后经历了以下几个阶段。

---

　　① 资料来源：2014 年 12 月 9 日，DX 镇中心校校长访谈文本（Z - DX - 141209 - M - A）。

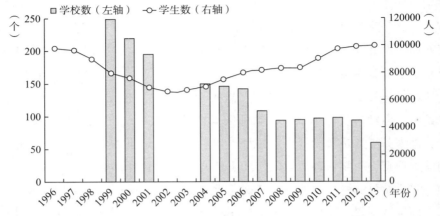

图 5-2 温岭市 1996~2013 年小学学生和学校数量变化趋势

1. 21 世纪之前的学校布局调整

20 世纪中后期，在"人民教育人民办、办好教育为人民"的教育发展政策下，全国各地区集中社会各方力量大力兴办学校。温岭市在大力发展教育、兴办学校的浪潮下，大量的学校如雨后春笋般兴起。尤其是改革开放以来，温岭经济的快速发展，尤其是劳动密集型产业的发展吸引了大量的外来务工人员集聚，同时也带来了大量的学龄儿童，温岭在校学生数量迅猛增长，义务教育学校数量也持续增加。相关资料显示，截至 1996 年，温岭市小学在校学生数为 97449 人，初中在校学生数达到 49272 人。

然而，1997 年亚洲金融危机席卷而来，对内地经济也造成很大的影响，作为经济对外开放城市的温岭受此影响，外来务工人员相应减少。相关统计资料显示，从 1997 年开始，温岭市在校小学生数持续减少，1997~2002 年，在校小学生数量减少 3 万多人。在国家学校布局调整的宏观政策背景下，许多学校因生源减少而自然消亡，或是因规模变小而逐渐被撤并。

2. 撤乡并镇时期的学校布局调整（2002~2008 年）

2001 年末，温岭市实行撤乡并镇，将原有的 35 个乡镇（街道）精简调整为 11 个镇和 5 个街道。结合具体实际，温岭市也于 2002 年初相应地进行了 21 世纪以来第一轮义务教育学校布局调整。初中的学校布局基本上按照原先的 35 个乡镇的布局，对个别学校进行了调整、撤并；小学的学校布局由 35 个乡镇调整到 16 个乡镇后，把原先的一些镇一级的学校降格为片校，划归到现行政区划中心校领导。此次伴随撤乡并镇进行的学校布局调整，小学学校数量急剧下降，消失 40 余所。经过学校布局的大规模调整后，随着温岭市在校学生数的缓慢回升，学校数量进入短暂的平稳发展期。

之后，为满足广大人民群众日益增长的对优质教育资源的需求，温岭市积极实施"新农村教育"，促进教育的均衡发展，实现教育基本现代化，温岭市拟定《2006 年至 2010 年中小学布局和区域教育发展规划方案》。该规划方案指出：紧扣"新农村教育"这一主题，以区域教育发展为主线，坚持以"盘活存量、优化增量、科学布局、提升档次"为目标，遵循教育均衡、全民受益和创优创强原则，按照"普通高中向城区和五大重镇集中、职业高中主要向城区集中，初中向镇（街道）集中，小学向镇（街道）或中心村集中"的总体要求，部署"十一五"温岭市中小学布局和区域教育发展目标。[1] 规划确定学校规模的基本要求是：城镇小学不少于 18 个班，平原地区小学不少于 12 个班，山区（海岛）小学不少于 6 个班，高中（普高和职高）在 18 个班以上；除边远山区和海岛外，小学在 200 人以下的原则上予以撤并，一时撤并不了的只设教学点，初中和高中学校在 300 人以下的学校要予以撤并。规划对全市中小学办学规模、办学层次进行了详细的设计。在办学规模方面，根据学校的办学层次对班级数、班级规模和学生数等做出详细的规划；在学校布局方面，对全市近 90 所中小学进行规划，其中涉及 3 所学校的新建、4 所学校的迁建、21 所学校的扩建和 30 余所学校的撤并。在此规划的影响下，温岭市学校数量再次出现急剧变化。据统计，2006~2008 年三年间全市小学共减少 49 所，尤其是仅 2006 年小学学校数量减少 34 所，大量的小规模学校被撤并或降格为教学点，学校数量出现大幅下降。

3. 均衡旨趣下的学校布局调整（2009~2012 年）

早在 2006 年，温岭市积极尝试团队学校结对发展模式，建立团队学校共同发展督导评价制度，为促进区域内教育均衡发展打下良好基础。为深度推进"新农村教育"，进一步促进均衡，切实提高农村学校的办学品质，

---

① 温岭市教育局办公室：《关于要求下发〈温岭市"十一五"（2006 年至 2010 年）学校布局和区域教育发展规划〉的请示》（温教计〔2007〕24 号），2007 年 2 月 27 日。

2009 年温岭市教育局和温岭市人民政府教育督导室共同印发《关于实行温岭市新一轮团队学校共同发展制度进一步提升农村学校办学品质的实施意见》，决定实行温岭市新一轮团队学校共同发展制度，强调深入推进镇域一体化，建立学校共同体，加深结对帮扶，形成集团办学优势，全面提升农村学校的办学水平。在义务教育阶段，初中建立学校共同体，启动实行团队共管；小学主要发展中心校责任体模式，发展团队由中心校与下属片校、完小组成，突出中心校责任，纵深推进区域一体。① 同年，温岭市教育局在《关于 2009 年工作要点》中指出，在总结 2006～2008 年团队学校抱团发展经验的基础上，谋划新一轮三年抱团发展规划，深化抱团发展实践与理论研究，以强带弱，促进弱校和谐主动发展；义务教育管理要进一步扁平化，继续撤并"低、小、散"义务教育学校；继续实施农村小学"1＋X"管理模式，并强化"X"学校建设，树立农村完小（"X"学校）样板典型学校，为全市起示范作用；继续升格 3～4 所"X"学校。这一阶段，在实施团队学校发展共同体意见的指导下，在撤并"低、小、散"学校的同时，对部分规模逐渐扩大的学校进行升格和扩建，温岭学校布局趋于相对稳定，教育均衡化程度不断推进。

4. 高质量且均衡旨趣下的学校布局调整（2013 年至今）

2013 年温岭市为进一步科学合理规划农村义务教育资源，提高农村学校义务教育教学质量，按照《国务院办公厅关于规范农村义务教育学校布局调整的意见》（国办发〔2012〕48 号）和《浙江省人民政府办公厅关于规范农村义务教育学校布局调整的实施意见》（浙政办发〔2013〕32 号）精神，结合温岭市人口集聚趋势，制定了《温岭市农村义务教育学校布局专项规划（2013－2015）》。该规划强调农村义务教育学校布局坚持就近入学、科学合理原则，原则上 1 个镇（街道）设立 1 所初中，人口规模较大的镇（街道）按 4 万左右人口设置 1 所初中；小学根据镇（街道）设置规划，平原地区原则上按 2 万左右人口设置 1 所，山区按 1 万左右人口设置1 所。对于地理环境复杂、交通条件较差、村域面积大、人口数少的地区，

---

① 温岭市教育局、温岭市人民政府教育督导室：《关于实行温岭市新一轮团队学校共同发展制度进一步提升农村学校办学品质的实施意见》（温政教督〔2009〕18 号），2009 年 12月 28 日。

保留和恢复必要的教学点，尽量缩短学生上下学路途时间。对于确因生源减少需要撤并学校的，要严格规范程序；应先建后撤，统筹考虑学生上下学交通安全、寄宿生学习生活设施等条件保障，保证平稳过渡；结合村镇建设和学龄人口居住分布，加强趋势预测，合理确定建设项目，新建、改建、扩建一批学校，做好学校布局规划的保障工作。同时，农村义务教育学校布局要处理好提高教育质量和方便学生就近上学的关系，加强农村寄宿制学校建设和管理，高度重视并逐步解决学校"大班额"问题，采取多种措施提高村小和教学点教学质量，努力满足农村适龄儿童少年就近接受良好义务教育的需求。①

　　同时，2013 年温岭市教育局出台《关于建立农村义务教育学校一体式发展共同体的实施意见》，在原有的学校抱团发展、"学校共同体"工程的基础上，大力推进校区制度改革，建立温岭市农村义务教育学校一体式发展共同体（简称"一体式校共体"）②，以镇级学校为总校、镇级下属学校为校区，在人事、教育、教学、财务、评价等方面，实行依法办学、自主发展、统一管理的学校发展共同体。在此实施意见的指导下，个别规模相对较大的片校重新升格为镇级完全小学，一部分规模相对较小的完全小学被改为教学点，并更名为校区。因此，学校数量再次出现较大的变动，截至 2013 年末，全市小学共有 60 所，下属校区 57 所，校区作为非独立学校法人不计入统计数据。

　　根据学校布局专项规划，到 2015 年全市义务教育学校共 100 所，其中小学 63 所、小学教学点 56 个（不计校数）、普通初中 34 所、初中教学点 1 个（不计校数）、九年一贯制学校 3 所、特殊教育 1 所（不计校数）。与规划前的 2012 年相比，义务教育学校减少 32 所，普通初中学校减少 2 所，其中 1 所改为教学点，九年一贯制学校增加 1 所。完全小学由调整前的 94 所减少到 63 所，其中 38 所完全小学改为教学点，小学教学点由调整前的 18 个增加到 56 个，特殊教育学校减少 1 所。

　　面对教育财政、教育均衡、学校布局和师资等方面多重困境，温岭迫

---

①　温岭市教育局：《温岭市农村义务教育学校布局专项规划（2013－2015）》，2013 年 7 月 25 日。
②　温岭市教育局：《关于建立农村义务教育学校一体式发展共同体的实施意见》（温教计〔2013〕63 号），2014 年 5 月 10 日。

切需要调整和改革。一方面，努力缓解由教育发展不均衡、优质教育分布不均导致的教育吸引型生源流动压力，① 促进教育均衡发展；另一方面，面对区域内相对稳定的教育承载力、相对有限的教育经费和办学资源，解决外来务工人员随迁子女的就学压力和教育扩容压力，使所有的孩子都能"有学上"、都能"上好学"。为此，温岭市努力探索和尝试分解压力、解决问题的策略，积极进行学校布局调整。

三　校际均衡追求下的公办学校质量布局

1986 年颁布实施的《义务教育法》提出我国实行九年义务教育制度，2006 年我国实现农村义务教育全免费，2008 年免除城市义务教育阶段学杂费在全国范围内实施，我国用 22 年全面实现了城乡免费义务教育，2011 年所有省（区、市）通过了国家"普九"验收，从根本上解决了适龄儿童、少年"有学上"的问题，为提高全体国民素质奠定了坚实基础。但长期以来区域经济发展不均衡、城乡二元思维以及重点学校政策，使我国区域之间、城乡之间、校际办学水平和教育质量还存在明显差距，家长和学生不断增长的高质量教育需求与优质教育供给不足的矛盾依然突出，旨在追求高质量、优质教育资源的"择校"现象仍普遍存在。深入推进义务教育均衡发展，着力提升农村学校和薄弱学校办学水平，全面提高义务教育质量，努力实现所有适龄儿童、少年"上好学"，成为新时期教育领域主导型任务。

为此，国家高度重视和关注教育均衡发展与教育质量提升问题，先后出台《国家中长期教育改革和发展规划纲要（2010－2020 年）》、《国务院关于深入推进义务教育均衡发展的意见》（国发〔2012〕48 号）等多项政策规定，在招生、资源配置等方面对区域内的教育均衡发展进行了详细的规划和部署。各地政府和教育行政部门也在国家政策的指导下，结合当地教育实际，探索和制定相应的策略促进区域内的教育均衡发展，切实解决区域内部由教育吸引所带来的生源流动压力。

---

① 秦玉友：《教育吸引型城镇化是教育之痛》，《中国教育报》2016 年 4 月 19 日。

（一）生源：控制择校的招生政策

《国家中长期教育改革和发展规划纲要（2010－2020年）》提出均衡发展是义务教育的战略性任务，要切实缩小校际差距，着力解决择校问题。2012年《国务院关于深入推进义务教育均衡发展的意见》指出，要均衡配置教学资源，采取学校扩建改造和学生合理分流等措施，解决县镇"大校额""大班额"问题；同时加强和改进学校管理，规范招生办法，县级教育部门要按照区域内适龄儿童少年数量和学校分布情况，合理划定每所公办学校的招生范围；严禁在义务教育阶段设立重点校和重点班；把区域内学生就近入学比率和招收择校生的比率纳入考核教育部门和学校的指标体系，切实缓解"择校热"。

尽管温岭市经济发达，区域整体教育状况良好，但是长期以来城乡间的发展差距积累仍使城乡学校在办学条件、师资等方面存在一定的差距。尤其是外来务工人员随迁子女的大量流入，村级公办学校大量接收外来务工人员随迁子女，一些温岭当地家长不愿意让自己的孩子跟外来务工人员随迁子女一起就读，因此家长选择中心校的意愿更加强烈，择校问题凸显，使温岭市面临择校带来的生源流动压力。为缓解择校带来的生源流动压力、切实规范招生工作，2011年《温岭市教育改革和发展"十二五"规划（2011－2015年）》提出：切实落实小学、初中免试就近入学规定，改善并坚持阳光招生办法。[1] 2014年温岭市出台《关于做好2014年义务教育阶段学生招生工作的通知》，制定实行公办学校分批次入学、摇号招生的办法。[2]

1. 招生原则

第一，免试就近入学。通知规定除艺术班、运动队招生外，所有的义务教育学校不得擅自举办任何形式与入学相关的考试，一律实行免试入学。各镇（街道）要在范围内划分学区，不下达跨镇（街道）招生指标，镇（街道）内跨学区招生必须严格限制，学校不得擅自跨区域招生。公办

---

[1]　温岭市发展和改革局、温岭市教育局：《关于印发〈温岭市教育改革和发展"十二五"规划〉的通知》（温发改〔2011〕31号），2011年4月8日。

[2]　温岭市教育局：《关于做好2014年义务教育阶段学生招生工作的通知》（温教〔2014〕112号），2014年6月11日。

小学、初中注册名单进行网上公示，接受全社会的监督，严格审核把关，发现不符合招收条件的学生将不予注册，学生退回原户籍所在学区就学。

第二，所有义务教育学校均须严格执行招生计划，不得突破；要按省标准化学校创建要求严格控制班额（小学 45 人，初中 50 人），突破班额的学校，须经镇（街道）人民政府（办事处）同意，报市教育局批准。

第三，平行编班，阳光分班。不得设立尖子班、重点班、特长班和未经审批的实验班，杜绝择班现象，确保分班过程公开、公平、公正。同时公办小学、初中不收取任何形式与入学挂钩的费用。

2. 招生办法

温岭市所采用的新招生办法实行按顺序、分批次招生，主要有三个批次。

第一批次：主要接收有本学区户籍的适龄儿童、市引进人才子女、"十佳新温岭人"子女、烈士及因公牺牲人员子女、本学区内库区移民的适龄子女和本学区内慈善机构的适龄孤儿。

第二批次：适龄儿童非本学区户籍，父或母在本学区范围内有房产（需满足以下两个条件之一：限父母共有或单独所有；限父母和祖父母、外祖父母共有）。

第三批次：符合第二批次条件还未被录取的；适龄儿童父母或祖父母、外祖父母有温岭户籍且在本学区内有房产的；适龄儿童父或母有温岭户籍，在本区域内经商办企业满两年，有连续两年及以上有效的工商执照、税务登记证明和纳税凭证；适龄儿童父或母有温岭户籍，在本区域内务工满两年，有连续两年及以上与相关单位签订的劳动合同、用人单位工资发放原始证明和在温岭市范围内缴纳社会养老保险凭证（由市社保中心出具）的；温岭市其他镇（街道）户籍，在本区域内幼儿园或小学毕业的。

确定批次后，根据招生计划首先满足第一批次学生报名入学，若全部满足后尚有空余学额，考虑接收符合下一批次报名条件的适龄儿童。若下一批次审核通过的适龄儿童人数少于空余学额，则全部录取；若审核通过的适龄儿童人数超过空余学额，则采用摇号的方法录取，由学校负责制定摇号的具体操作办法并组织实施，摇号未中者仍按原批次在本学区其他学校内报名入学。通过此种划学区、分批次、摇号招生办法，温岭市在一定程度上控制了无序择校现象，同时确定招生计划，可以有效地控制班额。

（二）教师：完善配置的交流机制

师资是影响教育均衡发展的重要因素之一，整合教育人才资源，建立和完善相对稳定、流动有序、科学合理的中小学教师交流制度，全面提高中小学干部教师队伍整体素质，对于教师资源合理配置、激发教师队伍活力、推进义务教育高水平均衡发展具有重要意义。《国家中长期教育改革和发展规划纲要（2010－2020年）》和《国务院关于深入推进义务教育均衡发展的意见》都强调加强教师交流，实行县（区）域内教师和校长交流制度，合理配置教师资源，提高教师整体素质。

为促进区域内教师资源的合理配置、优质教师资源的共享，温岭市坚持区域内教师交流，尤其是近年来加大教师交流力度。2013年温岭市教育局出台《关于进一步推进义务教育学校教师交流工作的试行意见》，积极推进义务教育教师交流工作，主要包括轮岗交流、超编分流、引领式校共体内交流、支教支管等类型。[①]

1. 交流类型

（1）轮岗交流

轮岗交流主要是"一体式校共体"内轮岗交流（符合轮岗交流条件人员在总校和校区之间的轮岗交流）和区域内校际轮岗交流（在一定区域内不同核编单位之间的轮岗交流）。参与"一体式校共体"内轮岗交流至分校区（原村完小）的教师，享受农村任教加分；参与区域内校际轮岗交流的教师，享受职称评定加分优惠。同时为调动教师到农村校区交流的积极性，轮岗教师均享受农村教师津贴和额外的校区交流津贴。轮岗交流对象人事工资关系不变，不受"双向选择"的限制，轮岗交流周期为三年。

（2）超编分流

目前温岭市由于外来务工人员随迁子女分布的不均衡性，义务教育阶段初中教师和小学教师供求出现严重的失衡，小学教师缺编而初中教师超编问题突出。因此，温岭市实施超编分流政策。各超编学校（包括尽管未

---

① 温岭市教育局：《关于进一步推进义务教育学校教师交流工作的试行意见》（温教人〔2013〕87号），2013年6月5日。

超编但教师人数实际富余的学校）要严格按照师生比确定学校应配置的教师数，制定交流方案，每年按一定的比例，通过跨学段交流（初中教师具备相应类别教师资格的可根据实际情况交流到小学或高中学校任教）、转岗（专业技术人员无法履行专业技术岗位工作职责的应予转岗，不再享受专业技术人员待遇）、教育局统筹安排（被分流的教职工无法自己寻聘学校的，由教育局统筹安排到缺编的农村中小学任教）和脱产培训（对部分被分流对象到新单位后因业务水平无法履行工作职责的，经本人或学校申请，由教育局统一安排脱产培训）等形式对富余教师进行分流，拟用三年，基本解决学校教师超编问题。

（3）引领式校共体内交流

引领式校共体内交流，一方面是各名优学校每年都要安排一定数量的名优教师到校共体其他学校进行教育教学工作的引领指导，另一方面是其他学校每年也要安排一定数量优秀青年教师到名优学校接受挂职培训，以此来促进校共体内部教师资源的共享交流和教师素质的提升。①

（4）支教支管

支教支管主要包括骨干教师支教和管理人员支管。《关于进一步推进义务教育学校教师交流工作的试行意见》规定教育局每年安排一定数量的城区骨干教师到农村学校、薄弱学校和民工子弟学校支教，为期三年；同时每年安排一定数量的后备干部和其他优秀教师到农村学校和民工子弟学校全职支管。另外，1970 年 1 月 1 日以后出生的直接录用在太平街道（温岭市城区政府所在地）义务教育阶段中小学（不含民办学校）的教师无农村任教经历拟晋升中高级教师职务的，必须到农村学校全职支教一年以上。

2014 年温岭市为再次加大教师校长交流力度颁布了《关于进一步推进义务教育学校教师校长交流工作的实施意见》，该实施意见规定截至当年 6 月 30 日，在同一所公办学校连续任现职满十年的校长（包括副校长）和在同一所公办学校连续任教满十二年（不含支教时间）的教师必须进行交流。2014 年 7 月 31 日后新招聘（含引进）的教师在同一所公办学校连续

---

① 温岭市教育局：《关于进一步推进义务教育学校教师交流工作的试行意见》（温教人〔2013〕87 号），2013 年 6 月 5 日。

任教满六年的必须进行交流。校长交流和骨干教师交流主要在市域内进行；普通教师交流一般在就近片区内进行，也可根据自愿申请在市域内进行。各校普通教师每年参与交流的比例应不低于符合交流条件的普通教师总数的10%；对于超编学校，市教育局根据该校超编人数和学科结构情况，下达指令性交流指标。

2. 交流方式

在交流方式上，根据发起主体主要分为教育局指令交流、学校推荐交流和个人申请交流三种。

（1）教育局指令交流

教育局指令交流主要是指市教育局根据教师校长队伍建设的需要，直接提出校长和骨干教师（指省特级教师，市级及以上名师、教坛新秀，市级骨干教师）以及超编学校教师交流的计划，指导学校开展交流工作。

（2）学校推荐交流

学校根据市教育局对交流对象的规定要求和本校教师队伍的实际，制订交流计划，主要依据在本校连续任职时间从长到短推荐符合规定要求的教师进行交流，对达到交流年限要求的富余学科的教师应优先安排交流。

（3）个人申请交流

对没有达到交流规定时间，或可不纳入交流范围的教师，本人提出申请要求交流的，经所在学校同意和市教育局审核批准后纳入统一交流。

根据市教育局指导计划，教师交流采取学校推荐交流与个人申请交流相结合的方式，交流后服务时间不少于三年。城区学校交流到农村学校的教师、其他街道学校交流到乡镇学校的教师，交流期满经考核合格的，可选择回原学校任教；乡镇学校骨干教师交流期满经考核合格的，也可选择回原学校任教；农村学校教师交流到城区学校的、乡镇学校教师交流到其他街道学校的，实行职位公开竞聘交流。

（三）学校：促进均衡的校区制度

《国家中长期教育改革和发展规划纲要（2010－2020年）》强调推进义务教育均衡发展，建立健全义务教育均衡发展保障机制，均衡配置教师、设备、图书、校舍等各项资源；加快薄弱学校改造，着力提高师资水平；建立城乡一体化的义务教育发展机制，在财政拨款、学校建设、教师配置等方面向农村倾斜；率先在县（区）域内实现城乡均衡发展，逐步在更大范围内推进。2012 年《国务院关于深入推进义务教育均衡发展的意见》（国发〔2012〕48 号）也强调推动优质资源共享，发挥优质学校的辐射带动作用，鼓励建立学校联盟，探索集团化办学，提倡对口帮扶，实施学区化管理，整体提升学校办学水平，均衡配置办学资源；加强对义务教育均衡发展的督导评估工作，对县域内义务教育在教师、设备、图书、校舍等资源配置状况和校际在相应方面的差距进行重点评估，切实缩小校际差距，加快缩小城乡差距，努力缩小区域差距，率先在县域内实现义务教育基本均衡发展，县域内学校之间差距明显缩小。

校区制度是温岭市促进区域内教育均衡发展的特色尝试之一，即农村义务教育学校一体式发展共同体。温岭市早在 2006 年就开始尝试探索团队学校抱团发展、结对发展模式（结对形式分为抱团发展体、共同发展体、中心校责任体和职教集团发展体四种模式）。2006 年 3 月，温岭市建立团队学校共同发展督导评价制度，财政相对优越的学校资助、赞助发展落后的学校，以强带弱，共同发展。2009 年实施新一轮团队学校共同发展制度，强调深入推进镇域一体化，建立学校共同体，加深结对帮扶，形成集团办学优势，全面提升农村学校的办学水平。在义务教育阶段，初中建立学校共同体，启动实行团队共管；小学主要发展中心校责任体模式，发展团队由中心校与下属片校、完小组成，突出中心校责任，纵深推进区域一体化。2011 年"十二五"规划中提出实施"学校共同体"工程。2013 年温岭市教育局《关于建立农村义务教育学校一体式发展共同体的实施意见》提出建立农村义务教育学校一体式发展共同体（简称"一体式校共体"），实行"一个法人，一所学校，一套班子"的管理模式，做到教师配备、财务结算、教学教研、教学资源"四个一体化"。① 多年来，通过学校布局调整、学校抱团发展等一系列措施，温岭市先后对"低、小、散"的义务教育学校进行了撤并、改建和扩建等，将部分规模相对较小的中心校降格为片校、村小、教学点，划归到中心校的统一领导和管理下。随着教育均衡发展的深入推进，温岭市尝试实行学校抱团、结对发展，将中心校

---

① 温岭市教育局：《关于建立农村义务教育学校一体式发展共同体的实施意见》（温教计〔2013〕63 号），2014 年 5 月 10 日。

下属村小、教学点等统一变为中心校的校区，中心校和各校区之间由原来的"父子"关系变为现在的"兄弟"关系。

当前，温岭市小学阶段共有 60 所小学、57 个校区，校区管理已经初步形成了一定的规范。中心校本部与校区之间实行教师配备、财务结算、教学科研、教学资源的"四个一体化"，同时加强对中心校本部与校区的捆绑式评价和考核，给予校区一定的倾斜和优惠。具体表现在以下四个方面。

1. 教师配备和交流

按照"一体化"的要求，任课教师按编制由总校按照各个校区的学生数、班级数等指标，结合学科等实际情况进行统一调配，总校本部与各校区的教师均由中心校统一配备；在校区的管理层设置上，普通校区只设置校长、教导主任和少先队辅导员，少先队辅导员配合教导主任负责学校德育工作；规模相对较大的、班级数超过 12 个的校区，除设置校长、教导主任和少先队辅导员之外，再配备一个总务主任，负责学校后勤工作，减轻校长的工作负担。同时，加强校共体内部各校区间教师的交流，做到优质师资共享。校共体内部建立三年一轮的教职工轮岗交流制度，确保各校区师资素质总体均衡；总校本部学科教师要以"异地兼课、兼职走教"的形式补充校区师资的不足，尤其是音体美等学科教师，使各校区之间在学科结构方面得到优化；每年新教师统一安排在总校本部培养三年。[①]

2. 经费管理与使用

在学校经费的管理与使用方面，总校本部和校区之间实行校产统一管理、财务统一收支、教职工待遇同等。另外，总校本部也给予校区一定的财务自主权，校区可以根据学生数量和生均公用经费计算自己校区的可用资金，单次支出不超过一定数额（如 DX 镇中心校的标准是 2000 元）的资金使用由校区校长支配，合理的资金支出可拿发票到总校本部报销；数额较大的支出需经过总校校长和后勤副校长同意方可使用。同时总校本部财务部门也会相应地对校区的经费支出进行定期检查，以规范各个校区的经费使用。

---

① 温岭市教育局：《关于建立农村义务教育学校一体式发展共同体的实施意见》（温教计〔2013〕63 号），2014 年 5 月 10 日。

3. 教学科研安排

教学科研一体化，一方面是指教学统一协调，总校本部和各校区必须统一课程安排、统一教学进度、统一作息时间、统一质量检测、统一教学评价和考核。同时，校共体内部各个校区之间在办学理念、工作思路、学校年度发展规划和工作要点等方面保持高度一致性，整体的、全镇性的工作各个校区必须要做，同时各个校区间的具体工作要点和实施思路等允许有一定的自由空间，可根据本校区的实际情况进行相应的调整，具体操作上不必完全按总校本部的工作要点开展。另一方面是在科研培训上，校共体内部各个校区全部是融在一起的，如总校本部召开的教研会校区可派人来参加，同时各个校区还有面向本校区的校区教研会，培训通知下发后各个校区内部根据具体名额和要求等统一进行申报送批。

4. 教育资源共享

一体式校共体强调整合总校本部和校区教育资源，总校本部要科学合理调配教育资源，如多功能教室、计算机、实验室、图书等资源，总校本部与校区之间实行共享，校区可有计划地安排学生到总校本部上课。

除此之外，为更好地推进"一体式校共体"建设，温岭市教育局、温岭市人民政府教育督导室组成评估小组，按照《关于印发〈温岭市义务教育学校标准化校区督评标准〉的通知》（温政教督〔2014〕8号）和《关于做好义务教育学校标准化校区评估工作的通知》对义务教育学校标准化校区进行评估审核，并按等级评定星级校区，对不同星级的校区给予不同程度的校区奖励，以此来规范标准化校区发展和调动校共体建设、校区发展的积极性。

四 教育扩容背景下的外来务工人员随迁子女就学格局

改革开放以来，中国城镇化浪潮汹涌，农村剩余劳动力转移的速度也日益加快，亿万名青壮年农民来到城市或经济发达地区，他们中相当一部分转化为产业工人，其子女的受教育问题也日益凸显，进城务工人员随迁子女的教育问题给流入地政府带来了巨大的教育扩容压力，成为转型期的中国和人口流入地政府必须面对的一个社会问题。

为切实有效地解决进城务工人员随迁子女的教育问题，国家先后出台了多项政策和规定。2001 年《国务院关于基础教育改革和发展的决定》强调要重视解决流动人口子女接受义务教育问题，以流入地政府管理为主，以全日制公办中小学为主，采取多种方式依法保障流动人口子女接受义务教育的权利。2003 年国务院在转发教育部等部门《关于进一步做好进城务工就业农民子女义务教育工作的意见》时，再次强调了"两为主"政策，同时要求流入地政府负责、流出地政府积极配合，明确了流入地政府对于农民工子女的管理责任。2006 年《国务院关于解决农民工问题的若干意见》再次强调了"两为主"的政策原则，即"输入地政府要承担起农民工同住子女义务教育的责任，将农民工子女义务教育纳入当地教育发展规划，列入教育经费预算，以全日制公办中小学为主接收农民工子女入学"，流入地政府要承担农民工子女平等受教育的责任。2008 年 7 月，国务院常务会议强调要切实解决好进城务工人员随迁子女就学问题，进城务工人员随迁子女接受义务教育以流入地政府为主、以公办学校为主解决，对符合当地政府规定接收条件的随迁子女要统筹安排在就近的公办学校就读，免除学杂费，不收借读费。

（一）外来务工人员随迁子女的就学政策

地处我国东部经济发达地区的温岭，由于其劳动密集型产业的发展吸引了大量的外来务工人员，同时也带来了大量的学龄随迁子女。相关数据显示，温岭市户籍人口为 120 余万人，而外来人口一度达到 80 万人。近年来外来人口数量有所下降，截至 2014 年底，外来人口达到 60 万人，其中学龄随迁子女有 46000 余人。因此，温岭市面临巨大的外来务工人员随迁子女就学压力。在国家和地方政府政策的推动下，温岭市高度重视和努力解决外来务工人员随迁子女教育问题，先后出台了一系列相关政策，切实解决外来务工人员随迁子女就学问题。

1. 温岭市"十一五"期间外来务工人员随迁子女就学政策

《温岭市"十一五"（2016 年至 2020 年）学校布局和区域教育发展规划》提出，"要客观地预测民工子弟就学人数，不断调整和优化教育资源，满足外来民工子弟就学之必需；城区和五大镇可充分利用撤并后的闲置校舍，举办供外来民工子弟就读的公办学校"。

2009 年《关于实行温岭市新一轮团队学校共同发展制度进一步提升农

村学校办学品质的实施意见》提出落实"蓝天"行动，并将其作为提升农村学校办学品质的推动机制，严格执行外来民工子女就读政策，妥善解决符合条件的外来民工子女就学问题。实行同城待遇，把外来民工子女就学纳入镇（街道）教育均衡发展规划之中，通过校网调整、改建扩建新建等途径，设立公立的民工子弟学校。坚决取缔无证办学和超负荷办学，要研究形成适用于温岭市的民工子弟学校办学标准，积极引导规范办学，落实教育公平。[①]

2. 温岭市"十二五"期间外来务工人员随迁子女就学政策

2011 年《温岭市教育改革和发展"十二五"规划（2011 – 2015 年）》在主要任务中明确强调流动人口子女教育问题，提出实施"蓝天工程"，享受"同城待遇"；在义务教育阶段，保障符合条件的流动人口子女享受免费义务教育；实行以公办学校为主接纳流动人口子女就学、新建改建公办的流动人口子女学校、规范扶持民办流动人口子女学校共同参与的就学制度，保障所有流动人口子女学有所教；探索流动人口子女接受本市高中阶段教育的办法，保障流动人口子女提前录取职业高中的指标单列，满足符合条件的流动人口子女接受高中阶段教育的需求；逐步将民办流动人口子女学校纳入督导评估体系，尝试公派教师制度。

为此，根据规划精神和指导要求，2011 年温岭市人民政府出台《关于进一步加强和改进流动人口子女教育工作的通知》，对流动人口子女入学条件、原则、保障机制等进行了详细的规定。首先，要科学规划流动人口子女入学工作。按照"以流入地政府为主、以公办学校为主"的原则，将解决流动人口子女入学工作全面纳入当地经济社会发展规划。要充分考虑当地人口增减、经济发展、今后流动人员流动趋势等，科学预测今后一段时期流动人口子女入学人数，以常住人口作为主要依据，编制中小学校布局和建设规划，合理配置教育资源，满足符合条件的流动人口子女入学的基本需要。[②] 同时，切实安排好流动人口子女入学。各镇（街道）要按照

① 温岭市人民政府教育督导室、温岭市教育局：《关于实行温岭市新一轮团队学校共同发展制度进一步提升农村学校办学品质的实施意见》（温政教督〔2009〕18 号），2009 年 12 月 28 日。

② 温岭市人民政府：《关于进一步加强和改进流动人口子女教育工作的通知》，2011 年 4 月 25 日。

"就近入学、统筹安排"的要求，做好符合条件的流动人口子女的就学工作。按照就近入学的原则，流动人口子女就近到学额有空余的学校就读；就近学校没有空余学额的，由当地政府结合校网布局和生源的实际情况，统筹安排到其他学校就学。所有公办中小学都有接纳符合条件的流动人口子女入学的责任和义务，在学额有空余的情况下，任何学校都不得拒收符合条件的流动人口子女入学，同时充分挖掘潜力，尽可能多地接纳流动人口子女就学。流动人口子女小学入学，仍以当地公办小学接纳为主，以民工子女学校独立办学为辅。因公办小学办学资源条件限制，确实难以完全满足符合条件的流动人口子女入学需求的地区，可适当设置独立的流动人口子女学校。在当地教育资源可以承载的前提下，在解决好持有居住证的务工人员子女入学后，如有学额空余，可以分类分层依次解决其他符合条件的随迁子女的入学。各地要根据当地实际，妥善处理好长期务工和临时务工、本地农村进城务工和外地进城务工、企业骨干和普通务工等不同群体在子女入学问题上的政策关系，努力解决好在台州长期务工和企业骨干等群体子女的入学问题。[①]

目前温岭市外来务工人员随迁子女教育问题基本得到妥善解决，所有的外来务工人员随迁子女都能"有学上"。当前温岭外来务工人员随迁子女入学是以公办学校为主，以民办学校为辅。通常而言，外来务工人员随迁子女会优先选择普通公办学校，但由于普通公办学校空余学额和教育承载力有限，外来务工人员随迁子女只能选择公办民工子弟学校；如果无法满足公办民工子弟学校的入学条件和要求，他们则只能选择民办民工子弟学校就读。

（二）公办民工子弟学校：入学条件与原则

尽管国家出台"两为主"政策，即以流入地政府为主、以公办学校为主接收外来务工人员随迁子女，但是由于公办学校需要优先解决本学区的本地学生就读，而学校的教育承载力有限，有空余学额后才能考虑接收外来务工人员随迁子女，因此外来务工人员随迁子女进入公办学校就读必须

---

① 台州市教育局：《关于进一步做好进城务工人员随迁子女教育工作的通知》（台教基〔2014〕114号），2014年7月21日。

满足相应的入学条件和要求。目前温岭市有 60 所小学（含 14 所民办学校）、57 所校区，其中 57 所校区中近 90% 的学校都接纳外来务工人员随迁子女。这些公办民工子弟学校制定了具体的入学条件和原则。

1. 入学条件

温岭市人民政府《关于进一步加强和改进流动人口子女教育工作的通知》规定在温岭市接受义务教育的学生须符合以下条件，即满足基本的"三证"：流动人口子女户籍所在地无监护条件；其父母或其他法定监护人已持有温岭市居住证，或具有领取普通人员居住证条件（取得暂住证或临时居住证 1 年以上，有相对固定住所和稳定职业，按规定缴满基本养老保险年限，领取暂住证或临时居住证后无行政拘留以上处罚、违法生育等记录）；能提供与居住证申请条件相关的证明材料，需在流入地就学的外来务工人员直系子女。在具体的实施过程中，学校也进行了调整，将入学条件扩展为"四证"，即暂住证、父母工作合同、生源地无监护人证明、社会保险缴纳证明。

2. 入学原则

按照接收外来务工人员随迁子女的数量，公办学校大致分为三种类型：全部接收本地学生的公办学校、部分接收外来务工人员随迁子女的公办学校和全部接收外来务工人员随迁子女的公办学校。目前温岭市外来务工人员随迁子女在公办学校就读也逐渐形成一定的梯度，采取梯度入学原则。

第一梯度为全部接收本地学生的公办学校，主要是各镇（街道）的中心校，即"一体式校共体"中总校的本部校区。这是所有家长优先选择的学校，但是受学额限制基本上全部吸纳本地学生就读，外来务工人员随迁子女很难满足其招生条件。

第二梯度主要为部分接收外来务工人员随迁子女的公办学校，它们通常是"一体式校共体"中总校的下属校区中质量相对较高的校区。部分本地学生因无法满足总校的招生条件而选择就近入学，而且由于这些校区教育质量相对较高，所以它们会吸纳部分本地学生，其剩余学额则按照就近原则接收本学区内符合招生条件的外来务工人员随迁子女。

第三梯度为全部接收外来务工人员随迁子女的公办学校，通常是总校下属校区中质量相对较差的校区。由于其质量相对不高，本地学生一般很少选择来此就读，它们主要吸纳本学区内就近入学和其他未能在第二梯度入学的距离稍远的外来务工人员随迁子女就读。如果受学额限制，未能进入第三梯度公办学校的外来务工人员随迁子女往往只能选择去民办民工子弟学校就读。

（三）民办民工子弟学校：管理与规范

20世纪90年代初，由于外来务工人员及其随迁子女大量进城，公办学校办学资源条件和接收学额的限制无法完全接收外来务工人员随迁子女就读，于是民办民工子弟学校应运而生，并成为接收和吸纳外来务工人员随迁子女就学、解决其教育问题的重要机构，在过去及现在一段时间内解决了低收入外来务工人员随迁子女的义务教育问题，发挥了对现行教育体制"补充"的功能，成为当前学校体系中的重要组成部分。但由于办学条件相对较差、师资力量相对匮乏等客观原因限制，很长一段时间内民办民工子弟学校并未获得合法地位。随着国家和政府对外来务工人员随迁子女教育问题的关注，民办民工子弟学校逐渐转正并被纳入民办教育管理范围。

近年来，温岭市民办民工子弟学校不断发展。根据《温岭市"十一五"（2016年至2020年）学校布局和区域教育发展规划》，截至2010年温岭市义务教育阶段民办及按民办机制运作的学校共有6所，其中民办小学3所；2012年温岭市教育局《关于进一步规范民办民工子弟学校招生秩序的规定》中公布的民办小学已达到12所，仅两年民办小学新增9所；根据温岭市学校统计情况，2013年全市共有民办及按民办机制运作的学校23所，其中小学17所；2014年民办小学又新增至18所，全市民办及按民办机制运作的学校达到24所。目前，这24所民办及按民办机制运作的学校中共有14所为民办民工子弟学校。

随着民办学校的兴起和发展，各级政府也进一步加强对民办学校的管理。2011年温岭市人民政府《关于进一步加强和改进流动人口子女教育工作的通知》（温政发〔2011〕55号）强调统筹规划，加大对民办流动人口子女学校的管理和支持力度；科学规划、依法审批民办流动人口子女学校；切实加强对民办流动人口子女学校的规范管理；制定落实对民办流动人口子女学校扶持优惠政策等。《温岭市教育改革和发展"十二五"规划

（2011－2015 年）》也对民办教育做出了详细的规划，强调实行"同仁待遇"，即对民办学校在招生问题、教师培训、职称评定政策方面，做到与公办学校一视同仁，享受与公办学校同等的待遇；全面解决在民办学校任职的公办教师的待遇问题；加强对民办学校的宏观管理，提高准入门槛，严格审批程序，防止乱批滥批现象发生，防止盲目建设和资源浪费；同时要对民办薄弱学校进行改造整合。2014 年台州市教育局《关于进一步做好进城务工人员随迁子女教育工作的通知》强调进一步加强和优化对民办民工子弟学校的指导与管理，规范民办民工子弟学校的审批，严格办学条件；加强对民办学校招生、教育教学、教师等方面的管理；积极开展对民办民工子弟学校的办学条件、教师配备、安全管理等方面的审核和不合格民办民工子弟学校的清理整治。① 在一系列文件精神的指导下，温岭市对民办学校的审批、学校管理、学校督导评估以及学校收费等已经逐步规范化。

1. 学校审批

根据台州市教育局《关于进一步做好进城务工人员随迁子女教育工作的通知》中"规范民办民工子弟学校审批，严格办学条件，对不具备办学条件的不得审批"的要求，温岭市制定了严格的民办学校审批标准和规范。设立流动人口子女学校必须先经当地镇政府（街道办事处）提出意见、报市有关部门依法审批许可。新设立的流动人口子女学校必须具有独立的校舍，建筑面积一般不少于 2500 平方米，占地面积一般不少于 5 亩。办学规模控制在 12 个班以上 30 个班以内，只承担小学阶段的义务教育，不得举办附设初中班。

2. 学校管理

根据台州市教育局《关于进一步做好进城务工人员随迁子女教育工作的通知》和温岭市人民政府《关于进一步加强和改进流动人口子女教育工作的通知》（温政发〔2011〕55 号），温岭市制定相应的民办民工子弟学校规范办学标准，对民办学校的招生、师资队伍、教育教学等进行科学规范和管理。

---

① 台州市教育局：《关于进一步做好进城务工人员随迁子女教育工作的通知》（教基〔2014〕114 号），2014 年 7 月 21 日。

在招生方面，温岭市规定要加强对民办民工子弟学校的招生计划和招生条件管理，不得乱招生。民办民工子弟学校要自觉遵守有关规定，执行当地"有条件入学"的规定，严把就学准入关；要严格执行招生计划，不得突破自身条件与能力超计划招生。班额必须按省定标准执行，不得突破。为进一步加强对招生工作的规范和管理，2012年温岭市教育局印发《关于进一步规范民办民工子弟学校招生秩序的规定》（温教民〔2012〕75号），对民办民工子弟学校招生工作做出详细规定：严格控制招生规模，严格招生区域范围，严格招生、办学层次，严格所招学生条件。同时加强对招生工作的监督，对招生违规行为根据情节严重程度分别给予取消当年评优评先和市民办教育专项奖励基金奖励资格、取消招生资格甚至是依法予以吊销办学许可证、取缔办学的惩处。

在师资方面，温岭市强调要加强民办民工子弟学校校长与教师的管理，按标准配齐教师，严格做到校长和教师持证上岗，严把教师准入关。为此，温岭市教育局重视对民办学校教师队伍建设的指导和管理。一方面，重视对民办学校教师的培养培训工作，县域内的教师培训项目、教学科研活动面向民办学校教师，按照规范标准对其进行一定的业务指导和培训，努力提高教师素质，真正使其成为规范办学、严谨教学的忠实执行者。另一方面，打通公办学校和民办学校教师交流渠道，鼓励公办学校教师到民办学校交流，保留其公办学校人事关系，保障其在民办学校与公办学校同等工资标准，并解决其社保问题。[1] 同时，对民办流动人口子女学校有申请要求的，市教育行政部门负责在公办骨干教师中选拔合适人员带薪公派到民办流动人口子女学校受聘担任校长，并且以支教和挂职锻炼的方式，委派在职公办教师带薪到民办流动人口子女学校任教。

在教育教学方面，加强对民办学校的教学管理和指导，要求开足开齐课程，严格执行国家课程计划，按标准化学校建设保障活动室、功能室的使用，确保教育的基本质量；重视对民办学校教育教学质量的评比，民办学校与公办学校实行双轨教育质量评比。

除此之外，由于民办民工子弟学校为加大其辐射范围，多数学校均配备校车、食堂等，因此市教育行政部门要加强对民办民工子弟学校的校车

---

① 资料来源：2014年12月8日，温岭市教育局相关领导访谈文本（Z－WL－141208－B－W）。

安全、食堂卫生安全以及运营收费等监督监察和管理工作，不定期到民办学校进行检查，确保学校运行规范和安全。

3. 学校督导评估

为规范民办学校的运营、提高教育质量，温岭市加强对民办民工子弟学校的规范管理、实行严格的管理和督导审核。教育局和市人民政府教育督导室每年都要对全市民办民工子弟学校的办学行为、管理及师资队伍、办学条件、校产及财务管理、内部管理和教学质量、招生工作及教育质量七方面进行督导评估，通过年检和等级评定等对办学条件差、招生规模超标、教师配备不达标、安全隐患多的民办民工子弟学校进行清理整治，取消相关经费补助，直至取缔。

2011 年温岭市人民政府《关于进一步加强和改进流动人口子女教育工作的通知》要求市人民政府教育督导室要将民办流动人口子女学校列入督导评估范围，对其进行专门的督导评估，并将督导评估结果作为评优评先和"民办非企业单位"年检结论的依据。对年检合格、年度督导评估先进、办学成绩突出的民办流动人口子女学校，在市民办教育专项奖励基金中一次性给予价值 3 万 ~ 5 万元的办学设备奖励；对年检不合格的限期予以整改，连续两年不合格的取消新生招生资格，连续三年不合格的坚决吊销办学许可证、取消办学资格。[①]

2014 年开始，在原有民办学校年检的基础上，温岭市教育局和市人民政府教育督导室《关于开展对民工子弟学校 2013 学年等级评估工作的通知》强调对办学条件、师资队伍建设、办学行为、内部管理和教学质量进行等级评估。在各校自评的基础上，市教育局组织考评组进行综合考评，根据综合考评得分，评定年度"一等学校"、"二等学校"和"三等学校"若干所。其中得分 85 ~ 100 的为一等学校，得分 70 ~ 84 的为二等学校，得分 60 ~ 69 的为三等学校。若今年评估分数均达不到规定要求，则参评学校数的 20% 为一等学校、50% 为二等学校、30% 为三等学校。等级评估每学年进行一次，评估结果也做相应调整。

民办民工子弟学校等级评估与民办学校年检挂钩，被评定为一、二等

---

① 温岭市人民政府：《关于进一步加强和改进流动人口子女教育工作的通知》，2011 年 4 月 25 日。

学校的为合格，被评为三等学校的为基本合格，原则上 60 分以下的要限期整改，限期整改不到位的为年检不合格。对评为一等学校的给予经费奖励，用于购置学校教学设备设施。同时，等级评估结果还将作为价格主管部门核定等级收费标准的依据，真正落实"优质优价、质价相符"原则。

4. 学校收费

温岭市民办学校收费由物价局根据办学成本进行核算，根据不同学校的办学条件进行区别收费。2012 年温岭市人民政府出台《关于调整温岭市民办学校收费标准的通知》，就民办学校收费标准进行调整，小学（非寄宿制）学费的基准收费标准分 620 元/生、700 元/生两个等级，上下浮动幅度在 15% 以内；中学根据各个学校的办学条件实行差别收费，其学费基准收费标准在 2300 ~ 4000 元/生不等，上下浮动幅度在 15% 以内，住宿费在 290 ~ 530 元/生不等，上浮 5% 以内、下浮 10% 以内。收费最高的温岭市之江高级中学学费基准收费标准为 6000 元/生，上下浮动幅度在 30% 以内，住宿费基准收费标准为 670 元/生，上浮 5% 以内、下浮 10% 以内。学费、住宿费具体标准由学校在规定幅度内自主确定，并报价格主管部门备案后执行。[①]

2014 年温岭市人民政府再次出台《关于调整温岭市民办民工子弟学校收费标准的通知》，确定对民办民工子弟学校小学学费实行分等定级，按等级收费。一等学校学费基准价为每生每学期 950 元，上下浮动幅度为 30%；二等学校学费基准价为每生每学期 900 元，上下浮动幅度为 20%；三等学校学费基准价为每生每学期 850 元，上下浮动幅度为 10%。市教育局当年考核评定的等级为各学费等级的依据，未经考核的新办民办民工子弟学校收费标准按三等收费标准实行，经市教育局等级评定后按评定的等级收费标准收取。经市人民政府批准的接送校车可收取校车接送费，接送费标准为每人每次 2 元。[②]

同时前文两次通知中均规定，学费和住宿费必须按学期收取，严禁跨学期预收；学校为学生在校学习生活期间提供服务和代办服务而代收代管

---

① 温岭市发展改革局：《关于调整温岭市民办学校收费标准的通知》（温府价〔2012〕7 号），2012 年 8 月 28 日。

② 温岭市发展改革局：《关于调整温岭市民办民工子弟学校收费标准的通知》（温府价〔2014〕6 号），2014 年 8 月 12 日。

的费用，应遵循"学生自愿、据实收取、及时结算、定期公布"的原则收取；对贫困学生给予适当减免照顾，对符合减免杂费条件享受国家免杂费政策的学生，其收费标准是按规定的收费标准扣除财政补贴部分［初中130元／（生·学期）、小学100元／（生·学期）］收取。对于学生由于退学、开除、休学、转学等原因提前结束学业，或由于学校发布虚假招生广告或虚假招生简章以及不履行事先约定等原因造成学生退学的，其学费和住宿费、代收代管费用按有关规定退还。

五　温岭市学校布局调整的成效与问题分析

在这一系列努力下，温岭市学校布局调整工作顺利推进。通过学校布局调整，一方面，学校布局更加合理，城乡教育均衡发展水平不断提高；另一方面，通过积极调动民办教育力量办学，外来务工人员随迁子女入学问题基本解决。但是，目前温岭市学校布局调整仍面临很多问题，诸如下属校区中本地生源流失现象加剧，外来务工人员随迁子女入读公办学校需求难以全部满足，民办民工子弟学校的管理和教育质量问题等，这些都成为温岭市学校布局调整中亟待解决的问题。

（一）温岭市学校布局调整取得的成效

1. 学校布局更加合理，均衡化水平有所提高

在学校布局调整过程中，温岭市积极探索团队学校共同发展制度，逐步建立起农村义务教育学校一体式发展共同体。初中阶段建立学校共同体，启动实行团队共管。小学阶段主要发展中心校责任体模式，通过对"低、小、散"的义务教育学校进行撤并、改建和扩建等，将中心校下属村小、教学点等统一变为中心校的校区，与中心校共同组成发展团队推进区域一体化。通过学校布局调整，温岭市学校布局更加合理；同时通过发展学校共同体，中心校与校区之间在教师配备、财务结算、教学科研、教学资源上实现一体化，农村学校办学水平和质量不断提高，城乡学校差距逐渐缩小，教育均衡发展水平有所提高。

2. 外来务工人员随迁子女入学问题基本解决

在国家外来务工人员随迁子女教育政策的指导下，温岭市积极制定出

台相关政策，落实"两为主"政策，公办学校积极接收外来务工人员随迁子女入学。首先，公办学校在接收本地生源入学后，会根据空余学额情况有序接收外来务工人员随迁子女入学。调查发现，目前温岭市乡镇中心校一般以本地生源为主，而中心校下属校区均不同程度地接收外来务工人员随迁子女就读，一些校区甚至全部都是外来务工人员随迁子女。而部分无法达到公办学校入学条件而且公办学校无力接收的外来务工人员随迁子女，会进入民办民工子弟学校就读。教育局等相关部门通过加强对民办民工子弟学校的管理和监督，不断提高民办民工子弟学校的教育质量；同时通过控制民办民工子弟学校收费和奖励民办民工子弟学校办学等方式，有效减轻外来务工人员随迁子女在民办民工子弟学校上学的成本，保障其教育权益。在民办教育力量的参与下，温岭市外来务工人员随迁子女基本实现了"有学上"。

（二）温岭市学校布局调整存在的问题

1. 教育扩容压力大，外来务工人员随迁子女"上好学"的矛盾突出

通过学校布局调整等一系列努力，温岭市基本解决了外来务工人员随迁子女的义务教育"有学上"问题。但是，由于温岭市乡镇企业发达，对劳动力需求较高，对外来务工人员吸引力较大，外来务工人员及其随迁子女数量较多。在"两为主"等相关政策背景下，温岭市及各乡镇政府一方面要妥善解决外来务工人员随迁子女教育问题；另一方面，受教育资源承载能力的限制，他们不愿意或者说没有能力为教育移民买单，面临较大的教育扩容压力。目前我国城乡义务教育公办学校实现学费全免，进入公办学校就读是外来务工人员随迁子女的最佳选择。尽管目前外来务工人员随迁子女在温岭都能实现"有学上"，但在教育资源有限的情况下，地方政府往往需要优先保障本地生源的教育权益，因而许多外来务工人员随迁子女往往只能进入教育质量一般的普通公办学校，有的甚至是只能进入收费且质量不高的民办民工子弟学校就读。能够免费上学、"上好学"成为外来务工人员随迁子女的普遍诉求，也是温岭市学校布局调整中面临的主要挑战和矛盾。

2. 校区本地生源外流现象有所加剧

随着城镇化进程的加快，在外来务工人员随迁子女不断增加的同时，

一些经济相对落后的乡镇和农村学校本地生源外流现象加剧。一方面，尽管城乡教育均衡水平不断提高，但长期以来的城乡二元结构、向城性的教育资源配置制度使城乡教育发展水平仍存在一定的差距，城市学校在师资、办学条件等方面均优于农村学校。随着家庭经济生活水平的提高，家长对子女的教育越来越重视，对优质教育资源的需求日益旺盛，在农村优质教育资源不足的情况下，越来越多的家长有意愿、有能力将孩子送到教育质量更高的城镇学校，导致本地生源外流比较严重。另一方面，在乡镇学校和村屯学校中外来务工人员随迁子女比例较高，许多本地学生家长认为这些接收外来务工人员随迁子女的学校教育质量不高；而且受家庭生活环境、父母工作性质等影响，外来务工人员随迁子女的学习和生活习惯可能不好，许多本地学生的家长不愿意让自己的孩子与这些外来务工人员随迁子女一起生活学习，因而更倾向于将孩子送到外来务工人员随迁子女比例较低的学校。

3. 民办民工子弟学校教育质量有待提高

在学校布局调整中，温岭市在提高公办学校教育质量、推进城乡教育均衡发展的同时，不断加强对民办学校的监督与管理。不得不承认，民办民工子弟学校在过去及现在一段时间内帮助解决了低收入的外来务工人员随迁子女的教育问题，发挥了对现行教育体制的"补充"功能。但是，民办民工子弟学校教育质量不高一直是困扰其发展的问题。首先，民办民工子弟学校的生源主要是来自中低收入家庭的外来务工人员随迁子女，家庭的经济资本、社会资本较低，而且父母普遍学历不高，缺乏辅导和指导孩子学习的能力；同时，许多外来务工人员随迁子女往往没有接受过正规的学前教育，学习习惯不佳，而且受父母工作性质的影响经常随父母流动，不断适应新环境导致他们的知识基础较差。其次，由于民办民工子弟学校创收途径少，学校经费紧张，故学校的办学条件差、教师工资不高，对教师的吸引力不足。而且由于民办民工子弟学校教育质量低，许多教师担心影响他们的声誉而不愿意到这些学校任教。因此，民办民工子弟学校的教师往往学历不高、教学经验不足，教师流动性大。此外，许多民办民工子弟学校基础设施建设较差，基本的教育教学设施缺乏；许多民办民工子弟学校家长教育意识淡薄，不能积极配合学校和教师，增加了学校的管理难度和教师的教学难度，也影响教师教学积极性，这些都使民办民工子弟学校的教育质量无法保障。

六　温岭市学校布局调整程序的评价

事实上，整个学校布局调整过程其实是各利益主体不断博弈的过程。一方面，外来务工人员来此务工，希望在流入地能够得到相对公平的对待，其随迁子女也能和流入地本地学龄儿童一样享受同等的入学机会、公平的教育资源；另一方面，对于本地人口，他们想最大限度地追求并享有更加优质的教育，而且他们尽管不一定会排斥外来务工人员，但是并不希望外来务工人员竞争、分享本应属于他们的教育资源，使他们及其子女受到一定的利益损失。面对两种相互冲突、矛盾的利益诉求，当地政府和教育行政部门必须做好平衡与协调工作，在教育投入、资金保障允许的条件下最大限度地平衡和协调两者的利益。然而，区域内的经济现实、教育财政状况以及种种矛盾使当前条件下教育资源尤其是优质教育资源并不宽裕，区域内的教育承载力相对有限，校际均衡发展的压力较大。教育本身是一种长线投资，很难在短期内有所收益和回报，往往不比基础设施建设更能吸引政府的投资目光。不仅如此，外来务工人员数量受当地经济结构、经济状况的影响甚大，其具有极强的流动性和不稳定性，如果根据短期内的外来人口数量和教育人口数量对教育进行长线投资，在一定程度上具有很大的风险性。因此，如何在学校布局调整过程中平衡各方诉求、规避自身财政风险，最大限度地保证学校布局调整中的程序正义，并有效地促进区域内校际均衡发展、解决外来人口子女就学诉求，流入地政府面临诸多压力和挑战。实践证明，在学校布局调整过程中不可避免地会出现利益冲突，面临程序的正义问题。

（一）学校布局调整的政策旨趣

温岭市学校布局调整经历了早期的学校大规模撤并阶段，目前已进入追求质量和均衡阶段，一方面旨在提升区域内教育质量、促进校际教育均衡发展，另一方面旨在解决由外来务工人员随迁子女集聚导致的教育扩容问题。就学校布局调整政策的价值追求来看，其价值追求定位准确合理，但其实施方式值得考虑；同时也具有明显的任务偏向，部分政策内容不合理，这对于民办民工子弟学校和外来务工人员随迁子女是不利的。

1. 价值追求定位准确合理

20 世纪末，温岭学校数量庞大。为适应经济社会发展、追求规模效益，温岭实行了大规模的学校撤并。其实现规模效益的价值取向符合当时的教育实际，但是实施力度过大。1999～2004 年，全市共撤并小学 100 所左右，温岭学校数量急剧下降。在温岭早期学校撤并阶段，学校撤并力度相当之大。之后，由于家庭经济生活水平的提高和教育观念的改变，人们对优质教育资源的需求日益旺盛，对区域内教育发展也提出了新的要求。因此，温岭积极顺应区域教育需求，结合当地教育实际，逐渐过渡到以追求质量和均衡为主旨的后学校布局调整时期。在这一过程中，温岭市制定出台并实施一系列招生政策、校区制度和教师交流政策，一方面努力实现优质教育资源的平等选择，促进公平；另一方面积极倡导校际的教师交流和共同发展，努力提高教育质量，促进校际的均衡发展。从政策价值追求来看，其校区制度和教师交流制度有利于教育均衡发展，但是其校区制度并不能从根本上弥补校际的不均衡，在资源分配、生源选择上，仍存在极大的不均衡。因此尽管一系列价值追求合理，但是其实现方式仍有待改善。

同时，温岭由于经济发展吸引了大量的外来务工人员及其子女，义务教育阶段学龄人口就学压力增大。面对外来务工人员随迁子女就学问题，温岭市在国家政策的引导下，制定并实施相应的解决外来务工人员随迁子女就学的政策，积极进行学校合理布局和布局调整，引导并规范公办民工子弟学校和民办民工子弟学校的管理，保障外来务工人员随迁子女的教育权利。可以说，温岭在后学校布局调整时期面临巨大的教育均衡发展和教育扩容压力，但是温岭结合教育具体实际，对区域教育发展和学校布局调整的工作重点进行了准确合理的定位，通过制定一系列相应的政策，有效地解决区域教育的现实问题。

2. 压力分解与转移的背后逻辑

面对区域内择校导致的生源流动压力和外来务工人员随迁子女的就学压力，温岭市在学校布局调整中通过一系列政策设计解决了其入学问题。但是政策设计与问题解决的过程，在一定程度上是一个政府不断分解压力、转移压力的过程。首先，人们对于优质教育资源的追求使公办学校尤其是优质公办学校扩容压力变大，因此通过制定相应的就近入学原则和招生条件（如户籍、房产等）等有效地分流筛选出部分学生、控制住公办学校规模，分解了公办学校尤其是优质公办学校的扩容压力并优先保障了本地学生的利益，完成了第一层筛选和分解。其次，未能进入优质公办学校的部分本地学生和还未参与筛选的外来务工人员随迁子女需要再同时争取进入普通公办学校，在此过程中通过制定相应的入学条件，优先保证本地学生入学，在限定班级规模仍有空余学额的基础上通过外来务工人员随迁子女入学门槛（如四证齐全等）来对外来务工人员随迁子女进行第二层筛选，分解普通公办学校（以接收民工子弟为主的公办学校）的生源压力。最后，经过两次筛选仍未入学的这部分外来务工人员随迁子女只能进入作为最后一层兜底型的民办民工子弟学校。因此，面对区域内教育扩容压力，学校布局调整的相关政策有效地实现了对生源的逐层筛选和对生源压力的逐层分解。值得注意的是，无论是第一层的就近入学，还是第二层的就近入学基础上吸纳部分外来务工人员随迁子女，都是在最大限度地保障本地人的利益诉求，这是他们必须享受和被满足的基本受教育权利；而对于外来务工人员随迁子女，其基本价值取向是"全纳而有区别"，即基本满足外来务工人员随迁子女的入学需求，但实行的是有区别的对待策略。

不仅如此，面对数量众多的外来务工人员随迁子女，完全靠公办民工子弟学校很难满足其需求，如果根据需求兴建新的公办民工子弟学校，对于政府既是巨大的财政压力，同时也需要承担巨大的风险。所以政府通过引入社会力量、民间资本参与办学，即审批一定数量的民办民工子弟学校，并加强对民办民工子弟学校的招生、收费管理，最大限度地保证其教育质量；同时通过限定公办学校或公办民工子弟学校的班级规模来为民办民工子弟学校"挤"出一定的生源，通过制定收费浮动空间和给予一定的奖励来为民办民工子弟学校留有一定的盈利空间，从而使其能够长期存活下去。通过这一政策设计，政府将外来务工人员随迁子女的就学压力及其投资教育的财政风险分解并转移到民办民工子弟学校身上。尽管民办民工子弟学校有一定的盈利空间，但这些学校处于教育机构底部的现状也使其面临发展的现实困境。

3. 部分入学条件设置不合理

就学校布局调整政策文件的内容来看，无论是促进区域内教育均衡发展的政策，还是切实解决外来务工人员随迁子女教育问题的扩容政策，初衷都是最大限度地保障各利益主体的利益，较好地平衡各利益主体之间的利益矛盾。但是，具体的政策文件所确定的标准却没有较好地照顾到外来务工人员随迁子女的利益，其在外来务工人员随迁子女就读公办学校的门槛方面的政策并不是完全合理的。一方面，外来务工人员随迁子女可以选择的公办学校有限，而且往往是教育质量相对较低的公办学校，他们并不能像当地学生一样有选择优质公办学校的权利。另一方面，当前温岭市外来务工人员随迁子女进入公办学校就读最基本的要求——四证齐全中，对于暂住证和父母工作合同比较容易理解，在一定程度上可保证生源的稳定性；生源地无监护人证明对于外来务工人员随迁子女而言一般也不存在太大困难；但是所谓的社会保险缴纳证明却存在较大的难度。访谈中校长谈道：

> 四证中前三个条件（暂住证、父母工作合同、生源地无监护人证明）都比较容易满足，他在哪儿上班跟老板签一下合同，还有老家我们要无监护人证明村里人也给他做，暂住证也容易办……但是，最难的就是社会保险，社保很多人都没有。很多社会保险本来应该是企业负担的，但是就我了解很多企业虽说你在我企业里上班，但我把这个名额给自己的亲戚了。个别企业如果保在职工身上的话，这个费用也要职工自己出啊，自己出的话，他们觉得自己外出打工本来收入就不高……他们主要缺的就是社保，社保卡住那怎么办呢，有的时候就比较难了。我们学校每年新生（45人左右）中能有社保证明的也就10个左右。（Z－XX－141203－M－T）

由于大多数外来务工人员随迁子女无法满足入学条件中社会保险缴纳证明的规定，因此入学门槛缺乏区分度，并未实现其选拔、分散生源的目的，而是成为多数外来务工人员随迁子女进入公办学校就读的主要障碍。政策的制定明显没有充分考虑其现实可达成性，这种没有区分度、在实践中难以达成的入学门槛是不合理的，给外来务工人员随迁子女入学带来了现实的困难，对他们是极为不公平的。

（二）学校布局调整的政策制定

1. 政策制定程序公开合理

长期以来，温岭民主意识强烈，民主协商是温岭的一大特色，相关政策制定出台前会召开民主恳谈会、征求各方意见。温岭市学校布局调整的相关政策文件出台之初，相关部门会首先制定政策意见稿，进行公示、公开并征求意见。教育局领导谈道：

> 教育上，我们编好一个材料，会发给人大代表、市民看……征求他们的意见。（Z‑WL‑141201‑B‑A）

在具体的制定过程中，相关部门会邀请各方利益主体参与政策制定，并举行听证会。

> 主要组织两代表（党代表、人民代表）、两会委会、政协委员、社区的书记、企业中的知名人士、老百姓中比较有知名度的这些人参加……例如我们温岭目前实行参与式预算（又称"阳光预算"），我们教育预算的话通过民主恳谈的方式全部公开，这个预算主要是向市民公开的，市民可以参与我们整个制定预算的讨论。参与式预算成为预算的一个创新，在全国也是挺有知名度的。（Z‑WL‑141201‑B‑A）

最后关于学校布局和发展规划、校共体制度、教师交流制度、外来务工人员随迁子女教育问题的实施办法，以及民办学校的管理监督等方面的政策文件，按照相关程序印发到各相关单位，在政府、相关部门信息公示栏进行公示，在政府信息网、教育局网站以及各单位网站进行公示，保证政策制定过程的公正合理、政策文件的公开透明。

2. 政策制定批准主体具有权威性

温岭市学校布局调整一方面要解决由外来务工人员随迁子女集聚带来的教育扩容问题，另一方面要提高教育质量、促进校际均衡发展，因此温岭的学校布局调整政策也极为丰富。21世纪以来，温岭市先后制定两项重大学校布局和教育发展规划政策，成为学校布局调整和教育发展的纲领性文件。2007 年温岭市教育局办公室拟定《温岭市"十一五"（2016 年至 2020 年）学校布局和区域教育发展规划》，并报请市人民政府领导予以审核批准，经市政府批准后予以及时下发并组织实施。2011 年温岭市发展和改革局办公室和温岭市教育局共同拟定《温岭市教育改革和发展"十二五"规划（2011–2015 年）》，经市政府同意后印发给各镇人民政府、各街道办事处、市直各单位、在温垂直管理各单位，并抄送台州市教育局、温岭市委办、温岭市人大办、温岭市府办、温岭市政协办。因此，关于学校布局调整和教育发展规划的制定主体权威，通过教育部门拟定，提请市政府同意后印发给各相关单位，实现政策的合法化，整个过程合理又极具权威。

在促进均衡发展方面，主要涉及教师交流制度和校区制度等政策，其中关于教师交流、教师奖励的文件主要由温岭市教育局办公室印发，抄送台州市教育局、市委办、市人大办、市府办、市政协办、市委组织部、市委宣传部、市编委办、市人力社保局、市财政局、各镇人民政府（街道办事处）等。而校长交流则由温岭市教育局、温岭市机构编制委员会办公室、温岭市财政局、温岭市人力资源和社会保障局共同印发，抄送浙江省教育厅、台州市教育局、温岭市委办、市人大办、市府办、市政协办、市委组织部、市委宣传部、市公安局、各镇人民政府（街道办事处）。关于校区制度等方面的文件主要有两类：一是关于标准化校区、团队学校共同发展制度的文件，由温岭市人民政府教育督导室、温岭市教育局印发，抄送台州市教育局、台州市人民政府教育督导室、温岭市人民政府办公室、各镇人民政府（街道办事处）；二是关于一体式校共体的文件，由温岭市教育局办公室印发，抄送市委宣传部、市府办、市编办、市发改局、市财政局、市人力资源社保局、各镇人民政府（街道办事处）。

在外来务工人员随迁子女教育方面，涉及各级政府及相关部门关于解决外来务工人员随迁子女教育工作和民办民工子弟学校的管理规范工作的相关政策。此类政策按照政策制定主体大致分为四类。一是关于加强改进流动人口子女教育工作方面的通知，由温岭市人民政府办公室印发，同时抄送市委各部门、市人大常委会办公室、市政协办公室、市人武部、市法院、市检察院。二是关于民办民工子弟学校招生、年检等规范管理工作的文件，由温岭市教育局办公室印发，抄送台州市教育局、市府办、各有关镇人民政府、街道办事处。三是关于民办民工子弟学校等级评估工作的文件，由温岭市人民政府教育督导室办公室、温岭市教育局印发，抄送台州市教育局、台州市人民政府教育督导室、温岭市人民政府办公室、温岭市发展和改革局。四是关于民办民工子弟学校收费标准的文件，由温岭市人民政府价格审批办公室印发，抄送台州市发改委、温岭市府办、市财政局、市教育局、市民政局、市纠风办、市农监办。这些政策制定主体主要涉及县级人民政府各相关办公室、县教育局，具有较高的权威，而且抄送主体全面而丰富，使其合法化。

3. 政策制定中部分利益主体缺席

由于需要同时缓解扩容压力和促进教育均衡发展，温岭的学校布局调整政策涉及面很广，涉及的相关利益主体较为多元且复杂。政策制定过程中保证多方利益主体的参与是确保政策切实可行的基础和前提，而且同一利益主体可能还会有不同的声音，因此最大限度地保证多方利益主体参与政策制定，保证各利益主体能有效表达自己的声音，对于政策制定具有重要意义。但是由于利益主体的多元性与复杂性，在政策制定过程中很难保证拥有不同声音的相关利益主体都能参与到政策的制定过程中。而这些拥有不同声音的利益主体的缺席，在一定程度上使政策制定缺乏一致认同和现实操作性。例如，教师交流政策中提出打通公办学校与民办学校之间的教师交流渠道，鼓励公办学校教师到民办学校支教交流、民办学校教师到公办学校学习。调研中了解到，尽管政策已经制定出来，但是目前温岭还没有真正实现公办学校与民办学校教师间的相互交流与学习。中心校校长认为：

> 很难实现公办学校与民办学校在教学上的交流，一个是他们（民办学校）不敢请我们过去，怕暴露更多的缺陷和问题；再一个是如果他们把老师派到我们这里来学习，或者跟师傅学习的话，成本太高，因为他们巴不得每个老师上好几十节课。（Z - DX - 141209 - M - J）

显然，尽管此教师交流政策旨在帮助民办学校提高教师质量，但是并未得到民办学校的真正认同，其具体实施缺乏现实操作性。而且对于公办学校教师而言也难以真正做到去民办学校交流。因此，对于公办学校与民办学校之间的教师交流制度，相关利益主体即公办学校和民办学校教师并未真正参与到政策制定过程中，导致某些政策制定出台后政策实施主体不能有效认同和接受，也难以在实践中真正执行。

（三）学校布局调整的政策执行

遵循政策文件的指导精神，严格按照政策思路执行是学校布局调整政策发挥其最大效益的保证。尽管学校布局调整的政策文件存在部分不合理的地方，但其仍是在最大限度地平衡各利益主体的利益，如果能保证政策文件的严格执行，其对于缓解教育扩容压力和促进教育均衡发展极为有利。但是在具体政策执行实施中，仍存在一定的人为性和有待改善的地方。

1. 政策执行中的人情干扰

在人情关系盛行的中国社会，一些政策的具体执行中也因人情干扰出现了执行偏差。合理规范的招生政策是促进教育均衡发展的重要策略。为切实控制公办学校尤其是优质公办学校规模，避免不合理招生带来的不均衡，目前温岭出台"分批次摇号"招生的实施指导意见，建议公办学校招生采取此方式。调研中发现生源压力较大的优质公办学校、中心校等已基本采用"分批次摇号"招生。但是对于中心校下属的以接收外来务工人员随迁子女为主的公办学校在面临生源压力、同批次学生过多需要分流时则没有实行"摇号"的方式，因此导致校长在筛选学生方面面临人情压力和干扰，出现了执行中的偏差。一方面，他们面临政府方面的干扰，例如有校长反映政府会干预班级数量的确定，导致不同年级班级数量存在差异。

> 全校就只有五年级有两个班。之前都是一个班，应该不是说那一年生源过多吧，而是那一年学校刚好还有一个教室在，还有条件再开一个。政府里面就说，你们能不能再招一个班，条件允许、生源比较足嘛，那就尽量多开一个班，这是政府的原因。如果放不下了，那就六个年级六个班了，其他学校那还有教室多余的话，那政府可能就让别的学校多开一个班。（Z－XX－141203－M－T）

另一方面，学校招生还会受到当地企业老板的干预，使学校招生成为校长在学校管理中遇到的最大难题。

招生是比较困难的，因为招收外地学生时，本地人也会掺和进来。很多本地老板会过来说："因为他父母在我企业里面做工，如果我不给他安排入学，他父母走了以后我的企业就缺人了；而且我帮他们安排孩子教育，他们对我就不一样了，有时会帮我跑腿办事。"所以有些老板想帮助员工，甚至有人想多报几个，那学校毕竟是国家办的嘛，不营利的，他想多占教育资源。而且有些老板不好说话，过来跟你吵，所以说很困难、相当困难。（Z-XX-141203-M-T）

除此之外，由于招生政策中对入学条件进行了限制，很多不满足条件的家长也会向学校求情，尤其是当空余学额有限、生源过多时，家长甚至受委托的学校教师都会前来干预。有校长谈道：

历年都是这样，招生那天校长不能在学校，校长在学校的话父母就来说他们（孩子）都想进来，但我们只能招一个班也没有办法。如果严格按照入学条件的话就是你有四证的都招过来，但是严格按照四证招又招不齐。那三证的有的招进来有的招不进来，那他就不舒服了，不舒服他就跟你吵啊，甚至有的老师也跑来说，校长过来的话就一天不安定。（Z-XX-141203-M-T）

因此，尽管制定了相应的招生政策，但是在具体的实施中仍会受到政府、当地企业主甚至家长的干预，使招生出现各种困难。而且未采取"摇号"策略的校长也承认"如果采用'摇号'的方式，会减轻学校的生源压力和校长在筛选学生方面面临的人情压力"，但是在具体的实施操作中却仍是由校长人为地进行选择和分配，在这种回避"摇号"而采取人为选择方式的背后，其中可能有校长自己的利益考量。这些都使政策在执行过程中出现偏差。

2. 政策执行中的表面执行

除了外来务工人员随迁子女就读的公办学校未采取"摇号"策略是人为地回避某些政策，在学校布局调整中部分政策也因缺乏现实操作性而被表面执行。例如，为促进教育均衡发展，温岭实行校共体制度，中心校和下属校区共同发展。在这一制度的指导下，很多活动、比赛等都是将中心校和下属校区作为一个单位确立参赛资格，因此中心校与下属校区应该共同筹划、共同参与。但是在具体实践中，很多活动由中心校本部完全掌握主导权，独自筹划参与整个活动，完全将下属校区排除在外。如中心校校长提道：

> 市里面的比赛基本上都是以我们中心校为主，只有个别分配到校区或者我们觉得校区的人还比较好的，基本上都是中心校在主导……校区能参加的比赛都是一些比较简单的，像征文、书画，这种个体性的、比较简单的。你说我们排一个合唱，把校区的学生拉过来排练那肯定不可能，所以就完全由我们中心校本部来。(Z－DX－141209－M－J)

尽管校区制度试图通过中心校与下属校区的合作发展促进校际的均衡，但是在相关政策的执行过程中，中心校出于自身利益的考虑或是现实条件的限制，仅限于表面应付式地执行相关规定，一些政策内容并未有效地落实，以促进均衡为目标的校区制度在多大程度上发挥作用会打一定折扣。

3. 政策执行中的异化现象

温岭市为促进校际均衡发展，制定相应的教师交流制度，鼓励中心校和下属校区教师积极进行校际交流，但是却被变相利用，有些教师交流变成中心校本部将不合格的教师以惩戒的方式下放到下属校区。

> 有些教师交流是我们中心校下派的，也有是靠我（采取）强制手段下去的。强制手段我们是有的，我们学校就搞了一个，六年以上的一起评比，通过各种评比数据、满意度调查，你不行的老师我每年都要狠下心把他下派到下面学校去，就说为下属学校支援，他们教师缺编，我们教师够了。如果到时候你工作业绩不错的话可以考虑两年（后）再回来，一般是三年。(Z－DX－141209－M－J)

而且由于中心校和下属校区间的差距，下属校区教师往往有较强的意愿流动到中心校，教师交流制度也变成了中心校从下属校区选拔人才的手段之一。中心校校长谈道：

> 校区的教师可以调到我们中心校来，想调进来的教师每年都要通过我们中心校组织的面试，面试合格和平时的工作考核较好，我们同意他进来，（他）就到中心校来。（Z－DX－141209－M－J）

因此，校共体制度下教师交流制度被变相操作，使下属校区逐渐演变和沦落为中心校本部教师的培训场和惩戒场，违背了政策本身促进校际师资均衡发展的初衷，也是对下属校区的不公正对待。如果说政策执行中的不作为，未有效落实政策、实现既定目标，但至少其未损害下属校区的既得利益。但是教师交流制度中的执行异变却直接损害了下属校区的利益，使处于底部的下属校区利益窄化，是对教师交流政策实质的违背。

因此，就温岭市整个学校布局调整的程序来看，政府的一系列政策文件都有其背后逻辑，即逐步分解、转移压力，有效地规避教育财政风险；在政策文件的制定上基本做到公开透明，尽管不能保证程序的完全合理，但基本是准合理的；政策文件的内容尽管存在一些不合理的规定，但最大限度地保障了各利益主体的利益；就政策文件的实施来看，其过程中仍存在一些有待完善的问题。

第六章　人口稳定型县域学校布局调整研究：吉林东丰

　　20世纪末，计划生育政策的实施使我国农村人口出生率降低，许多农村学校和教学点生源逐渐减少，出现了大量的小规模学校，各地纷纷进行学校撤并，导致农村中小学学校数量持续减少。近年来，吉林省人口逐渐趋于稳定。但是区域内城乡经济发展和教育资源的不均衡，使县域内人口流动频繁，大量的农村人口及其学龄子女流入乡镇和县城，村屯学校逐渐小规模化、乡镇和县城学校规模不断扩大，这对县域内的教育发展和学校布局提出了巨大的挑战。

　　为此，东丰县结合当地实际情况稳步推进学校布局调整工作。作为人口稳定型县域，东丰县的农村学校布局调整的过程是怎样的？有哪些特点？实施效果如何？程序是否公正？基于以上问题，课题组成员于2014年10月26日前往东丰县进行关于学校布局调整的调查研究。调研选取经历学校布局调整的三所学校，对经历学校布局调整的校长、教师、学生、家长、村民五个利益相关主体进行了半结构式访谈，共访谈校长3个、教师11个、学生8个、家长7个、村民5个；同时对东丰县教育行政部门领导进行深度访谈，深入了解了东丰县学校布局调整工作的整体情况。此外，课题组收集并整理了东丰县与学校布局调整相关的发展规划和政策文件。

一　东丰县基本情况

（一）地理及行政区划

1. 地理环境

东丰县位于吉林省中南部，地处长白山分支哈达岭余脉、辉发河上

游。地形南北长、东西窄，地势西高东低，为低山丘陵地貌。东丰县面积
2521.5 平方公里，平均海拔 374 米；山川河流与平原沃野自然交错，呈
"五山一水四分田"的地理格局。东丰地处高纬度，属东部季风区中温带
湿润气候，四季分明。年平均日照 2656.4 小时，年平均气温 4.5℃，年平
均降雨量 672.9 毫米。气候、土壤条件良好，适合林木和多种植物生长。
截至 2012 年，东丰县拥有耕地面积 1027.12 平方公里，占全县总面积的
40.7%；林地面积为 1034.66 平方公里，占全县总面积的 41.0%。

东丰县隶属辽源市。东南毗邻梅河口市，西南接壤辽宁省清原县，西
部以山为界与辽宁省西丰县相接，北部隔河相望伊通县。东丰县离省会长
春市 135 公里，距长春龙嘉国际机场 158 公里，到沈阳桃仙国际机场仅
268 公里；四梅铁路贯穿境内；集锡线四平至白山国家一级公路、东丰至
长春高速公路、东丰至辽宁省西丰、东丰至辽宁省草市线等多条公路干线
纵横交错、四通八达，交通便捷。

2. 行政沿革

东丰县历史悠久。姬周时属肃慎氏地，之后几经变迁。清兵入关后被
辟为盛京围场，史称"皇家鹿苑"。清光绪二十八年（1902）置为东平县。
民国 3 年（1914）改称东丰县，直属辽宁省。1945 年 9 月建县民主政府，
行政隶属和驻地几经调整，1949 年 5 月改称东丰县人民政府，驻地东
丰镇。

中华人民共和国成立后，东丰县行政区划先后历经多次调整。1983 年
8 月，东丰县划归辽源市管辖。1984 年，东丰县辖 5 个镇、18 个乡、236
个村。1992 年开始，东丰县陆续实施撤乡设镇，先后撤销杨木林、猴石、
黄泥河、沙河、拉拉河、小四平、南屯基、大兴 8 个乡，分别设立同名 8
个镇。截至 1995 年 12 月，东丰县辖 13 个镇 10 个乡，共有 35 个居民委员
会、229 个村民委员会。2000 年之后，东丰县在原有基础上继续进行行政
区划调整，2003 年 4 月，吉林省民政厅下发吉民行批〔2003〕5 号文件，
撤销镇郊乡、和平镇和一面山乡，将其所辖行政区域整建制分别合并到东
丰镇、横道河镇和小四平镇；同年 5 月，撤销东丰县中育乡，将其所辖行
政区域整建制合并到黄河镇，东丰县乡镇数量减少至 19 个。2005 年 2 月，
原仁合乡并入东丰镇，辖西城、府南、兴隆、南站、东兴、府北 6 个社区，
21 个村委会和 137 个村民小组。

根据政府官网最新公布数据，截至 2014 年，东丰县辖 12 个镇、1 个乡、1 个民族乡——东丰镇、大阳镇、横道河镇、那丹伯镇、猴石镇、杨木林镇、小四平镇、黄河镇、拉拉河镇、沙河镇、南屯基镇、大兴镇、三合满族朝鲜族乡、二龙山乡，共有 6 个社区 229 个行政村。

（二）人口与经济发展

1. 人口情况

截至 2014 年，东丰县总人数为 40.7 万人，总户数为 117793 户，其中农业人口 29.6 万人，占总人口的 72.7%；城镇人口 11.1 万人，占总人口的 27.3%。

全县有 12 个民族，其中汉族占 86.8%，少数民族占 13.2%。除汉族外，在 11 个少数民族中，满族、朝鲜族、回族、蒙古族为世居民族。全县有 1 个少数民族乡（三合满族朝鲜族乡）、4 个朝鲜族聚居村（横道河镇鲜光村、黄河镇鲜农村、拉拉河镇鲜丰村、三合满族朝鲜族乡鲜明村）、7 个聚居组。

2. 经济发展

截至 2013 年，东丰县地区生产总值共完成 162 亿元，相比 2012 年增长 18.3%；全口径财政收入实现 6.8 亿元，同比增长 4.5%；地方级财政收入实现 4.9 亿元，比上年增长 21.2%；城镇居民人均可支配收入达到 20176 元，农民人均纯收入达到 9998 元，均比上年同期增长 15%。三次产业比重由 2005 年的 37:31:32，发展为 2012 年的 21.1:56.1:22.8，调整到 2013 年的 18.5:57.4:24.1，产业不断优化，结构更加合理。在吉林省县域突破考核中，东丰县荣获综合发展进步奖，综合发展水平跃升至第 14 位。[①]

（三）教育基本情况

截至 2014~2015 学年，东丰县共有各级各类学校 261 所。具体来看，幼儿园 72 所，其中公办幼儿园 28 所、民办幼儿园 44 所，普通小学 161 所，初级中学 20 所，九年一贯制学校 3 所，完全中学 1 所，高级中学 2 所，职业中学 1 所，特殊教育学校 1 所（见表 6-1）。

---

① 东丰县政府办公室：《东丰县 2013 年政府工作报告》，2014 年 1 月 23 日。

表 6 - 1　2013～2015 学年度东丰县各级各类学校变化情况

单位：所

	幼儿园	附设幼儿班	小学	初中	九年一贯制学校	完中	高中	职高	特教
2013～2014	82	145	169	20	3	1	2	1	1
2014～2015	72	139	161	20	3	1	2	1	1
增减情况	-10	-6	-8	0	0	0	0	0	0

资料来源：根据《2013－2015 学年度教育事业统计报表》整理得出。

　　就在校生数量来看，截至 2014～2015 年度，东丰县小学在校生数为 19513 人，初中在校生数为 10176 人，高中在校生数为 5572 人，职业高中在校生数为 550 人，特殊教育在校生数为 7 人。除初中外，在校生数较上年均有所下降。目前，东丰县适龄儿童入学率达到 100%（见表 6－2）。

表 6 - 2　2013～2015 学年度东丰县各级各类学校在校生数变化情况

单位：人

	小学	初中	高中	职高	特教
2013～2014	20449	9889	5780	844	9
2014～2015	19513	10176	5572	550	7
增减情况	-936	+287	-208	-294	-2

资料来源：根据《2013－2015 学年度教育事业统计报表》整理得出。

　　就教职工数量来看，2013 年东丰县共有教职工 4581 人，其中专任教师 3849 人。具体来看，幼儿园教职工共有 462 人，其中专任教师 358 人；小学阶段专任教师 2062 人、初中阶段专任教师 1058 人、高中阶段专任教师 369 人；特殊教育教职工 3 人，其中专任教师 2 人（见表 6－3）。

表 6 - 3　2013 年东丰县教职工情况

单位：人

	教职工			专任教师		
	合计	城区	镇区	乡村	合计	城区	镇区	乡村
总计	4581	14	2776	1791	3849	13	2253	1583
幼儿园	462	—	386	76	358	—	303	55

续表

		教职工				专任教师			
		合计	城区	镇区	乡村	合计	城区	镇区	乡村
小学	小学	2318	14	997	1307	1999	13	802	1184
	九年一贯制中小学部					63	—	—	63
	合计					2062	13	802	1247
初中	初级中学	1173	—	945	—	971	—	770	201
	九年一贯制中小学部					80	—		80
	完全中学初中部					7	—	7	—
	合计					1058		777	281
高中	完全中学高中部	29	—	29	—	12	—	12	
	高级中学	416	—	416	—	357	—	357	
	合计					369	—	369	
特殊教育		3	—	3		2	—	2	

二 东丰县学校布局调整的背景及动因

(一) 学校布局调整的背景

1. 农村学龄人口持续减少

20 世纪 80 年代后，随着计划生育政策的实施、城乡二元户籍制度的放开和城镇化的不断深入，农村学龄人口逐渐减少。首先，计划生育政策实施以来，强调晚婚晚育、少生优生，而且科学的发展、思想的进步、城乡交流的频繁使农村人的想法发生变化，原来所谓"多子多福"的固有观念不再束缚人们，农村生育率大幅下降。其次，社会经济的发展对第一产业人口的需求显著下降，第二产业人口需求稳中有升，第三产业人口需求迅速增长。产业结构的调整使农村出现大量剩余劳动力。随着户籍制度的逐渐放开和城镇化的推进，越来越多的农村剩余劳动力进城务工，尤其是90 年代以来，越来越多的进城务工人员携带学龄子女进城上学；一些年轻的进城务工人员选择在城市结婚生子，定居城市，农村学龄人口减少。再次，随着经济生活水平的不断提高，人们对于优质教育资源的需求越来越强，而区域内教育发展不均衡，优质城镇教育使许多家长"趋城化""趋镇化"行动明显，这在客观上进一步减少了农村地区的学龄人口。

根据东丰县统计数据，近年来东丰县适龄入学儿童和小学招生人数均呈逐年下降趋势。就适龄入学儿童来看，2000 年适龄入学儿童为 4654 人，到 2007 年为 2524 人，平均每年下降近 10 个百分点。就小学招生数来看，2012 年东丰县小学招生数为 3419 人，2013 年为 2942 人，到 2014 年下降至 2692 人，逐年下降。

2. 农村交通条件和设施不断改善

随着社会经济的发展，尤其是 2000 年以来，国家的公共交通设施系统也广泛深入中西部的农村地区。在国家政策大力扶持、财政全力支持下，中西部农村地区的村镇交通条件得到了明显改善和提高，交通工具也更新换代更加多样化。"村村通"工程实施以来，乡镇和村屯的主干道甚至一些支道基本实现硬化，原先的泥泞土路、羊肠山道和石子路均为新修建的水泥路或柏油马路所替代，交通条件显著改善，这为区域内校车的发展创造了条件。同时，随着城乡交流的加速和家庭生活水平的提高，越来越多的家庭有愿望和足够的经济能力购买新型、便捷的交通工具，如小轿车、面包车、电动车。道路条件的改善和交通工具的便利为学生入学和集中办学提供了条件，也为学生流动性就学提供了可能。

3. 国家层面的政策驱动

1998 年教育部印发《关于加强大中城市薄弱学校建设，办好义务教育阶段每一所学校的若干意见》，规定对薄弱学校进行合理调整、予以撤销合并。之后国务院、教育部、财政部等陆续出台了一系列的政策，成为东丰县早期学校布局调整的政策背景。2001 年《国务院关于基础教育改革与发展的决定》提出"因地制宜调整农村义务教育学校布局。按照小学就近入学、初中相对集中、优化教育资源配置的原则，合理规划和调整学校布局"。同年，财政部印发《中小学布局调整专项资金及项目管理暂行办法》，农村学校布局调整在全国范围内展开。2002 年《关于完善农村义务教育管理体制的通知》提出"要从实际出发，因地制宜地调整农村中小学布局"。2005 年《关于进一步推进义务教育均衡发展的若干意见》指出"在新建、扩建和改建学校时，适当调整和撤销一批薄弱学校"。在国家相关政策的大力倡导和推动下，东丰县积极推进农村学校布局调整工作。

但 2006 年教育部办公厅《关于切实解决农村边远山区交通不便地区

中小学生上学远问题有关事项的通知》和《关于实事求是地做好农村中小学布局调整工作的通知》，以及2009年教育部《关于当前加强中小学管理规范办学行为的指导意见》强调慎重对待撤点并校，加之之前学校布局调整推进顺利，东丰县农村学校布局调整趋缓。尤其是2012年9月《国务院办公厅关于规范农村义务教育学校布局调整的意见》出台后，东丰县学校布局调整转向均衡导向的微调。

（二）学校布局调整的动因

计划生育政策背景下，农村生育率不断下降，农村学龄人口自然减少；同时受城镇化和区域内教育不均衡发展的影响，大量的农村学龄人口进城读书。随着农村学龄人口的持续减少，农村学校规模不断缩小，出现了大量农村小规模学校，甚至出现了"麻雀校""单班学校""一师一校"。根据东丰县相关统计数据，在目前的198所村小中，学生数量在100人以上的有114所，占村小总数的57.6%；学生数量在71人至99人之间的有54所，占村小总数的27.3%；学生数量在51人至70人之间的有16所，占村小总数的8.1%；还有14所村小学生数量不足50人，占村小总数的7.1%。生源数量的减少为东丰县政府布局调整、集中办学提供了条件。农村小规模学校由于缺乏规模效益，资源使用效率偏低、办学成本较高，在一定程度上浪费了教育资源；同时由于资源不足，农村小规模学校教育质量不高，不能满足农村学生及家长对高质量教育的需求。为此，在国家政策的指引下，东丰县尝试进行了农村学校布局调整。

1. 节约成本与追求规模效益

由于缺乏规模效益，小规模学校在基础设施建设、师资配置和办学条件改善等方面的投入以及维持小规模学校的运行成本按生均计算比大规模学校要高。东丰县县级财政投入有限，而学校布局分散、农村小规模学校的大量存在使县域内教育资源紧张。农村学校布局调整可以将一些规模较小、办学条件较差的村级小学进行撤并，通过减少学校数量、扩大学校规模可以将分散的资源集中起来，产生规模效益。基于东丰县政府财政紧张的现状，县政府希望通过学校布局调整将分散的资源整合起来，优化教育资源配置。

2. 改善办学条件

据调查，东丰县的许多农村学校校舍为 20 世纪 80 年代修建的。当时，为迅速普及九年义务教育，在县乡村"三级办学，两级管理"的教育管理体制的调动下，各级充分发挥办学积极性，掀起兴建校舍的热潮。然而，由于缺乏对校舍质量的长远考虑和有效维修管理，目前许多农村学校校舍老化严重，安全隐患突出。不仅如此，许多村小硬件设施不达标且非常匮乏。调查显示，村小和教学点基本未配备计算机、投影仪之类的多媒体设施，音体美等功能教室和科学实验仪器设备普遍缺乏；一些学校即使配备了相关设施设备，但由于缺乏维护与保养，已经老化损坏无法正常使用。有些学校连基本的比如黑板、粉笔等都不能充分满足学校的教学要求。针对学校危房改造工作，东丰县制定了相应的规划；但是在"以县为主"的管理体制下，农村中小学改善办学条件的急迫需求与县级教育投入不足的矛盾日渐突出，县级财政面临巨大压力。通过农村学校布局调整，适度撤并部分学校，在一定程度上有利于集中有限的教育资源，更好地改善学校办学条件。

3. 提高教育质量

由于小规模学校的教育资源利用效率低和吸引力差，农村小规模学校在资源配置上处于不利地位。一方面，由于村小学生数量少，按照生师比的教师配置原则，村小可分配的教师数量少，尤其是缺乏音体美等专业性较强的教师，许多课程无法开足开齐。另一方面，由于工作环境等限制，村小教师岗位吸引力低，在村小任教的教师年龄偏大；工作任务重，教师的外出学习和培训机会较少，在一定程度上影响村小教师的整体素质。另外，许多村小缺乏基本的教育教学设施，影响教育教学活动的正常开展，在一定程度上不利于教育教学质量的提升。尽管目前没有足够的证据证明农村小规模学校的教育质量低于城镇大规模学校，但农村小规模学校在教育资源配置上的弱势地位确实影响教育质量。因此，教育行政部门试图通过农村学校布局调整，实现教育资源的整合，提高资源使用效率，最大限度地保证村小的师资水平和课程开足开齐。

三　东丰县学校布局调整的历史梳理

总体上看，东丰县的学校布局调整行动与国家的学校布局调整政策基本同步。但在实际的学校布局调整过程中，东丰县根据相关文件精神，结合当地实际情况，因时因地因校制宜进行调整。从东丰县学校布局调整的实际情况来看，其学校布局调整过程没有明确的阶段划分。但通过梳理《东丰县中小学布局调整"十一五"规划》等相关政策文件，依据政策的不同追求和目标、内容侧重点以及学校数量和布局变化情况，可以大致将东丰县的学校布局调整过程在时间上划分为四个阶段。

（一）20 世纪末：高中和民族学校的合并与集中

东丰县学校布局调整始于 20 世纪 90 年代中期，最早从农村高中的撤并开始。东丰县村镇地区原有 3 所带高中的学校，县教育局根据其生源情况，依据社会需求，在 1997 年相继将这 3 所学校的高中部分合并到县城，在村镇地区只保留初中、小学和幼儿园。1998 年，东丰县教育部门通过向县政府汇报，在获得上级部门的支持后，对全县的朝鲜族学校进行布局调整：将乡镇四所独立的村级朝鲜族小学统一撤并到县城，进行集中办学。同时，考虑到朝鲜族人本身对本民族文化的需求，由县政府单独出资给离县城近的两所学校购买两辆校车接送学生上下学；对距离远的学生实行全部寄宿，每周学校班车接送。这一时期，东丰县学校布局调整力度较小。

（二）"十五"期间：资源集中与质量追求的快速撤并

21 世纪初，随着适龄学生人口数量的下降，东丰县学校尤其是农村学校生源减少。学校规模小、网点布局相对分散问题出现，不利于教育资源的有效利用、教育质量的提高，同时也给区域学校管理造成了不便。2001年《国务院关于基础教育改革与发展的决定》要求各省区市"因地制宜调整农村义务教育学校布局。按照小学就近入学、初中相对集中、优化教育资源配置的原则，合理规划和调整学校布局"。为优化教育资源配置、节约教育教学资源，提高教育教学质量和办学效益，东丰县按照县委、县政府部署，遵循"有利于提高义务教育阶段的普及与提高、有利于提高办学规模和效益、有利于全面提高教育教学质量"的"三个有利于"的原则，着手实施中小学校的布局调整工作。

第一，撤并学校。全县撤并了包括完全中学的农村普通高中、普通初中和小学共 14 所。特别是 2001 年，将镇郊中学撤并到东丰县实验中学，将原来的东丰五中、东丰六中撤并到东丰四中。同时，撤掉三合乡鲜明小学、横道河镇鲜光小学、中育乡鲜农小学、拉拉河镇鲜丰小学。将这 4 所朝鲜族小学并入县城的东丰朝中，实行 12 年制教育。其中，鲜明、鲜丰小学的学生实行校车接送上下学，鲜农、鲜光小学的学生实行寄宿制读书。第二，部分村小实行隔年招生。当年适龄儿童数不足 15 人的学校实行隔年招生。到"十五"末，全县共有 22 个乡镇 45 所村小实行了隔年招生。第三，部分完小改建初级小学（初小）。将生源不足、师资力量较弱且与相邻村小相距较近的村小降为初小，不设高年级，高年级学生转到相邻村小就读。全县有 9 个乡镇 17 所村小已改建成初小。其中，永合乡 13 所小学中，有 7 所变为初小。第四，取消村级联办中学的单独制，乡镇中学下设教学点。全县共取消 14 所联中的建制。第五，农村初中实行"一校三教"。全县 20 所乡镇农职校被划归到乡镇中学统一管理，实行"一校三教"，将普通教育、职业教育、成人教育融为一体，促进三教协调发展。

《东丰县中小学布局调整"十一五"规划》相关数据显示：在农村学校布局调整之前，东丰县各级各类学校总数为 296 所。经过"十五"期间布局调整的一系列措施之后，各级各类学校数量减少 65 所，到"十五"末东丰县学校总数为 231 所。

（三）"十一五"期间：撤并减速与重点学校聚力扶持

经过"十五"期间的学校布局调整，东丰县撤并了 65 所学校，有效地整合并节约了大量的教育资源、改善了学校的办学条件。到"十一五"期间，学校布局调整力度逐渐放缓。但考虑到县级财政状况仍无力应对大量农村小规模学校的改建、扩建、新建，也无力满足其对硬件设备和软件设施及教师资源的各种需求，东丰县出台《东丰县中小学布局调整"十一五"规划》（以下简称《规划》）指导全县的学校布局调整工作。根据《规划》的调整目标任务和实施步骤，"十一五"期间，学校布局调整工作主要包括两个阶段。

第一阶段 (2006 ~ 2007 年): 集中办学。凡距离较近、生源不足的学校, 选择一个相对合理的地点, 合并原有学校, 新建或扩建合并后的学校。村级小学以隔年招生和完小变初小, 几个村小集中办一所小学为主要形式, 减少开班数, 增大班额, 节省投资, 减员增效, 提高规模效益和教学质量, 同时调整撤并目前设点不合理的学校, 撤并 6 所中学的教学点。

第二阶段 (2008 ~ 2010 年): 以镇为区域 (也可跨乡镇) 统筹规划, 逐步撤点并校, 实行通勤制和寄宿制相结合。在撤并学校的同时, 东丰县积极筹建寄宿制学校。对于规模较大的学校, 积极争取专项资金和配套资金, 增加校舍面积, 不断改善办学条件, 全力按照寄宿制学校要求做好准备工作。据统计, "十一五" 期间, 5 所小学全部实行寄宿制。同时, 东丰县在撤并部分学校的同时, 强调根据适龄儿童预测, 因地制宜规划、灵活调整。按照适龄儿童预测, 在 "十一五" 期间生源充足的学校, 除个别村小实行隔年招生外, 多数学校暂不调整; 对于部分地形条件不利、村与村相距较远的乡镇, 学校布局暂不调整。另外, 在计划需要撤并的部分学校中, 有部分学校较为偏远, 考虑到低年级学生上学困难问题, 《规划》特别说明 "相对偏僻地点, 适当保留低年级教学点"。

这一时期, 东丰县通过撤并、完小变初小这两种方式对一些学校进行了撤并, 共完成撤并学校 24 所。同时, 通过实行通勤制和寄宿制, 进一步集中办学, 将有限的财力和师资投入一些规模相对较大的学校, 实行重点学校聚力扶持。截至 2011 年, 东丰县辖区内学校总数为 207 所。

(四) "十二五" 期间: 城乡与校际均衡导向的微观调整

经过前两个阶段的学校布局调整, 东丰县学校布局趋于合理, 有效地提高了学校的规模效益。但是, 随着生活水平的提高, 人们对于优质教育资源的需求越来越强, 区域内教育均衡问题日益突出。围绕 "办好让人民满意的优质教育" 这一中心, 东丰县统筹城乡一体化教育, 快速推动县域内教育的均衡发展。2013 年东丰县政府提出 "协调发展中小学教育、城乡教育, 促进教育均衡发展"。[①] 《东丰县 2013 年政府工作报告》再次强调

---

① 东丰县政府办公室: 《东丰县 2012 年政府工作报告》, 2012 年 12 月 24 日。

"坚持教育优先发展，加大资金投入，改善办学条件，统筹教育资源，促进教育均衡发展,"[1] 并且规划了 2014 年的教育工作目标"加强教育基础设施建设，深化教育教学改革，统筹资源配置，巩固提升教育均衡发展水平"，将"均衡"放到了全县教育工作的重要位置，统筹了城乡、各级各类学校之间的差距，为城乡教育均衡而努力。不仅如此，2010 年以来，重点研究教育投入、迁建学校、调整学区、推进教育公平等工作议题的县委常委会议、政府常务会议、党政联席会议和政府主管领导主持的专项涉教会议达 41 次。[2] 县政府先后出台了《东丰县关于推进义务教育均衡发展的实施方案》《关于加强义务教育阶段控制学生辍学工作意见》等 5 个指导性文件，把推进教育均衡发展、促进教育公平纳入政府惠民实事和绩效评估考核中，一系列政策的出台有力地推动了东丰县教育的均衡发展，集中体现在以下三个层面。

首先，在学校层面，积极推进均衡导向的大学区建设。2014 年 4 月，东丰县正式启动"大学区建设"工作，以《东丰县"大学区建设"工作方案》和《东丰县"大学区建设"工作指导意见》为指导，本着"准确定位，专题突破，积极创新，稳步推进"的思想，遵循"资源共享，优势互补，整体提升，共同发展"的原则，以促进教师专业化发展、全面提高教育质量、保障学生公平接受基础教育的权利为宗旨，不断推进学区教师队伍的均衡和可持续发展。截至 2014 年，东丰县将小学分为东南西北 4 个学区，将中学分为中南西北和高中 5 个学区，将幼儿园分为南西北 3 个学区，总计 12 个学区。当前，全县城乡中小学起始年级学生全部实行就近入学，对进城务工人员随迁子女实行无差异入学，对于符合条件转入城区就学的学生先按就近原则，如果邻近学校班额越限，则由教育局统一调剂到周边学校就读。其次，在班级层面，积极推行平行分班和阳光排座。东丰县出台《东丰县中小学平行分班工作实施方案》，从 2010 年秋季学期开始，全县中小学实行一次性分班，对于后转入的学生，规模超过 6 个平行班的较大学校由教育局基础教育科根据学生班额分布情况进行安排，先补

---

① 东丰县政府办公室：《东丰县 2013 年政府工作报告》，2014 年 1 月 23 日。
② 本刊特约通讯员：《高度重视　多措并举　全面推进县域内义务教育均衡发展——来自东丰县教育局的报告》，《吉林教育》2013 年第 15 期，第 10 ~ 11 页。

齐班额较少的班级，在班额均衡的情况下，采取随机抽签的办法确定班级。学生可凭教育局转学、分班手续到学校，由学校安排进入指定班级。其他学校本着"填平补齐"的原则，先补齐班额较少的班级，然后按班序顺次补充，平行班班额差不允许超过2人。同时，2011年秋季在阳光排座试点的基础上印发了《关于阳光排座的指导意见》，指出全县范围内所有学校、所有班级一律实行阳光排座，按照高低排列，各班制定座位图并上报学校备查，对于严重近视、弱视及其他特殊情况，须经学校阳光排座领导小组研究进行调整，班主任无权私自调整，杜绝"人情座"现象。最后，在教师配置上，实行向薄弱学校倾斜的师资配置原则。继续坚持"两不分配"原则（义务教育阶段招聘的教师城里不分配、近郊不分配），将新上岗教师全部分配到偏远、薄弱的农村学校任教；继续实施城镇教师支援农村教育计划，每年选派20名至30名县城优秀教师到偏远、薄弱、缺编的农村学校支教；加强校长和教师的交流，同时实行优质学校教师与相对薄弱学校教师的整体调换。

在推进教育均衡发展的过程中，东丰县也进行了均衡导向的微调。据统计，"十一五"期间，东丰县共撤并小学17所、初中2所、高中1所，同时新增九年一贯制学校2所。截至2014年底，东丰县辖区内学校总数为189所（见表6-4）。

表6-4 东丰县2011~2014年各级各类学校变化情况

单位：所

年份	小学	初中	九年一贯制学校	完中	高中	职高	特教	总计	比上年减少
2011	178	22	1	1	3	1	1	207	—
2012	171	22	1	1	2	1	1	199	8
2013	169	20	3	1	2	1	1	197	2
2014	161	20	3	1	2	1	1	189	8

资料来源：根据《2011-2014学年度教育事业统计报表》计算得出。

四 东丰县学校布局调整的实施过程

在人口稳定型地区，随着交通条件的改进与交通工具的现代化，县域内人口的流动更加方便，生源向城镇聚集，村屯生源减少。作为人口稳定型县域，东丰县的人口微观流动使县城、乡镇学校规模逐渐增加，村屯学校规模逐渐减小，这也决定了东丰县的学校布局调整的基本特征。总体上看，东丰县学校布局调整节奏相对稳定，尽管也经历了前期出于资源集中追求的快速撤并，但主要是基于质量和均衡的微调；同时由于地形、交通等条件的便利，在学校布局调整中东丰县积极利用校车等配套措施，建立起以校车为保障的学校布局调整模式。

（一）东丰县学校布局调整的原则和标准

2001 年《国务院关于基础教育改革与发展的决定》要求"因地制宜调整农村义务教育学校布局。按照小学就近入学、初中相对集中、优化教育资源配置的原则，合理规划和调整学校布局"。在国家学校布局调整政策的指导下，东丰县依据当地实际情况积极推进学校布局调整。同时，在学校布局调整过程中不断总结经验，提出了学校布局调整实施中需要注意的问题和原则等，有效地指导了东丰县的学校布局调整工作。

1. 坚持"学校布局调整非学校撤并"的基本认识

东丰县学校布局调整政策强调，在农村学校布局调整中必须澄清一个认识，即学校布局调整绝不是简单地砍学校、减教师、减投入，而是优化教育资源配置，合理调整布局，最大限度地发挥资源效益。正是基于这一认识，东丰县在学校布局调整过程中并未盲目撤并学校，而是基于实际情况因地制宜进行合理调整。

2. 遵循"三个有利于"原则

东丰县学校布局调整政策强调，农村学校布局调整必须遵循三条原则：第一，有利于提高义务教育阶段的普及；第二，有利于提高办学规模和效益；第三，有利于全面提高教育教学质量。

3. 加强领导，确保经费筹措到位

东丰县学校布局调整政策中强调乡镇党政一把手要参与到农村学校布局调整过程中，成立领导小组，统筹安排，明确领导工作，落实责任。作为教育行政决策的农村学校布局调整，关涉的利益主体数量较多，政府和相关部门领导应当明确任务、落实责任，在提供确切的信息、给予利益主体表达利益诉求的机会等方面做出努力；同时协调相关部门之间的任务和

职责，积极筹措学校布局调整经费，保障经费及时到位。

4. 认真调研，在科学分析和预测的基础上设计学校布局调整方案

东丰县在学校布局调整中始终强调，要认真调研，科学分析和预测，各乡镇学校调整方案要有理有据，经得住历史的验证。通过对县域内学校数量、学校布局以及学校可容纳学生数量的调研，全面掌握县域教育承载力情况；同时科学分析和预测未来几年适龄儿童人口数量，科学预测学校布局调整后学生家校距离和上学情况，合理设计学校布局调整方案，保证学校布局调整工作的科学和顺利开展。

5. 将农村学校布局调整与撤乡并镇工作相结合

在国家撤乡并镇的政策背景下，东丰县强调要把学校布局调整与乡镇、村撤并结合起来，从长远打算，便于理顺管理，提高办学效益。2003年以来辽源市共进行了三次撤乡并镇工作，其中东丰县撤并 9 个乡镇。[①]在撤乡并镇过程中，东丰县应积极利用这一契机适当进行学校布局调整，有效优化学校布局。

6. 把学校布局调整与学校管理体制改革相结合

要把学校布局调整与学校管理体制改革结合起来，做好富余人员的调配和分流工作。《东丰县中小学布局调整"十一五"规划》提出由于东丰县近 5 年没有新进教师，加上自然减员的教师，调整后，教师不会出现超编现象，个别富余教师由县教育局调配到缺编的学校任教。

（二）东丰县学校布局调整的实施程序

农村学校布局调整作为一项教育行政决策，其涉及教育行政部门、学校、教师、学生、家长及村民等不同的利益相关主体。在一定意义上，学校布局调整是教育资源利益再配置的过程，是不同利益主体间相互博弈的过程，在这一过程中，政府始终居于主导地位，尤其是在不少地区学校布局调整是以运动式推进的。对于东丰县的学校布局调整而言，其也是由东丰县政府主导发起，东丰县教育局授权各中心校负责推进实施的。

---

① 《东丰县县城考略》，东丰县政府公众信息网，http://www.dongfeng.gov.cn/Item/3191.aspx，2010 年 12 月 2 日/2015 年 7 月 14 日。

1. 学校撤并之前的组织与筹划

（1）教育局授权中心校

在村小撤并的决策上，中心校相比教育局有着天然的优势：村小在行政上隶属于中心校管辖，其教师的选派、日常管理均由中心校负责，因而对村小教师人员的构成、学生的多少、未来适龄儿童数量的预测、校车路线拓展、学生家庭情况等方面比县级教育主管部门掌握得更加细致、及时，更适合作为与村小学生家庭沟通的主体。因此，在东丰县学校布局调整中，教育局授权并委托中心校主导本区域内的布局调整工作，中心校成为学校布局调整的实际组织者与执行者。在对县教育行政部门领导的访谈中，他就村小在实际撤并中，县级教育主管部门、中心校的角色和位置是怎么样的问题做了如下阐述：

> 教育局基本上就是备案，就是你这个村级小学要撤并，基本上是由村民和学校共同协商，跟学校商量。你不是有家长想要撤并吗？中心校校长和村书记顶多找到乡里去人，统一跟家长开个会，然后你们家长表下态，你要同意撤，那么你给我那个意见汇总来。中心校给我打个报告，或者中心校给我报告一声，这个村小就可以撤掉了。（J－DF－141217－B－L）

教育行政部门领导在被问到"中心校在撤并学校事情上掌握的权力"这一问题时，表示"权力很大的，应该说是很大的。至少在这种情况下，决策权没有放到教育局，教育局只放了个备案权"。由此可知，县教育局在村小撤并这件事情上行使的是监督权，起指导作用，与中心校之间是一种"委托－代理"关系，不直接参与学校撤并过程。

> 比如说剩十个八个孩子太少了，不利于我们孩子管理，也不利于我们教育质量的，我们能坐校车，我们家长认可，你只要同意我这个孩子上中心校，或上某一个邻近村小，由村书记跟村小的校长找中心校的校长统一去协商，他们这个范围的做完了。但在做的过程中，之前一定要和教育局打招呼，跟教育局报告，说我们这个村小，家长有这个意愿，能不能做。那么教育局的指示就是，你平稳地跟家长协

商，家长都完全同意的前提下，没有给我们带来任何负面影响，那么你这个学校就可以批准撤并。（J－DF－141217－B－L）

（2）召开学校布局调整协调会议

通常情况下，东丰县在进行农村学校布局调整之前，县教育局会委托中心校一名或数名负责人代表教育局到被撤并学校与村委会代表、家长代表、村民代表召开家校之间的协调会议。会议的内容主要是告知各利益主体布局调整的原因，并了解家长和村民的想法，向各主体（主要是家长）分析其利弊，将撤并计划告知各利益主体。访谈中，县教育行政部门领导关于协调会议这样说道：

> 它一般要开这样的会，村里边要撤并学校，都是通过村里边来通知家长。村里通知家长可能比学校组织的更快一些。假如说这个学校是教育局张罗要撤，就是从我们的角度，必须撤不可，或者如何如何，可能从教育局的角度、从学校的角度通知家长。但是大多数情况都是村里跟学校共同协商好了。也有可能有的时候，由学校通知。学校发一个通知由孩子带回家，告诉家长来参加这么个会，研究学校去留问题。（J－DF－141217－B－L）

学校布局调整协调会议的参与人员，一般主要包括教育行政部门、乡镇和村干部、学校、家长和村民等。东丰县在学校布局调整初期撤并第一所朝小时，就曾召开相对正式的协调会议，征求家长和村民的撤并意见。

> 我们当时撤朝小的时候，开了一次家长会。全体家长和村民，几乎没有孩子的村民也有去的。当时是教育局、乡镇和村里的领导干部，亲自组织这次家长会现场征求家长意见，而且我都是带着纸去的，现场让家长签字。你同意还是不同意，你什么意见，拿出来汇总之后，我们尊重大多数，甚至是绝大多数的意见。或者有的时候就几个，个别不同意撤的，我们也不考虑撤，也有那种情况，充分尊重家长意见……村民是我要求参加的，因为村小的孩子很少，就是几十

个，甚至更少，这样的话，我们所有家长就都到场了，你家里必须来个人，来表态，参与一下这个意见的决策，学校下一步的留存，你同意还是不同意。（J-DF-141217-B-L）

东丰县学校布局调整后期，随着教育局逐渐授权给中心校，关于学校撤并的协调会议参与主体稍有变化。据当时某一被撤并学校的校长（现为中心校工会主席）的回忆，除了教育局，学校、家长等其他主体均参与其中：

> Q：开会都有哪些人参加了？
> A：我和王校长（中心校校长）、家长。
> Q：村里的支书、队长参加了吗？
> A：参加了。
> Q：教育局的呢？
> A：没有，除了教育局的基本都参加了。（J-DF-141030-T-S1）

当然，也有一些学校并未召开前期协调会议，被撤并学校教师、学生和家长事先并没有参与学校布局调整的决策讨论，而是直接被告知学校撤并信息。

（3）向被撤并学校相关主体传达撤并信息

在召开学校撤并协调会议后，中心校会向相关主体传达撤并信息。首先是被撤并学校的学生和家长，作为学校撤并的直接利益相关主体，他们理应第一时间获取相关信息。向被撤并学校的学生和家长等相关主体传达撤并信息大致通过两种方式。一种方式是由村小校长或负责人召开家长会，通知家长和学生学校被撤并事宜，让家长将孩子送到接收学校就读。访谈中，有被撤并学校学生反映：

> 校长召集家长来开了个家长会，然后告诉通知一下家长，他向家长说过如果不想去的话，也是可以的。然后家长比较后觉得中心校教育质量比较好，就全过来了。（J-HS-141031-S-SJ）

当时校长打电话我妈妈就去了，别的家长也都去了。妈妈回来说校长就说咱们 H 村的学生太少了，反正都得转到中心校，就干脆现在全转过去得了。(J – HS – 141031 – S – CH)

另一种方式是通过学生向家长转达学校被撤并信息。

是学生回家告诉的，老师也把我们召集了，问我们个人去哪个学校，说是 Z（注：乡镇名）有个学校，还有个二小，俺们上二小。(J – DF – 141030 – P – 03)

通知啥家长，让孩子给家里捎个信明天上那上学就完事了。政府行为谁也阻挡不了。(J – DF – 141030 – T – S2)

除了被撤并学校的学生和家长，被撤并学校教师作为学校布局调整的重要主体，其对学校撤并应该拥有一定的发言权。但是在调研中发现，教师基本未参加学校布局调整的决策讨论，而是直接被告知学校被撤并的消息。有被撤并学校教师回忆当时的情形时谈到学校撤并前乡政府给他们开会通知学校撤并的事宜，有的学校还接到了上级的具体文件通知。

学校撤并都是到期末。我们要撤并的时候，事前就是具体文件通知。然后就通知到我们学校啦，我们那时候要放假了嘛，都是学期末，学校也是该处理的就处理了。学生这边家长也都通知了，开学来的时候发通知到街里来。事先都有通知的。(J – DF – 141030 – T – 02)

Q：咱们 Z 中心校要撤并到这里时，您当时怎么知道这个消息的？

A：乡政府给通知了，给老师开会。(J – DF – 141030 – T – S2)

然而，并不是所有的学校撤并都有正式的会议和具体的文件通知。对于一些被撤并学校的教师来说，学校撤并消息一直是"公开"的秘密。

Q：撤并的时候提前通知老师了吗？

A：我们也都有消息，都知道。但是从领导那儿听说的，没有正式通知，说撤并，也没有说什么时间撤并，都没有具体的时间。

（J－DF－141030－T－03）

2. 学校撤并的策略及其配套措施

（1）"去头/截尾"的学校部分撤并

在学校布局调整过程中，考虑到不同年级生源情况、学校撤并后学生上学距离等情况，东丰县积极因地因校制宜采取了"去头/截尾"的策略，将学校部分撤并以此过渡。例如，J小学是一所百年老校，村里面几代人都在这所村校里面读过书，它的存废对其所在村庄影响较大，而且家长、村民均表达了不同意将学校撤并的意见，所以在第一阶段的撤并中保留了一到四年级，把即将升入六年级的五年级学生撤并到中心校；之后由于生源逐渐减少，又撤并并停止了一年级和附属学前班的招生。与之相似的A小学，目前只剩四年级一个班，其余年级均撤并到其他学校。有原J小学的家长谈到当年学前班招生的情况时说道：

> 这学校没（彻底）黄，让校方收学前班的学生他不收，他说孩子不够就不收这个学前，然后他就让俺们上二小（其他的学校）嘛，上那块去问……后来俺们寻思孩子多了，他就收了。后来俺们就搜罗了一些孩子，说孩子多了就收了呗。俺们就挨家挨户地去孩子年龄差不多的家庭动员。大伙儿一说都同意上原来的村小的学前班。大伙儿到学校去反映情况，但是人家也说不收学前班的孩子，不招生了，就让俺们上二小。（J－DF－141030－P－01）

随着五年级并入中心校，学前班和一年级陆续停止招生，学校的生源减少，其他年级的孩子在没有撤并的情况下也陆续自发转学到中心校。对于近几年学校的发展情况，家长们反映道：

> 他们最后就剩六七个学生一个班级。原来一年级到六年级还有，近几年，接着一年级、二年级学生就少了，不收了，剩下的年级就继续上，直到把所有年级的学生都送到镇上。（J－DF－141030－P－01）
> 孩子基本已经走了（去中心校上学），剩十多个孩子。最后只有一个班，剩五个孩子，就都走了。（J－DF－141030－P－J）

对于这些学校来说，保留个别年级，可以满足部分有特定需求的家庭及孩子的需要。但是停止了一年级和学前班的招生，这意味着当年有就学需求的孩子实然地受到了影响，并且有潜在就学需求的家庭也会受其影响。这些做法实际上只是学校撤并的"缓兵之计"或"软着陆"策略。

（2）新建班级或插班的接收策略

学生是学校布局调整中最直接的利益主体，被撤并学校的学生是否被合理而公平地接收和安置直接影响他们的学习、生活等切身利益，也是评价学校布局调整的价值和效果的最直接方面。对于被撤并村小的学生如何接收和安置，东丰县学校布局调整政策没有明确规定。但是在对学生、家长、教师、校长的访谈中我们了解到，接收学校对被撤并学校学生的接收策略大致分为两种。第一种是减少被撤并学校学生对新环境的不适应和对新集体的陌生感，同时为方便班级的管理和教师的课堂教学，在接收学校将被撤并学校的学生重组成一个新班。

> 可能是校长比较担心村小的教学质量没有这里的好，怕我们攀不上（怕我们学习跟不上），我们新转来的学生就单独组成一个班。（J – HS – 141031 – S – SJ）

> 撤并的时候，我们整个的学生，就我们 Z 学校那 300 多个学生都过来啦，跟我们一起过来的。当时记得我们来的时候，六年级的那个班就没给打开，彭老师她那个班没打开，完（了）用原来的班主任教的，其他的班都打散到各班了。（J – DF – 141030 – T – 02）

为撤并到中心校的学生单独设班，一方面，这些学生学习基础相似，有利于教师教学活动的开展；另一方面，减少了被撤并学校学生对于环境变化产生的不适感和陌生感，有利于他们更快地适应新学校。

第二种是将学生打乱分插到接收学校现有的不同班级或与接收学校学生一起重新分班。关于这种分班方式，访谈中当问到被撤并学校学生到新学校是如何分班的，跟随被撤并学校学生到接收学校的教师谈道：

> Q：那您原来那学校不到 100 个学生，到这学校来后他们是怎么

分班的？

A：咱举例以一个年级组为例，我们原来那个学校一个班的学生，三十来个人。这个学校一个年级组一共有 3 个班，一个班就分十个八个，平均分一下就完事了。

Q：也就是说他们原来的班是不变的，我们来的就插进来？

A：对，插进来。（J－DF－141030－T－S2）

这种打乱重新分班的方式在一定程度上有利于接收学校平行班之间的相对均衡，但是影响被撤并学校学生初入接收学校时的适应情况。同时，对于接收学校的教师来说，如何照顾不同学习基础的学生也给他们的教学造成了一定的困扰。关于这两种对被撤并学校学生的接收策略，有教师表达了自己的想法：

Q：学生撤到这儿是分到一个班级还是？

A：都分开了，这个学校原来是 4 个班，现在是 3 个班，然后就平行（平均分）。

Q：合理吗？

A：我感觉比较合理。当时学校也有把他们单独放在一个班的想法，农村的孩子过来了，保持平稳过渡的话，不让他和原来的情况发生太大的变化，就让原来的熟悉的老师去教他们，从整体成绩看，可以。但从学校整体考核的角度来看，是有弊端的，我们学校应该怎么考核啊，成绩是高啊还是低啊，我看他们平均分到不同的班级，他们的地位是等同的。（J－DF－141030－T－L1）

可见，从不同的立场出发选择的接收策略可能是不同的。从学校管理和教学开展的立场出发，学校更倾向于选择插班的接收策略；但从学生发展和适应的立场出发，学校更倾向于选择新建班级的接收策略，最大限度地方便学生适应新环境。

（3）被撤并学校教师安置策略

教师作为重要的资源，其如何有效地安置和利用直接关系学校布局调整中师资的整合和优化，因此，被撤并学校教师的安置问题也是学校布局调整中必须要慎重解决的问题。访谈中了解到，东丰县在学校布局调整过程中对被撤并学校教师主要采用了两种安置方式。一种方式是接收学校同时接收被撤并学校的教师与学生。一位目前在中心校任教的被撤并学校教师谈道：

> 如果学校是全部撤并的话，就跟着学生全部来（中心校）了，因为下面村小全部归它管理。（J – DF – 141030 – T – 01）

另一种方式是区域内统一重新分配被撤并学校教师，将被撤并学校教师安置到不同的学校。一位被撤并学校教师谈到原来同事的去向时说道：

> 跟我一起过来这边的老师也有，也有去别的地方的，（去）哪儿的都有。（J – DF – 141030 – T – 03）

被撤并学校教师被安置到不同学校后，其承担的工作任务会有所不同。在教师比较紧缺的学校，被撤并学校教师与接收学校教师一样承担教学任务；而在教师资源相对充裕的学校，被撤并学校教师往往承担所谓的"副科"或专业教师较少的学科，如体育、音乐等学科的教学任务，甚至有的教师从教学岗位转到行政岗位。一位被撤并学校教师谈到学校布局调整后的师资状况时说：

> A：学校撤并过来后，好处是老师多了，师资力量增加了。不好的是，造成人员的浪费。
>
> Q：有富余的老师吗？
>
> A：对，一些能力不行的老师多出来了，比如58岁的老师过来了。
>
> Q：那对于这些能力不行的老师，是怎么安排的呢？
>
> A：让他们去教小科，班主任不会让他当。他的精力啊，记忆力啊，不允许。
>
> Q：会不会把他们转到行政岗、后勤岗啊？
>
> A：不会，让他们去教无关紧要的科。（J – DF – 141030 – T – S1）

除此之外，由于近年来东丰县学前教育的发展，部分被撤并的小学教师被安置到幼儿园或学前班任教。这在一定程度上既解决了学前教育教师不足的问题，也解决了部分因学校布局调整造成的富余教师的安置问题。

（4）校车的开通及管理

农村学校布局调整后，许多学生的上学距离变远。为方便学生上学，当地政府通过发展校车来解决家校距离较远的学生的上学问题。2010年，东丰县校车系统正式开通运营。在对教育行政部门领导的访谈中，我们了解了东丰县校车的具体运营程序。首先，教育局联合公安局、交通局共同划定交通线路、监管校车，确定校车司机的资质。

> （校车由）公安局的交警队、交通局的运管所共同协调，然后我们通过学校协商，划归一些线路。比如说，哪条线到哪条线设一辆校车比较合理。

> 教育局成立个安全科专门管校车，这个由公安局来把关，教育局没有权利去管这个。就是你的资质，比如说A票你开大客，你必须得这样。但是由于过渡期间呢，东丰县你必须找出A票的大客司机，你马上找不出那么多。公安局就等于变相的降档、升档使用了。比如说A2票，可能你也开A1票的这个车了，甚至是B票也开A票的这个车了。（J-DF-141217-B-L）

其次，向社会公开招募校车承包者。

> 线路设计好之后，公开向社会通报。哪个校车司机或者说个人私企老板，你有积极性，你想在这个线路跑车，线路是不要钱的，你买车为这个线路的学生服务。（J-DF-141217-B-L）

再次，教育局与司机协商，确定合理的校车费用。

> 合理收费，线路这个费用你不能过高，让老百姓能承担得起，能够交得起这个钱，按照这个标准。（J-DF-141217-B-L）

在其他的访谈中，我们了解到校车费用制定的主导者是校车司机。此外，为了调动校车司机的积极性，经过相关部门考核后会给予校车司机一定的补助。

> 年末，通过教育局、公安局的共同考核，你这辆校车运行一年，按照你的座位，我们最后定了个标准，根据我们的财力，一年是补助130元钱，一个座位补130元……然后从经费上，我们还有结余，那么安全起见，冬天东北这个气候呢都是雪地，这个我们就给你各辆校车上（安）雪地胎。上雪地胎，我们要全买，假如这个雪地胎800元一个，可能贵了一点。你个人分担点，我们给你积极性，每一个雪地胎给你补助600元，你自己负担100元到200元。然后，你保证在我们的规定时限之内，给我们安上雪地胎。学校检查合格了之后，我们把钱拨到学校，通过学校拨给你个人。一辆校车大概是6个轮胎，就补助3600元钱。（J‐DF‐141217‐B‐L）

校车的开通在一定程度上解决了学校布局调整后部分学生上学距离过远的问题，但目前东丰县校车的运营还处于探索阶段，对于实际运营中遇到的一些具体问题还需要监管部门进行充分斟酌与解决，如校车的费用和校车安全问题。

五 东丰县学校布局调整的成效与问题分析

在这一系列努力下，东丰县学校布局调整工作推进顺利。通过学校布局调整，学校布局更加合理，资源得到进一步优化，学校办学条件不断改善，课程和课外活动更加丰富和规范，教学组织形式和教学方式更加丰富，师资得到优化利用，教师专业发展得到提升。但是，学校布局调整也衍生了很多问题，诸如学生上学不方便、班级规模扩大不利于教学、家庭经济负担变重、校车运营有待改进、被撤并学校校产处置难题等，这些都成为学校布局调整后亟待解决的问题。

（一）东丰县学校布局调整取得的成效

1. 学校布局更加合理，资源得到进一步优化

经过农村学校布局调整，东丰县积极调整撤并布局不合理的村级小学，优化教育资源，合理调整学校布局，目前全县中小学布局相对合理，资源也得到进一步优化。通过撤并布局不合理的村级小学，将数量庞杂、布局分散的村小集中到中心校或规模较大、交通方便的村小。同时，东丰县在县城内也进行了大规模的学校布局调整，合理调整县城内学校布局。

> 在县城内，我们的布局调整，比如说，现在是两所高中，是面对全县的。初中呢，县城内是两所初中，是南边一所，北边一所，就是南北相对。然后呢，是四所小学。用我们的话说，是南北遥遥相对，四所小学各据一方。四所小学，每两所小学，对着一所初中，对口升学。（J-DF-141217-B-L）

学校布局调整一方面使学校布局合理，有利于教育行政部门对学校的管理；另一方面，通过学校布局调整，教育资源得到优化和集中，产生了规模效益。

> 学校布局调整实质上最大的好处还是有规模效益了。相对来讲，还是更集中办学了，更有利于教育的质量，便于优质的资源配置……有利于资源的集中使用、老师的集中使用，有利于教学质量的提高。（J-DF-141217-B-L）

2. 学校办学条件不断改善

学校布局调整后，通过资源集中，学校的办学条件得到显著改善。首先，学校教室、办公室等条件改善，多功能教室等配备更加齐全。

> 跟原先比来说啊，办学条件比原先强，学生的学习环境、办公室比以前好。像以前烧炉子，教室很破旧，师资一般，不太稳定，过来之后学生教学环境好了，师资也好，也有语音室、微机室。（J-DF-

141030 – T – LY）

对于北方地区的学校而言，冬季的保暖工作是学校运行的重中之重，学校布局调整之后学校保暖措施得到显著改善。对此，被撤并学校教师和学生家长均表示对学校的保暖措施非常满意。

> 以前的房子特别冷。冬天的时候，孩子都得穿羽绒服。连我们都是穿羽绒服，根本脱不了。完了然后从去年夏天开始做的保暖，然后挺暖和，去年冬天不冷，然后这个楼也是从去年冬天开始的，这个楼是新建的，条件逐渐好了。（J – DF – 141030 – T – L2）

> 那环境啊啥的，街里好。不冷了，不用生炉子了，里头有暖气，孩子暖和了；（以前的学校）人越来越少都没有了，剩不几个了，冬天还得生炉子，还得干啥，孩子挺遭罪的。人家中心小学取暖了，孩子也不遭罪了……（J – HS – 141031 – V – 01）

除了学校建筑、环境等得到显著改善外，学校布局调整后农村学校的教育教学设施也相应地改善。学校布局调整前，村小缺乏基本的多媒体等教学设备，教师只能利用黑板加粉笔，采用传统的讲授式教学方式；学校布局调整后，多媒体、电子白板等现代教学设备逐步配备到农村学校，不仅提升了农村学校的教学条件，也进一步引发了教师教学方式的改变。为此，被撤并学校教师谈道：

> 那个时候就靠老师讲，不像现在教学设备这么先进，多媒体教学什么的这么多，那时候就靠粉笔加黑板。（J – DF – 141030 – T – S2）

对于学校布局调整后教学条件的改善以及教师教学方式的变革，被撤并学校学生也有深刻的体会：

> 这个新学校，感觉比那儿（指村小）好啊，像以前老师就在黑板上画画、写字，这儿有电脑，有大屏幕。（J – HS – 141031 – S – SJ）

可见，农村学校布局调整有效地改善了农村学校的办学条件，改善了农村学生的生活、学习环境，加快了农村学校信息化建设。

3. 课程和课外活动更加丰富和规范

农村学校布局调整前，学校分散、规模小，教师紧缺，一些学校只能保证开设基本学科课程，而且教师专业性不强，教师身兼多科，英语、音体美等学科无法开足开齐。学校布局调整后，学校硬件设施的改善和师资力量的提高为实现课程和课外活动的多样性提供了条件，学校提供的课程资源和课外活动更加丰富。首先，由于师资力量尤其是专业教师更加充足，原来在村小不能开足开齐的课程现在能开足开齐，被撤并学校学生有机会学习到许多原来没有的课程。关于课程的开设情况，有家长和学生反映道：

> 在 A 村小吧，一些教学条件根本就没有，就上语文、数学，体育课都上不着，什么音乐、美术就更别提了……到人家（中心校）那儿学得也多啊，什么美术啊，音乐啊，体育啊，什么都能学着，课孩子都能上。(J - HS - 141031 - P - WQ)

> 三年级吧孩子要学英语，原来那学校英语都没开课。孩子撤到街里的时候，英语啥都不会，一点不懂，学习落一大截子。俺们孩子学习还是不错的，原来考第几，在街里倒数第几。(J - DF - 141030 - P - 03)

> 毛笔字、书法课、少年宫专门练武术的那课，现在在我们这学校里有，在以前那学校里就没有。(J - HS - 141031 - S - CH)

除了课程能开足开齐外，师资的集中使教师更加专业化，而且音体美等功能室、器械等配备更加齐全，学校课程的开设也更加专业和规范。

> （村小）体育课不像这边教我们左转弯怎么走，体育课就是先练习一下向左转、向右转，做一遍广播体操就让我们玩去了。这边是老师领我们玩，和我们一起做游戏。我们以前那音乐老师是个老人，唱歌老是不会唱，就让我们自己练，根本不知道一些调，唱不好。这边音乐老师会弹钢琴，也让我们自己试着弹，还教我们吹萨克斯。(J - HS - 141031 - S - CH)

　　我感觉在这里什么都可以学到，书法老师教我们写字，我们原来在 H 村的时候根本没有这样，老师就是让我们写，到这儿来了之后老师教我们写，教我们怎么把它写得漂亮。（J－HS－141031－S－SH）

　　其次，农村学校布局调整后，随着学校规模的扩大，学校的课外活动也更加丰富多样，学生能够根据自己的兴趣参加各种课外实践活动。访谈中，教师、学生和家长普遍认为学校撤并后学校课外活动变得更加丰富。

　　到大学校，肯定比小学校得到的教育资源多。最起码孩子参加城里的活动多，是不？咱们有少年宫啊，学校有小组啊，什么学校的鼓号队、舞蹈队啊，参加县里的运动会啊，孩子在教育资源上、在视野上，肯定比那边要丰富得多。（J－DF－141030－T－02）
　　我其实挺喜欢这个学校的。以前就是特别喜欢画画，然后画完给老师看，老师一眼都不看（抽泣）。但现在到这个学校，每周二都有少年宫活动，老师教我们写字、画画，然后就可以更多地去找老师帮我，画完画老师也会帮我看。（J－HS－141031－S－CH）

　　课程更具丰富性和规范性，一方面，学生能学习到更多的知识和技能，同时给人一种身处其中的"正式感"，增加了学生的归属感和认同感。另一方面，丰富多彩的课外活动给学生带来了不同的积极体验，开阔了学生的视野，学生可以发展自己的兴趣爱好，可以在活动中建立责任感和参与感，有利于学生的人际交往和个体的全面发展。

　　4. 教学组织形式和教学方式更加丰富
　　农村学校布局调整前后班级规模的变化直接影响了教师的教育教学活动。学校布局调整后，班级规模的扩大使课堂教学氛围更加浓厚，教师的教学组织形式更加丰富和多样。一位被撤并学校教师谈到学校布局调整前后课堂教学情况时说道：

　　学生过少吧，只是说你上课，学生发言呢，他就少，比如说班上就十个八个的，甚至五个六个的时候俺们也有过，那这个学生，他的，这个怎么说呢，就不像街里这个学生多，学生之间的互相发言呢能启发，学生学会倾听啊，学会思考啊，在这方面指定稍微差些。（J－DF－141030－T－H）

除了班级教学氛围不同，学校布局调整前后班级的生源状况也发生了变化，这影响了教师的教学方式。

村小的孩子，农村的孩子他肯定见识少，思维啊，智力方面肯定不如这边，这边孩子在城市长大，接触面广，他的思维就是特别灵活。农村的孩子做一些复杂的东西，肯定是适应不了。现在呢，就是教学设施有变化，花样也比较多，内容也比较丰富，有游戏格什么的，比村小花样多。最起码能玩得特别嗨，能玩得起来，做游戏活动也能把它做完整了，要是农村孩子（就不能）。（J－DF－141030－T－03）

对于被撤并学校与布局调整后学校的教师教学表现的不同，学生有更直观的体验。

（教师）上课不一样啊，那边的老师把作业给我们一布置就啥也不管……像这里的老师就是会教一些例题，让我们自己提问啊什么的，我们想学什么老师都会讲，然后会讲一些重点知识，像那个学校（村小）就直接告诉你这个什么公式啊，让你往里套。以前在村小的时候就是老师说什么，我们做什么。（J－HS－141031－S－SJ）
现在的老师教得好，更容易听懂。因为那边（被撤并村小）的课本来就不怎么上，一到期中、期末考试就别的课都不上了，只上数学课，老师会讲很多，每节课讲很多东西，脑子记不住。这里的老师不管期中考试还是期末考试，有些体育课都让我们放松一下，有些时候更喜欢这里。（J－HS－141031－S－CH）

可以发现，学校布局调整后，随着班级规模的扩大，教师认为课堂教学更有氛围，学生间可以互相讨论启发；学校布局调整后中心校的学生视野更开阔，教师可以尝试更加丰富的教学方式，课堂更加活跃。同样，对于学生而言，学校布局调整后，合并校的教师有更好的教学水平和教学态度，采用更加丰富的教学方式，其教学过程和方法更受到学生的喜欢和认可。

5. 师资队伍得到优化，有利于教师的专业发展

农村学校布局调整后，教师资源得到优化配置；同时，对于一些居住在乡镇或县城而在村小工作的教师而言，学校撤并使他们上班距离缩短，减轻了教师上下班的时间、交通成本和负担。一位被撤并村小的教师回忆在村小上班时的情形谈道：

> 以前工作的村小离家得有二三十里地。骑车上班，四十分钟。后来坐公交车，二十多分钟。现在我家就在街里，十来分钟，走走就到了。以前在农村骑自行车也挺辛苦。在街里住，到村小上班。当时俺们也挺苦，在S村小学那年，那是Z镇最偏远的地区，俺们坐那车都是大方箱子，连玻璃都没有。那开得老快，冬天的时候车都翻了……回来街里上班起码解决俺们的上班问题。刚开始你分到远的地方，那你找对象都愁人。一个是说你是农村老师，一个是交通不便，给自己造成很大困扰，你一出来造的浑身裤脚都是泥。那村小，交通不太便利。(J - DF - 141030 - T - H)

同时，学校布局调整后教师的集中为教师创造了相互学习、相互交流、相互竞争的环境和氛围。原来在被撤并村小，由于教师数量少，教师之间一般很少进行集体教研和学习，而且教师往往身兼多科教学，无法发挥自己的专长。而学校布局调整后，学校会根据教师的学科和专业进行调配，教师之间会组织集体备课和教研，教师间有了更多的合作机会；同时学校规模扩大后，平行班的存在也形成了教师之间的竞争氛围，极大地调动了教师的工作积极性。

> 村小比较闭塞，（老师）接触的也少，上来跟同事学习，机会也不像并到大学校之后那么多，而且活动也相对少一些。（在大学校）那肯定是有提高了，不管是业务啊，思想上啊，还是认识上肯定都有提升啦。(J - DF - 141030 - T - 03)

此外，学校布局调整后，学校规模的扩大使教师有了更多的外出学习和培训的机会。一位被撤并学校的教师回忆学校布局调整前后的变化时谈道：

> 原来在村小的时候，一些活动肯定是少，而且见识的也少，因为去外面学习的机会少啊。不像在这里，出去培训啊，上哪里去学习啊，或者上哪里去听课啊，这样的机会特别多。(J‐DF‐141030‐T‐03)

因此，农村学校布局调整在一定程度上减轻了教师远距离上班的困扰和负担，使他们能把更多的时间和精力用于教育教学和自我提升。同时教师的集中形成了更加浓厚的合作和竞争氛围，一方面合作使教师间互相学习、提升，另一方面竞争氛围也给予教师提升和发展自己的积极性。此外，对于被撤并学校教师而言，学校布局调整后学校规模的扩大使他们有更多外出学习和培训的机会，有利于他们专业发展水平的提升。

(二) 东丰县学校布局调整衍生的问题

1. 孩子上学不方便，中午吃饭面临问题

农村学校布局调整的直接影响就是部分学生上学距离变远。一方面，上学距离变远使学生上学不方便。为了解决孩子上学问题，许多家长需要亲自接送孩子，一些孩子需要乘坐校车或自雇车，上学相较于学校布局调整前变得非常不方便。访谈中许多家长反映接送孩子给他们带来了很多困扰，对于孩子尤其是年纪比较小的孩子来说，上学距离变长意味着孩子每天都要早起，影响了孩子的睡眠。对此，学校的老师也反映了这样的问题：

> 因为从孩子的角度说，太小了。有的小孩不大点的就挤那面包车，挺危险的。完了家长也不放心，每天回来见不着孩子心里始终挺担心的。学校教育是公益投入。你离街里那村屯都好几十里地，那老远出来上街里念书，你想那小孩儿，从学前班开始，是不是挺困难的。(J‐DF‐141030‐T‐H)

路程变远了，对孩子的休息时间肯定会有影响啊，距离变远了，孩子得起早，他要坐车啊，现在一部分学生要坐校车，到点就得走啊。这样，孩子就不能像以前一样，想多睡一分钟都不可能，所以他必须要早起。(J－DF－141030－T－L1)

另一方面，除了上学不方便外，农村学校布局调整后学生面临的另一个问题是中午吃饭问题。以前在村小时，由于学校离家较近，多数孩子选择中午回家吃饭。学校布局调整后，家校距离变远，孩子们不得不选择在学校吃饭。对于一些配备食堂的学校来说，学生的吃饭问题基本能保证。但是调研中发现很多学校目前并未配备食堂，学生只能在学校附近的小卖店买零食等。访谈中发现，孩子的中午吃饭问题成为家长普遍担心的问题。

这中午吃饭，花钱还吃不饱，早上早早起床，吃不饱，中午饭不合口也吃不饱，这孩子（一天）只能饱一顿饭。(J－DF－141030－P－01)

现在最担心的问题就是中午吃饭不太好、不太理想，别的都挺好。(J－HS－141031－P－WQ)

吃饭吧，家长总是惦记着，一天三顿饭，孩子两顿吃不饱，完了还瘦，完了学校附近还卖一些破烂儿（指垃圾食品）的，她们学校老多小卖店就卖这些破烂玩意儿，各个学校都坑这帮小学生，挣钱嘛，就卖这些破烂儿，5毛钱的，几毛钱的，那辣的什么的，就这么大一小碗，5毛钱，连水带面的稀里呼噜的，辣的孩子够老呛了，反正花5毛钱，也就买一碗，也就那么的了。晌午，她也不上小饭桌①吃去，就这么吃，所以孩子可瘦可瘦了。(J－DF－141030－P－01)

可见，农村学校布局调整后直接导致部分学生上学不方便，中午吃饭面临困难。如何在学校布局调整后妥善地解决和保障孩子的上学和中午吃饭问题是目前必须重视和亟待解决的问题。

2. 校车运营存在问题，"黑车"安全隐患突出

农村学校布局调整后，东丰县试图通过发展校车来解决学生上学过远

---

① 学校附近的课后托管场所，有的仅提供餐饮服务，有的还提供自习场所或看管自习服务。

的问题。站在服务学生的角度上，目前东丰县校车运营存在两个问题。首先是学生乘坐校车的时间安排与等待问题。由于学生居住分散，因此即便学生家校距离不远，也存在学生上下学等车时间较长的现象。校车接送学生时，需要到不同的接送点，接到所有的孩子之后再前往学校；放学送孩子回家时，由于车辆不能一次性将所有的孩子都送回家，所以一部分学生放学后需要在学校等待，坐第二批校车回家。由此，延长了学生回家的时间。一位受访家长表示：

> 正常 3 点 25 分放学，等到 5 点多，车才能去取（接）。因为这个车不只是拉咱自己，还有初中、小学、幼儿园，一天最起码得跑好几趟。这个车吧，一早上最先拉我们孩子，放学的时候顺便把人家孩子卸下来，最后卸咱家孩子，所以咱这个时间就长。（J - DF - 141030 - P - 01）

学生在学校门口等待时间过长，不仅耽误了学生的时间，更重要的是由于缺乏教师的看管，学生还会面临安全问题。对此，有教师反映：

> 以前孩子上学起码不远。像原来那地方孩子上学，最远的也就三里地左右。学校撤并后，你现在就达到四里地，甚至还要多，原来那伙学生是这样……有校车时间方面没太大影响，但是校车并不是什么好东西。比如说以现在这学校为例，一台车这条线跑一趟不能把所有的学生都接来，你第一拨取（接）走的学生送到学校，学校老师还没上班，就得扔到校门外，然后你回去取（接）第二拨，这拨（第一拨）学生你扔在校门外，老师没上班万一出事谁管啊，这是个弊病，如果出了事怎么办。（J - DF - 141030 - T - S2）

一些家长担心孩子的安全问题，选择学校附近的小饭桌，这给家长也带来了不小的负担。

> 不上小饭桌，人家学校放学期间不让进教室，咱（指孩子）上哪儿待啊，是不，咱必须给孩子找个遮风避雨的地方啊，下雨天，不能

让孩子在外面等着啊。(J-DF-141030-P-01)

虽然校车的运行为学生提供了便利,但受学生家庭分布、交通条件和校车数量等多方面限制,校车的服务并不能完全满足家长的预期。由于校车的数量相对有限,农村学生分散居住在各个村落中,有些地方马路太窄校车无法通过,因而无法将学生一一送到家门口,许多家长要将孩子送到固定的校车等候处,在一定程度上并未有效解决家长接送孩子上学的负担问题。

其次,校车运营还存在安全隐患等问题。校车的安全运营一直是教育行政部门、学校和家长普遍担心的问题。同时,司机的资格和安全意识也直接影响校车的安全问题。在访谈中,家长普遍关心校车的安全问题。学校教师也表达了对校车运营的看法:

> 原先村里的孩子都是在家附近上学,(现在)最远的学校到这儿坐车都是半个小时,路途遥远,夏天吧,有河,最远的学校现在就是得路过三条河,汛期有危险。坐校车也有危险,这水一下来,孩子到家就很晚,这就有安全隐患,不并校的时候,学校离家很近,不用走危险的路,虽然现在校车加强安全,但是也存在隐患,早上孩子上学,车多,孩子也着急,司机开得也快。(J-DF-141030-T-D)

除此之外,由于乘坐校车需要收取费用,对于经济不太宽裕的家庭来说会选择相对便宜的"黑车"("黑车"主要是指未经交通部门和教育部门认定的用来接送学生上学的营利性车辆);同时,一些校车服务不到的村落,家长也不得不选择"黑车",这就为"黑车"的存在提供了土壤。但是许多"黑车"存在驾驶员资质不足、时间意识不强、酒后驾车和超载等安全隐患,成为家长担心又无奈的选择:

> 俺这雇的车是便宜的,一个月是130元,要是坐校车比咱这贵点,但是校车不进咱这个村,道不好走,没办法,就得雇这个私人车。私人车不安全,不超员他不能挣钱。是小面包车,这孩子一个挤一个的,俺这一趟是挤20多个人……而且俺们雇的车,司机还可能酒驾呢,咱

这个老人的心情，说什么想让孩子上什么大学的，有什么成就吧，就没寻思那么远的，就紧着眼前这安安全全的，就不错了，再说这校车不来啊，人家就是喝酒，这个司机特贪酒，那你也得雇啊。（J－DF－141030－P－01）

学校离家得有十几里地，坐车大概20分钟。坐面包车上学，这个面包车不是校车，因为校车不能把孩子送到家门口，只是送到路口。孩子从路口走到家还需要一段距离，走着一个太累、一个不安全。车来得晚，孩子早早在路口等，冬天冷，孩子冻得不行。（J－HS－141031－P－J）

3. 班级规模的扩大不利于教学

农村学校布局调整后，班级规模的扩大在一定程度上有利于活跃课堂氛围、提高教学方式的多样性。但是班级规模扩大同样带来了一些新的问题，如班级学生数量增多，教师对学生个体的关注度减少。对此，有教师说道：

街里那班额都四五十人，老师哪有时间去那么调教你。再说，正常班额该是二十到三十来人，这是正常的，现在五十来人，都堵到黑板前面了。其实那学生有很多你都提问不了，另外，那学生太多了，班主任工作量太大，批一次作业、作文，工作量老大了。现在班额太大了挺不利的，一上课那学生太多了，管理啊，批作业啊（都不利），最好就是二三十人；学生太少了，不利于启发式教学。有的小孩不愿意吱声，不利于互相之间的（启发），他回答问题的，能够启发他的思维。（J－DF－141030－T－H）

这老师都是集中在这儿，工作量不是很多，但是乡下的老师不一定就教得不好，乡下的老师都是很认真，教得都非常好，都是尽心尽力，而且学生数量少，他们教的质量也高。现在学生数量多，即使认真的老师也顾不过来，人数、班额多。（J－DF－141030－T－D）

学校布局调整后带来的另一个问题是班级学生数量变多而且学生个体间的差异变大，尤其是被撤并学校学生与接收学校学生学习基础、知识水平都有一定的差异，给教师的教学活动开展带来挑战，由于班级学生数量多教师不能照顾到每一位学生，这在一定程度上不利于学生的发展。

> 我们农村孩子和镇里的孩子的所见、知识面、视野、家庭环境都有很大的差距，到这儿之后呢，他就跟不上，见识的面窄，在家里都是忙一些家务，农村的家长跟镇里的家长的修养不一样，这就给孩子之间造成差距，孩子到这学习就很费力，赶不上；如果家里的辅导跟不上，孩子就会落伍；如果在村里的小学，学校孩子人数少，老师就能顾得上每个学生，根据孩子们的水平，这个班都是一个水平。现在，班里的人数多，但基础都不一样，不能都管他。(J - DF - 141030 - T - D)

可见，学校布局调整后班级规模的增加，使接收学校教师工作负担加重，教师对学生个体的关注度和个体辅导时间减少。同时，班级学生数量多，教师不能有效地照顾学生之间的个体差异，在一定程度上不利于学生的发展和教学质量的提高。

4. 部分家庭的经济负担加重

学校布局调整后，上学距离变远，给学生上学带来不便的同时，也给家庭带来了经济负担。学校撤并前，学校离家近，孩子们自己步行上学、中午回家吃饭；现在上学距离变远后，家庭不得不额外承担孩子上学的交通成本和中午在学校吃饭的费用。在访谈中，一些教师也表达了他们对此问题的看法：

> 虽然现在农村的经济水平提高了，但是有的家庭还不是那么好，他们要坐车，还要吃饭，这个费用比在农村上学高很多很多，有的学生甚至读不到初中就会辍学，如果学校能近一点，有些孩子就能早点上学……但对有些家庭条件不好的，负担就很大，像现在 D 村有一家，他们家三个孩子，大的在上大学，还有两个小孩子，(负担)这就很重很重了，成天这么跑，一年就是以种地为生，加上打工，维持孩子(上学)，非常非常困难。(J - DF - 141030 - T - D)

> 比如他上街里念书，中午得到小饭桌吃饭吧，完了家长接送，加

上车费就不少钱。(J – DF – 141030 – T – H)

　　有不少家庭挺困难的。有的孩子离家十五六里地，中午不能回家吃饭，坐校车花一笔钱，中午去小饭桌吃饭也得花一笔钱。(J – DF – 141030 – T – S2)

尽管访谈中，许多家长反映目前家庭经济能力能承受孩子上学的费用，但普遍表示学校布局调整后孩子上学的成本变高了，主要是交通和吃饭等费用，当然也包括孩子到中心校后零花钱比以前多了。

5. 产权复杂的被撤并学校校产处置难题

　　学校被撤并后，其校产如何处置也成为学校布局调整后面临的问题。东丰县许多被撤并的村小主要是"普九"时期村里集资兴建的，这种情况下学校校产应归村委会所有，学校所占土地也为集体土地，归村委会所有。但是在学校的运转、校舍维修中，教育局投入了许多必备物品和资金，因此如何处置被撤并学校校产成为教育局、中心校、村委会和村民等需要协商的复杂难题。在访谈中，教育行政部门领导说明了目前东丰县被撤并学校的校产处理方式。

　　　　村小撤并了，这个房子，中心校跟村民一签协议，马上归人家了。个别说这两年教育局维修了，我加了点钱，那我就告诉中心校校长，那么的，你跟这个村书记商谈一下，他愿意给你多少给多少，能多争取都是你的，我教育局肯定一分不要，争取来之后这个钱给你。跟他商量一下，说我教育局在这个上有点投入，有类似的我们这样处理的，但基本上主权都归人家。土地权本身就是集体土地，集体土地无条件归还给村民。你学校就是交给我了，拿到我手上也没有用，集体土地我没有权卖。比如说我农村中心校，哪怕学校校舍是我投入的，我都没有权利卖这个校舍。因为我卖出的时候涉及这块土地，这块土地我变不了土地所有权，我就没有资格去卖，还是属于村民委员会所有，村民集体所有。(J – DF – 141217 – B – L)

这种处理方式解决了教育部门和村委会之间的产权问题，但是在实际的校产处理过程中，村委会和村民之间却面临复杂的矛盾。有被访者反映：

> 现在村里把学校租出去了一半，6 个教室。但是村里的村委会想把学校卖了，连地带房子一起卖出去 200 万元，村民不愿意。卖出去，村民得不到钱，钱都是那些当官的拿。现在最大的矛盾就是村民和当官的矛盾。（J – DF – 141030 – V – T）

> 之前说要卖，没卖出去，就是特别复杂，现在归大队管，就是因为这个学校是农民集资盖的，你卖了，没法分配钱，挺复杂，之前要 200 万元，有人来合计，可能是差这个农民合资，要是公家自己贪了，农民也不让。（J – DF – 141030 – P – 01）

可见，学校布局调整作为一项教育方面的行政决策，其带来的校产处置问题却引发了村委会和村民之间的矛盾。如何有效地协调学校被撤并后学校的校产归属和多方利益仍是各利益主体必须面对的问题。

六　东丰县学校布局调整程序的评价

（一）学校布局调整的政策定位

为更好地指导学校布局调整工作，东丰县先后制定并出台了《东丰县教育事业第十一个五年计划》和《东丰县中小学布局调整"十一五"规划》等专项文件，同时在《东丰县政府工作报告》等文件中也涉及学校布局调整工作指导意见。在此，我们对东丰学校布局调整政策进行讨论。

1. 政策内容符合发展需要和实际需求

从东丰县学校布局调整的政策文本来看，学校布局调整的目标定位准确。20 世纪末，由于计划生育政策的深入推进，人口出生率较低；同时随着社会经济的发展，东丰县当地经济的相对落后使其难以满足本地人对高品质生活的追求，有一部分人选择外出打工，带走了一批适龄就学儿童，学龄人口不断减少。出于节约教育资源的考虑，东丰县以国家的政策为指导，制定了与学校布局调整相关的政策。这一时期的政策目标指向节约教育资源，符合当时的社会历史条件，也符合当时东丰县经济发展的状况。

之后，随着人们对于优质教育资源的需求日益增强以及学生和教师的相对集中，东丰县迫切需要对学校建筑进行改建、扩建、新建，优化学校硬件设施。这一时期目标定位于改善办学条件，满足县域内学校、学生和家长对高质量教学条件的需求。同时，近年来东丰县学校布局调整政策更多地转向均衡，通过大学区、阳光排座、教师交流等一系列措施着力推进城乡间、校际均衡发展。此外，考虑到学校布局调整之后学生上学路途变远等问题，东丰县积极推进寄宿制学校建设和校车制度，这些政策内容符合学校发展的定位，满足了家长和学生多样化的就学需要。

2. 政策相关内容明确具体

东丰县关于学校布局调整的专项政策不多，但仅有的几项中小学校的布局调整政策内容制定目标明确，县政府部门按照国家的五年发展计划制定相关规划，并且以此回顾了"十五"期间布局调整的政策内容和工作成效。县级部门的政策规划了学校布局调整所要完成的总体任务、目标和实施的弹性标准，详细划分了每个阶段的工作重点和难点，预测了本地区的适龄学生人数变化给学校布局调整带来的可能性影响，针对不同学校制定了具体措施，而且对可能出现的一些问题也制定出切实可行的解决方案。

以《东丰县中小学布局调整"十一五"规划》为例，东丰县积极以国家和辽源市五年发展规划为依据，在回顾"十五"期间布局调整的政策内容和工作成效的基础上，全面分析目前的基本情况及存在的主要问题，明确提出了下一步调整的目标任务、实施步骤以及学校布局调整的具体办法。学校布局调整办法明确具体，具体到不同的学校采取不同的调整办法，具有较强的可操作性。另外，提出了明确的原则和需要注意的问题，加强组织领导，为政策切实落实提供了保障。

（二）学校布局调整的政策制定

与学校布局调整政策内容和定位一样，政策制定的程序直接影响政策的实施效果。不适当的政策在很大程度上是由不正当、不合理的政策制定程序造成的。只有以正当、合法的程序制定农村学校布局调整政策，才能有效地推进实施农村学校布局调整，最大限度地维护多元利益主体的利益，从而促进教育的发展。

1. 学校布局调整政策制定的滞后性

理论上讲，学校布局调整政策的制定应该先于或同步于学校布局调整行动，并在实践中不断改进完善，这样才能更好地指导学校布局调整实践。从东丰县学校布局调整的历程看，东丰县实际布局调整时间是1998年。"十五"期间，国家出台了学校布局调整政策，但县级层面未制定具体的实施意见。因此，东丰县早期的学校布局调整仅具有行动上的直观合理性，并未有布局调整政策的指导，缺乏顶层政策指导的系统性，东丰县学校布局政策制定呈现滞后性。

尽管在具体的学校布局调整过程中，东丰县教育部门一直强调因地制宜、因校制宜地进行学校布局调整，但由于缺乏具体的政策和实施意见，东丰县学校布局调整工作在很大程度上缺乏政策依据。而且，在国家2012年叫停学校撤并、2013年出台政策明确规定停止学校撤并之后，东丰县仍在根据教育实际情况进行微调。尽管这种微调可能符合教育发展实际、有利于教育发展，但教育行政部门应该及时合理制定相关政策和指导意见，使学校布局调整工作有据可依，避免缺乏先导性政策设计的学校布局调整出现盲目化、碎片化倾向。

2. 政策制定中相关利益主体的程序性缺失

东丰县农村学校布局调整政策（《东丰县中小学布局调整"十一五"规划》）是由县政府领导下的包括县委宣传部、县办公室、县财政局、县人事局、县教育局在内的各部门联合签署印发的，其成员包括县教育局计财科、基教科、人保科，是全体县级政府机构及县教育行政各部门参与制定的。可以说，政策的制定充分考虑到了县级各部门之间的协调作用，在一定程度上具有较强的权威性，也为学校布局调整政策的执行提供了保障。

但是，学校布局调整是涉及教育行政部门、学校、教师、学生、家长及社区等多元利益主体的决策，农村学校布局调整的相关利益主体都应该参与到政策制定过程中。然而就东丰县学校布局调整政策制定过程看，部分相关利益主体是缺席的。相关政策在制定过程中既没有让相关利益主体知晓政策决策的过程，也没有邀请相关利益主体召开座谈会听询并征求这些利益主体的意见、参与政策制定讨论。对于学校撤并，许多被撤并学校校长、教师、家长、社区等并不了解政策制定主体、程序等。政策制定中相关利益主体的程序性缺失使学校布局调整政策在一定程度上缺乏公信力，不能体现政策制定过程的公开、公正，也可能导致布局调整政策在具体实施过程中，这些主体因为未能表达自己意愿而受到实际的利益损害，进而产生不必要的矛盾。

（三）学校布局调整的政策执行

当教育行政部门完成政策的制定后，县级教育部门或中心校依据此政策进行实际的农村学校布局调整。在此过程中，由于受政策设计和执行机构的影响，政策在执行过程中容易偏离其既定的目标，出现政策执行偏差甚至由此引发更多更严重的问题，从而直接损害各相关利益主体的利益，影响政策的实施效果。政策执行者能否有效、忠实地执行政策，对能否实现政策的目标尤为重要。

1. 学校撤并执行主体的行政层级重心偏低

东丰县学校布局调整过程中，学校撤并的实际执行主体是中心校。教育局认为如果直接参与学校撤并，被撤并学校的学生家长会向教育局提出诸多不合理的要求或者借机闹事，因而会增加教育局的负担，产生教育局与家长、社区、村民之间的矛盾。为避免不必要的矛盾，教育局选择赋权中心校，让中心校全权执行学校撤并，使学校撤并执行主体的行政层级重心偏低。

不可否认，中心校在学校撤并的具体执行上有其自身的优势，但其可能存在为达成教育行政部门所设定的目标而在处理方式上欠妥当的问题。由于赋权者（教育局）和被赋权者（中心校）之间的一种张力，只要在教育局的控制或可承受范围之内，中心校的许多行为也为教育局所默认。中心校在学校撤并问题上拥有较大的权力，其遵从教育行政部门所设定的目标，但在一些可撤可不撤、可今年撤或明年撤的案例上有一定的选择权限，甚至其可能通过一些手段事实性地促成学校撤并。调研中发现，中心校为了优化资源配置、节约成本，可以通过一些手段缓慢地将原本可以继续存在的村小变相撤并。例如在师资配置上，将一些年龄偏大、学历不达标、教学质量不太好的教师安排到那些人数较少的学校；在没有与社区、家长沟通的情况下，将一些村小的六年级转移到中心校或者仅保留村小中的部分年级，造成村小实际上的不完整，通过这样间接的方式变相推动学校撤并。

2. 政策执行过程中监督缺失

在政策的执行过程中，有效的监督是根据现实需求完善政策、避免政策执行偏差的重要手段。然而在东丰县学校布局调整的过程中，缺乏利益无涉的第三方机构或部门对政府政策制定和执行过程进行监督。不仅如此，在具体的学校撤并问题上，教育局赋权中心校后应该承担监督者的角色。但实际上教育局更多的是一个"局外人"的角色，在学校撤并问题上是"不在场"、缺位的。这样的结果是，教育局坐听中心校汇报行动结果，不能深入实地洞悉农村学校撤并存在哪些问题、哪些矛盾，没有结合实际情况深入分析中心校的撤并策略是否得当，是否最大限度地照顾了各相关利益主体的利益。而且，监督缺失使学校布局调整中一些矛盾难以协调而出现搁置，不利于问题的解决。

总之，学校布局调整作为一项教育行政决策涉及多元利益主体的利益，不仅需要在各相关利益主体的参与下公开、公正地制定政策，而且需要在地方政府及相关部门的支持和保障下有效地执行政策。只有这样，才能最大限度地维护多元利益相关主体的利益，保证政策实施效果，从而更好地实现学校布局调整的价值追求。

第七章　人口流出主导型县域学校布局调整研究：甘肃庄浪

2008 年 9 月甘肃省召开基础教育工作会议，提出"四个集中"的要求来指导全省新一轮的学校布局调整，即"新建中学原则上向县城集中，新建高中必须设在县城，初中建在城区或中心镇，新建小学原则上布点在乡镇"，按照这个要求，庄浪县新一轮的撤点并校拉开序幕。那么作为西部人口输出的典型县域，庄浪县学校布局调整的政策制定程序是怎样的？具体实施办法有哪些？实施效果如何？学校布局调整对相关利益主体产生了什么影响？这些问题值得我们思考和研究。为了能够深入、全面地认识庄浪县中小学布局调整的情况，弄清和回答以上问题，课题组于 2014 年 11 月赴甘肃省庄浪县进行农村学校布局调整调查。根据课题研究的需要，选取了甘肃省庄浪县几所经历学校布局调整的学校进行实地调查。调查对象主要针对学生、教师、校长、家长、村民五个利益相关主体，进行半结构式访谈。访谈样本共 21 个，其中学生 9 个、老师 6 个、校长 2 个、家长 4 个。除了以上访谈资料外，课题组还搜集了省市县关于学校布局调整的政策文件与材料。

本章第一部分对庄浪县地理及行政区划、经济以及教育发展状况进行简单介绍，第二部分对庄浪县农村学校布局调整进行历史梳理和动因分析，第三部分对庄浪县学校布局调整过程进行梳理与分析，第四部分主要涉及庄浪县农村学校布局调整效果与问题，第五部分主要对庄浪县学校布局的政策内容、政策制定的程序以及政策执行进行评价与讨论。

一　庄浪县概况

（一）地理及行政区划

1. 庄浪县的地理概貌

庄浪县位于甘肃中部，隶属于甘肃平凉地区，东邻华亭县，西依静宁县，北与宁夏隆德县、泾源县毗邻，南和张川县、秦安县接壤。东西长56.37公里，南北宽46.60公里，全县总面积1553.14平方公里。[①]

2. 庄浪县行政区划的历史变迁

庄浪县历史悠久，地处黄河的渭水流域，很早以前就有人类生息、繁衍。在不同的历史时期，庄浪县的行政区划有所不同。庄浪县的行政区划在明朝之前较不明确，在明朝之后，其行政区划逐渐成熟。1369年，庄浪由陕西布政使司辖，隶属凤翔府，仍称庄浪州。1375年，降州为县，改隶静宁州，属巩昌府。清代统一全国后，庄浪于1648年归清时隶属于陕西行省；1667年从中分属甘肃省，庄浪又属甘肃省行省。1778年将庄浪归并隆德县。庄浪县归并隆德县后，在庄浪县治地设庄浪乡，由隆德县丞驻庄浪乡（今庄浪南湖镇）。1913年复置庄浪县，由泾原道管辖。1949年8月4日，庄浪成立了庄浪县人民政府，属平凉专区，1950年5月25日由平凉专区归天水专区。1956年1月又由天水专区划归平凉专区。1958年12月20日撤销庄浪县并入静宁县，1961年12月又恢复庄浪县至今，20世纪末庄浪县有3个镇20个乡，分别是水洛镇、南湖镇、朱店镇、岳堡乡、赵墩乡、杨河乡、柳梁乡、白堡乡、卧龙乡、阳川乡、大庄乡、刘庙乡、万泉乡、盘安乡、南坪乡、韩店乡、郑荷乡、永宁乡、通化乡、通边乡、良邑乡、水洛乡、颉崖乡。21世纪初当地开始了撤乡并镇，现庄浪县行政管辖5个镇13个乡。这18个乡镇分别是岳堡乡、杨河乡、赵墩乡、柳梁乡、卧龙乡、大庄乡、阳川乡、良邑乡、通化乡、永宁乡、郑河乡、南环乡、盘安乡、水洛镇、南湖镇、朱店镇、万泉镇、韩店镇，其中县政府所在地是

[①]　《庄浪地理概况》，庄浪县政府网，http://www.gszhuanglang.gov.cn/，2014年8月2日。

水洛镇，全县有 293 个村、1521 个社、1 个街道办事处、3 个社区居委会。①

（二）人口变化、经济发展与教育发展状况

1. 人口变化状况

首先，就全县总人口数量变化情况而言，2006～2013 年全县人口总量保持低速增长，年均增长率为 0.40%。截至 2013 年庄浪全县户籍人口总数为 449570 人，其中常住人口约为 38.26 万人，人口密度为 289.45 人/每平方公里。其次，从城区人口数量变化情况来看，2006～2013 年城区人口数量出现了先减少后增加的变化趋势。2007 年城区人口数量较 2006 年减少 207 人，其年均人口数量增长率为 -0.88%。2008～2013 年城区人口数量一直处于增长状态，人口数量增长幅度较大的一年出现在 2010 年，其人口数量较 2009 年增加 9390 人。此后庄浪县城区的人口数量呈缓慢增长的趋势。再次，就乡村人口数量变化情况而言，2006～2013 年庄浪县人口的数量大致呈现先增加后减少再缓慢增加的变化趋势。具体来看，2006～2009 年庄浪县乡村人口数量保持每年 0.57% 的增长速度。2010 年庄浪县乡村人口数量较 2009 年下降，其减少人口数量为 8446 人，减少人口比例为 -2.0%。2011～2013 年庄浪县乡村人口的数量缓慢增加，年均增长率为 0.28%（见表 7-1）。

表 7-1　2006～2013 年庄浪县人口变化趋势

	2006 年	2007 年	2008 年	2009 年	2010 年	2011 年	2012 年	2013 年
总人口（人）	435449	437960	440901	443822	444766	446352	447564	449570
年增长率（%）	—	0.57	0.67	0.66	0.21	0.35	0.27	0.45
乡村人口（人）	411729	414447	416555	418955	410509	411882	413059	413958
乡村人口增长率（%）	—	0.65	0.50	0.57	-2.0	0.33	0.28	0.22
城区人口（人）	23720	23513	24346	24867	34257	34470	34505	35612
城区人口年增长率（%）	—	-0.88	3.4	2.0	27.4	0.61	0.10	0.31

资料来源：根据庄浪县《2006-2013 年庄浪统计公告》中公布的信息整理制作。

---

① 《历史沿革》，庄浪县政府网，http://www.gszhuanglang.gov.cn/，2014 年 8 月 2 日。

2. 庄浪县经济发展状况

庄浪县的经济发展状况包括庄浪县的产业发展以及人均收入增长两个方面。首先，就庄浪县产业发展来看，庄浪县是甘肃中部的农业县，截至2013年，乡村人口为413958人，但是耕地却只有91.66万亩，农业人均占有耕地2.21亩，人多地少。同时庄浪县又处于一个干旱多灾的地区，是全省18个干旱贫困县之一，干旱缺水给当地的农业生产带来了很多不确定性，粮食单亩产出不高。多年来，庄浪县一直是国家43个扶贫开发重点县之一。近年来当地政府积极宣传和倡导种植苹果、梨等经济作物，并且积极招收商人进行收购、发展水果加工产业。同时，庄浪县年产2万吨亚麻原茎和30万吨商品洋芋。在发展种植业的同时，也积极发展畜牧业，以养殖小尾寒羊为主的畜牧业在当地生产日益发展壮大，成为当地经济发展的重要支柱。庄浪县在第一产业稳步推进的同时，第二、第三产业也得到了有效的发展。2013年全县生产总值32.81亿元，按可比价格计算，比上年增长11.0%。第一产业、第二产业和第三产业的产值分别为10.83亿元、9.25亿元、12.73亿元，增长率分别为5.7%、17.7%、12.2%，庄浪县三次产业都得到积极发展。

其次，就当地人均收入增长来看，人均收入增长的动力主要来自两方面。第一，正如上文所提到的，庄浪县三次产业都得到了不断的发展，在促进全县各项事业发展的同时，提供了更多的就业机会从而增加了当地人们的经济收入。第二，劳务输出成为庄浪县新生代农民工增收的另一动力。受当地社会经济状况的影响，多年来庄浪县农村富余劳动力外出务工现象比较突出，外出务工人员较多。庄浪县人力资源和社会保障局的相关数据显示，2011年，庄浪县共有农村劳动力26.06万人，农村富余劳动力11.87万人，80后新生代劳动力5.9万人，占农村富余劳动力的49.7%。[1]自2006年以来，庄浪县累计输出外出务工人员50.9万人（次）；仅2011年前10个月，全县劳务输出人数就达到11.3万人。[2] 在这两个动力的推

---

[1] 庄浪县人力资源和社会保障局：《庄浪县新生代农民工问题调研》，http://www.gszhuanglang. gov.cn/rsj/contents/9520_48208.html，2011年8月5日/2015年7月11日。

[2] 庄浪县人力资源和社会保障局：《劳务输出撑起庄浪农村经济的"半壁江山"》，http:// www.gszhuanglang.gov.cn/rsj/contents/9520_84824.html，2012年11月20日/2015年7月11日。

动下，庄浪县人均收入不断提高，截至 2013 年底，全县城镇居民人均可支配收入 16924.28 元，比上年增长 10.7%；农民人均纯收入 4035.94 元，比上年增长 10.6%。①

3. 教育发展概况

在各级政府和当地人民群众的努力下，庄浪县教育不断得到发展和提升。本研究从学校、学生、教师数量，教育经费支出，校舍改善三个方面来反映庄浪县教育发展的概况。

从学校、学生、教师数量来看，截至 2013 年，庄浪县各级各类学校共有 233 所，其中幼儿园 18 所、小学 184 所、独立初中 21 所、高级中学有 4 所、普通完全中学 3 所、九年一贯制学校 1 所、职业中学 1 所、特殊教育学校 1 所；另设教学点 58 个。全县共有学生 80956 人，其中高中生有 13342 人，初中生有 22857 人，小学生有 33350 人，幼儿园学生有 6227 人，职业中学学生有 5168 人，特殊教育学生有 12 人。全县教职工有 5667 人，其中专任教师有 5277 人，非专任教师有 390 人。在专任教师中，小学教师有 2533 人，初中教师有 1351 人，高中教师有 1025 人。

从教育经费支出来看，近年来庄浪县教育支出的资金逐年增加，庄浪县相关统计数据显示，2010 年到 2013 年全县教育支出逐年增加，分别为 29749 万元、37538 万元、60585 万元、65224 万元，增长率分别达 26.2%、61.3%、7.7%。尽管用于教育的支出逐年增加，但庄浪县用于教育支出的资金与发达地区相差甚远。②

从校舍改善来看，自 2009 年开始，庄浪县执行《甘肃省关于合理使用中央校园安全工程的专项资金的决议》，对全县校舍进行大量新建和扩建。以 2013 年校舍面积数据为例，2013 年比上年新增校舍建筑面积 2.67 万平方米，校舍建筑面积达 49.91 万平方米，部分学校硬件设施得到改善。

二 庄浪县学校布局调整的历史及动因分析

2001 年《国务院关于基础教育改革与发展的决定》印发后，各地根据

---

① 《2013 庄浪县国民经济和社会发展统计公告》，庄浪县统计信息网 2014 年 4 月 22 日。
② 《2013 庄浪县国民经济和社会发展统计公告》，庄浪县统计信息网 2014 年 4 月 22 日。

自己的实际情况纷纷对农村学校进行了布局调整，庄浪县也不例外。对人口流出型县域庄浪县学校布局调整的历史以及动因进行深度呈现，将有助于我们更加了解人口流出型县域农村中小学布局调整的特点以及面临的挑战。在本节中将从庄浪县农村学校布局调整的历史梳理、动因分析两个方面展开。

（一）庄浪县农村学校布局调整的历史梳理

对庄浪县政府公布的教育数据以及相关农村学校布局调整的文本资料梳理后发现，从 2001 年之后，庄浪县农村学校布局调整大致可以划分为三个阶段：第一阶段是 2001~2008 年以自然消亡为主的缓慢减少期，第二阶段是 2009~2012 年政策诱导型的大规模撤并期，第三阶段是 2012 年之后学校标准化建设及微调期。

1. 以自然消亡为主的缓慢减少期：2001~2008 年

在这一阶段，庄浪县按照国家相关文件精神对农村学校进行相对平缓的布局调整。如表 7-2 所示，2001~2008 年，庄浪县小学的数量从 397 所下降到 352 所，共减少 45 所，年均减少 6.43 所；初中的数量从 26 所下降到 20 所，共减少 6 所，年均减少 0.86 所。从学校数量的减少来看，庄浪县此阶段的学校布局调整工作以学校的自然消亡为主，行政干预和人为撤并相对较少。

2. 政策诱导型的大规模撤并期：2009~2012 年

甘肃省在 2008 年 9 月的基础教育工作会议上提出了新一轮学校布局调整要求，会议决定要以撤点并校为基础，解决学校布局分散的问题。之后，平凉市政府制定的《平凉市中小学布局结构调整规划（2009－2015年）》（以下简称《规划》）要求坚持"高中向城市集中、初中向城镇集中、小学向乡镇集中、教学点向行政村集中"的"四个集中"原则，对全县生源不足和校舍严重破旧的农村学校和教学点进行调整。庄浪县依据省、市相关文件的精神与要求，对农村学校布局进行了较大幅度调整，农村小学数量急剧减少。从 2008 年开始的四年间，全县小学共减少 109 所，年均减少 27.25 所。其中 2008~2009 年是小学学校数量减少较多的一年，共减少学校 42 所。除此之外，2008~2012 年，幼儿园增加 2 所，初中增加 1 所。

3. 学校标准化建设及微调期：2012 年之后

《规划》实施后，庄浪县部分规模较小的农村学校被撤并，分散办学问题得到有效改善。但由于农村学校在硬件设施方面仍然落后，不能满足当地民众对良好办学条件、优质教育资源的需求。为推进区域教育均衡发展、提高全县办学水平，2012 年庄浪县颁布《关于实施标准化学校建设工程的意见》，要求庄浪县学校标准化建设工程要与中小学布局调整、薄弱学校改造、初中校舍改造工程、教育信息化普及工程等紧密结合，统筹安排，合理配置教育资源；并提出庄浪县标准化学校建设的三阶段目标，力争到 2020 年完成学校标准化建设，促进教育教学质量稳步提升，城乡、校际均衡发展。[①] 在此意见的指导下，在原来学校布局调整的基础上对农村薄弱学校的布局进一步调整，2012～2013 年，农村小学减少 59 所。值得补充说明的是，在这个时期庄浪县幼儿园数量相比上年增加了 8 所；而初中学校数量无变化。随后，在前几年对农村学校的过度撤并后暴露出来的新问题稀释了已经获得的成效，使当地政府意识到持续减少农村学校会破坏全县的教育生态系统，办好农村学校能够遏制大班大校的现象，缓解城镇学校办学的压力。因此，庄浪县教育行政部门 2015 年出台《庄浪县办好农村小规模学校指导意见》，分析了农村规模办学中存在的问题，提出建设新型小规模学校，要求各乡镇教委要在资金上给予农村小规模学校支持，同时就办好小规模学校给出了指导意见和措施，[②] 此后对农村学校布局调整的速度变缓。

表 7 - 2　2001～2013 年庄浪县各级学校数量变化情况

单位：所

年份	幼儿园	小学	初中
2001	—	397	26
2006	7	360	18
2007	7	352	20
2008	8	352	20

① 庄浪县教育局：《关于实施标准化学校建设工程的意见》，2012 年 3 月 21 日。
② 庄浪县教育局：《关于印发〈庄浪县办好农村小规模学校指导意见〉的通知》（庄教字〔2015〕54 号）。

年份	幼儿园	小学	初中
2009	8	310	20
2010	9	271	21
2011	10	252	21
2012	10	243	21
2013	18	184	21

资料来源：根据 2001 年、2006～2013 年庄浪县国民经济和社会发展统计公报整理制作。

（二）庄浪县农村学校布局调整的动因分析

农村学校布局调整按照县域人口变化可分为人口流出主导型县域农村学校布局调整、人口流入主导型县域农村学校布局调整、人口稳定型县域农村学校布局调整三种类型。对人口流出主导型县域庄浪县的农村学校布局调整的动因的梳理有助于更全面地理解我国不同类型县域的农村学校布局调整动因。通过对庄浪县农村学校布局调整的实地考察，认为庄浪县农村学校的布局调整动因包括农村生源萎缩、实现城乡均衡发展、缓解财政压力三个方面。

1. 农村生源萎缩

近年来庄浪县中小学学生总数持续减少。据相关统计数据可知，2006～2013 年 7 年中，中小学学生的总数从 99795 人减少到 69549 人（不包括职业中学学生数），每年平均减少约 4321 名学生。就小学而言，小学在校学生数也持续减少，从 2006 年的 61415 人减少到 2013 年的 33350 人，共减少 28065 人，平均每年减少约 4009 人。就中学而言，中学的学生数量先增加后减少，2006～2009 年中学生的人口数量一直缓慢增加，2006～2009 年中学人口增长了 1305 人（见表 7-3）。

学龄人口持续减少对庄浪县城乡学校产生的影响却完全不同。对于县城学校来说，由于受农村生源不断择校到县城学校的影响，县城学校的生源相对充足，学校规模并没有出现较大缩减甚至在县城较好的学校出现大班大校的状况。而对于许多农村学校来说，农村学龄人口的逐渐减少与外流影响农村学校正常的招生，导致农村学校的规模越来越小，甚至在有些教学点出现了无生可招、无生可教的窘境。如在调查团队调研的学校中，某小学学校硬件设施齐全，校舍崭新，但随着周围村庄生源迅速减少，大量的校舍出现闲置，目前学校有两个年级，共 3 名学生，一名校长，一名专职教师。在这种情况下，为了实现教育资源的有效利用，避免农村地区教育资源出现闲置，庄浪县政府及其相关部门对农村义务教育学校布局进行调整。

表 7 - 3　2006 ~ 2013 年庄浪县各级学校学生数量变化情况

单位：人

年份	小学	中学	总计
2006	61415	38380	99795
2007	56795	38750	95545
2008	52821	39472	92293
2009	47968	39685	87653
2010	43770	39138	82908
2011	40051	38433	78484
2012	36713	38043	74756
2013	33350	36199	69549

资料来源：根据 2006 ~ 2013 年庄浪县国民经济和社会发展统计公报整理制作。

2. 实现城乡均衡发展

长期以来，庄浪县农村学校面临学校硬件差和教师素质不高的双重困境。在这两方面的综合作用下，庄浪县农村教育发展速度远远落后于庄浪县城镇，城乡教育发展失衡的情况日益突出。

首先，就学校硬件条件来看，多数农村学校校舍是 20 世纪 80 年代建成的，长期以来农村校舍年久失修，随时可能面临倒塌的危险，不仅如此，一些农村学校急需配套设施又不能完全配齐，诸如食堂，这阻碍了农村学校发展。这在对两位曾担任农村小学校长的访谈中得到印证。

以前我工作的那个学校的硬件设施太差。学校破烂不堪，我去的时候看到他们学校的简介好像是（有）四十多年的历史，没有一个教室是砖砌的，全部都是那个土坯，没有一个好的教室，没有一座好的宿舍。晚上可以说是和老鼠进行交流，上面老鼠跑来跑去，晚上叫得你睡不着。确实那个地方是荒凉，说起它我真的是心酸……这个学校

（校舍），人家鉴定属于 D 级危房。（G－LM－141118－T－LB）

> 我刚调过去的第一个晚上，那是我人生最苦的一个晚上。调去那时，那个学校没有围墙，院子就是在地里面。我去的第一天晚上下着雨呢，房子漏雨，我一个人住下，其他老师回家拿东西去了，那个荒凉。我把门打开，向外看去不见一个灯光，只见一个黑沟……那个时候，我感觉特别失落。（G－LM－141117－M－L）

其次，除了房屋老旧、硬件设施不齐全外，庄浪县一些农村学校还存在另一个严重影响农村教育发展的重要因素，即农村教师素质不高、教学效果一般。

> 我们乡村里的教师都是教书不行的，好教师根本不来我们这……教师不好好教这些娃娃，文化（程度）不高嘛，（他们）把孩子也耽搁得厉害。（G－DZ－141119－P－WJ）
>
> 原因是学区分配教师的过程中就分配到那个学校，都是些老弱病残的教师，抱着凑合的心态去……（一些教师是）就等着退休的那种，出勤不出力，（学生）学习成绩也不可能太好……那种学校质量高的教师根本不去，人家教师自身不愿意去。（G－LM－141118－T－LB）

为了能够在短时间内缩小城乡学校在发展上的差距，解决农村学校长期在硬件、师资上面临的困境，实现城乡教育均衡发展，撤并农村学校尤其是农村小规模学校一直被庄浪县政府及其有关部门认为是最为有效的一种手段，这在其对农村学校实施的撤并过程中得到有效的印证。

3. 缓解财政压力

2001 年我国开始实行"以县为主"的教育财政管理体制，将教育的投入责任从原来的乡镇政府转移到县级政府。这一教育财政的制度安排尽管解决了长期以来拖欠教师工资等问题，但也导致县级政府尤其是偏远贫困地区县级政府教育资金缺口大、财政压力增加。为此，贫困地区寄希望于通过对农村学校撤并来减少对农村学校尤其是农村小规模学校的投资，缓解财政压力。庄浪县也不例外，庄浪县作为典型的农业县、国家级贫困县，其财政能力相对有限，能够用于教育的资金更是紧张。然而，当前庄浪县部分农村学校尤其是农村小规模学校硬件设施匮乏、危房问题严重，解决这些问题又需付出较高的成本。为此对农村学校尤其是规模较小的学校进行撤并能够减少财政支出，缓解庄浪县财政压力。另外，2008 年 9 月甘肃省召开基础教育工作会议指出，将学校布局调整的资金和中央的校园安全工程专项资金捆绑，这意味着，如果庄浪县政府进行农村学校布局调整，对那些较小规模的农村学校进行撤并，还能够获取中央专项资金，用于改造县域内校舍，进一步缓解庄浪县的财政压力。正是出于对农村学校撤并能够缓解财政压力的考虑，庄浪县自 2008 年开始对农村学校布局进行了大规模调整。

三　庄浪县农村学校布局调整的过程

作为人口流出主导型县域，庄浪面临农村学龄生源萎缩、农村学校小型化、资源分布不均等问题的挑战，为了能够使相对有限的资源合理分配，庄浪县从 2009 年开始对县域内学校进行了新一轮的布局调整。总的来看，庄浪县学校布局调整正处在追求资源集中的快速撤并阶段。

（一）庄浪县学校布局调整的目标和原则

为了更好地指导平凉市内学校布局调整工作，平凉市政府颁布了《平凉市中小学布局结构调整规划（2009－2015 年）》，指导各区县进行学校布局调整。在政策指导下，庄浪县依据自身的实际情况，提出了学校布局调整的目标、原则及其保障措施，具体情况如下。

1. 学校布局调整的目的、目标及其要求

庄浪县以科学发展观为总揽，以整合教育资源、促进教育均衡发展、提高教育教学质量为目标，以巩固义务教育普及成果、优化教育资源配置、提高办学效益为目的，按照"四个集中"的要求，加快寄宿制学校建设步伐，统筹安排学校布局，促进教育事业协调、均衡、健康发展。

2. 学校布局调整遵循的五个原则

庄浪县布局调整主要以"科学规划、合理布局"、"整合资源、适度集中"、"优化配置、提高效益"、"先建后撤、规范建校"和"分类指导、分步实施"五个原则来指导区域内农村学校布局调整的实践。

3. 加强领导，确保经费筹措到位

庄浪县成立以政府分管领导为组长，教育、财政、发改、监察、国土、建设、规划、审计、地震及国有资产管理等部门主要负责人为成员的中小学布局调整领导小组，统筹和整合全县相关教育项目资金，积极筹措中小学布局调整和寄宿制学校建设资金，加大资金投入力度，确保布局调整工作任务落到实处。

（二）学校布局调整的实施过程

学校布局调整作为一项教育公共决策，其实质是教育行政部门、学校、教师、学生等相关利益者的利益重新分配的一个过程。在这样一个关乎多个主体利益变化的决策中，学校布局调整的决策主体与执行主体应该在学校布局调整中，科学设计学校布局调整的程序，详细制定实施步骤，明确标准。例如，学校撤并之前的相关准备工作；教育行政部门需要制定标准来确定哪些学校需要撤并、哪些学校需要保留，并进行相关信息的发布和说明；学校撤并过程中，对相关利益主体（学生、教师等）如何安置、如何保障其利益等环节，对被撤并学校的校产如何处置、是否会出现新的问题，以及如何解决等具体措施进行详细规定和说明。那么庄浪县农村学校布局调整实施过程中的组织者与实施者到底是谁？庄浪县的农村学校布局调整实施过程到底是什么样的？通过对庄浪县两所农村学校撤并的相关经历者的访谈材料进行梳理与总结，以期呈现庄浪县农村学校布局调整过程的概貌。

1. 庄浪县农村学校撤并的执行者

在弄清楚谁是庄浪县农村学校撤并的执行者之前，我们需要了解庄浪县农村学校管理体制。当前庄浪县农村学校实行学区管理制，即将每个乡镇所有学校划为一个学区，并在每个乡镇学区内设乡镇教委，负责统筹学区内学校教育经费、师资分配等工作，乡教委对学区内的农村学校数量、农村学校学生数量、未来生源规模、农村学校硬件设施、农村学校的交通条件等信息最为熟悉，这也是其能成为庄浪县农村学校布局调整的主要组织者和实施者的必要条件。在学校布局调整的过程中乡教委根据上级教育行政部门的要求，以《规划》中的学校布局调整的相关原则为依据，确定哪些学校需要撤并以及如何安置被撤并学校的教师，以完成上级对农村学校布局调整的预期目标。

2. 农村学校布局调整前的相关准备阶段

庄浪县农村学校布局调整前的相关准备工作包括确定撤并学校以及向被撤并学校相关主体传达撤并决定两方面。首先，乡教委以及相关部门对学区内校舍进行危房等级鉴定，确定被撤并学校。乡教委与相关认定部门依据校园安全工程、危房改造工程政策中的具体规定，对学校校舍的老旧情况和学校校舍的危险程度进行考察，并依据此结果来判定一个学校是否应该被撤并。在对撤并学校教师的访谈中我们也了解到，学区（乡教委）对学校教室进行 A～D 危房等级评定，拥有 D 级校舍数量较多的农村学校，通常被认定为被撤并学校。

其次，向相关利益主体传达撤并决定及相关信息。及时向相关利益主体传达撤并决定及相关信息不仅是农村学校撤并前期准备工作中的重要内容，也是决定程序公正科学的重要考察指标。然而从实地调查来看，庄浪县农村学校撤并未将相关撤并信息及时传达给利益相关主体，也就是说一些重要的利益相关主体如教师、家长等并没有机会参与学校是否撤并的决策过程，也没有其他正式的信息渠道来获取农村学校撤并的相关信息。因此，农村学校撤并对他们来说是"一项突然的决定"，很难有缓冲的时间来降低农村学校撤并对其利益的伤害。这在对两位有过撤并经历的农村教师和一位学生家长的访谈中得到印证。

> 我根本就不知道。因为当时撤的时候我开学来了以后，人家才说撤，我们几个老师已经安顿好了，然后人家乡政府叫（校长）去开会。当时校长过去开完一个会，人家说把这个学校合并了。开会的时候有那个村上村支书、乡上的领导，也就是乡长书记这些人开的会，就说撤。（G－LM－141118－T－ZH）

> 当时学校被鉴定为 D 级危房，上级（乡教委）规定 D 级危房必须全部撤掉。上级直接下命令通知我把学校撤了，没有发动群众，或者把村支书、文书这些叫过来协商一下……很突然，也没有通知各个家长……（G－LM－141118－T－LB）

> 我当时不知道学校要撤并，务农去了，晓不得。（G－DZ－141119－P－LY）

3. 学校撤并实施阶段

学校撤并过程中的相关环节包括被撤并学校学生的安置、被撤并学校教师的安置、对被撤并学校学生家庭的补偿、被撤并学校校产的处置四个环节。首先，被撤并学校学生的安置。被撤并学校学生的安置分为两个过程，即确定接收学校以及接收学校如何对这些学生进行安置。乡教委以《规划》中的"撤并学校必须在并入学校建成后逐步撤并，并满足学生就学需要，避免学生流失，严禁先撤后建或先撤暂时并入其他学校的做法"精神为原则，以就近入学为准则，将被撤并学校的学生安置到接收学校，然后接收学校为使学生更好地适应环境，对学生进行编班教学。从调查地学校的编班方式来看，接收学校对被撤并学校学生编班主要有两种方式：一是为减少被撤并学校学生对新环境的不适应和对新集体的陌生感，在接收学校新成立一个班级，将被撤并学校学生全部编入这个班级；二是将被撤并学校学生打乱插入不同的班级或与接收学校学生一起重新分班。

其次，被撤并学校教师的安置。被撤并学校教师的安置是学校撤并过程中的另一关键环节。乡教委以"专业对口、学教一致、双向选择、择优录用"为要求，以"公开招考、合理分流"为安置原则，对正式教师进行合理安置，对非正式教师进行分流。这在与一位有过撤并经历的乡村学校校长访谈的过程中得到印证。

> 民办教师人家不让上岗，原来学校的那两位民办教师现在在家。年轻的那个（正式）老师在 H 小学，有冠心病、心脏病的那个（老师）已经退休了。(G－LM－141118－T－LB)

再次，对被撤并学校学生家庭的补偿。农村学校被撤并后，许多学生因上学距离变远而导致上学难。当地政府寄希望于建学生宿舍来解决此问题，然而受资金投入、学校管理难等因素的影响，庄浪县农村学校无法在短时间内为这些因学校布局调整而上学距离变远的孩子提供住宿，一些家庭出于孩子安全的考量，不得不在学校附近租房陪读，这加大了家庭的经济负担，降低了家长对农村学校撤并政策的认同程度。为保证学校布局调整政策能够继续顺利实施，同时为赢得更多家长对农村学校撤并的支持与认同，当地政府承诺对因学校布局调整造成在校外寄宿的学生及其家庭给予寄宿制学生补助。每学期每家获补助 500 元，补助以家庭为单位发放，也就是说，不论一个家庭有多少个孩子同时就学，每学期能够领取的补助金额均为 500 元。

最后，被撤并学校校产的处置。通过实地考察发现，庄浪县行政部门以出资兴建者就有其处理权为原则，来判断校产归属。也就是说，如果属于村里集资兴建的校舍，村委会有权处理；如果属于教育行政部门出资提供的设备，诸如桌椅等，则教育行政部门有权对这些学校设施进行处理。

四　庄浪县学校布局调整成效与问题分析

庄浪县按照国家、省、区、市的有关政策要求，积极开展农村学校布局调整工作，取得了一定成效，但同时也暴露出一些问题。厘清当前庄浪县农村学校布局调整成效及其引发的新问题，对我们科学合理评价庄浪县农村学校布局调整具有重要意义。

（一）庄浪县农村学校布局调整的成效

庄浪县农村学校布局调整取得了一定成效，它包括农村学校布局更加合理、办学效益显著提高、教师队伍结构优化和素质提升、农村学校办学条件得到改善、农村中小学教育质量提高五个方面。

1. 农村学校布局更加合理

学校布局调整前，农村地区普遍存在学校布局分散、教学点过多以及规模较小等问题。经过对农村学校布局调整，截至 2013 年，庄浪县学校布局基本实现了 2008 年甘肃省提出的"高中向城市集中，初中向城镇集中，小学向乡镇集中，教学点向行政村集中"的目标。相比 2001 年，2013 年庄浪县农村小学减少 213 所，减少比例为 53.65%，农村初中减少 5 所，减少比例为 19.23%。2001 ~ 2013 年相对于初中学校减少的速度，小学布局调整的力度较为剧烈。减少的学校尤其集中在学龄人口较少的农村教学点，或规模较小的农村学校。农村学校布局调整后，庄浪县农村学校布局更加合理。

2. 办学效益显著提高

对农村学校尤其是规模较小的学校进行布局调整有效地解决了规模偏

小和办学效益不高的问题，扩大了农村小学和初中的校均规模，显著提高了农村小学和农村初中的办学效益。这主要体现在以下三个方面。首先，庄浪县越来越多的农村学校开齐开足了国家规定的课程。在农村学校布局调整之前，许多农村学校受专任教师短缺、编制限制等因素影响，很难开齐开足国家规定的课程。农村学校布局调整之后，越来越多的农村学校不仅开齐开足了国家规定的课程，而且在课程开设效果上也取得了重要的成绩。这在对两位有过撤并经历的教师的访谈中得到印证。

> 在小的学校里面像音乐、美术、科学这些副科都不开设，但是在我们学校一直都开设，每周两节。（G – LM – 141117 – M – L）
>
> 就是在课程开齐开足方面，两个学校都在开，就是效果上不一样，有些课呢就是辅导娃娃们把作业做了。一个就是体育这种娱乐课，基本上就都在操场上，我那时候上体育课也没说是教你做什么的，就是把孩子领到操场里玩一下，给上个篮球，或者让他们用自己的方式玩。也就是说，在以前那个像体育课，玩什么、怎么样活动，这些都没有。但是现在，我们学校首先能开齐全所有课程。其次是每节课教师都必须保证质量，尽管有些是副科，都有作业，作业得改。我们教务处每周三抽查一次作业，并检查教案。（G – LM – 141118 – T – ZH）

其次，学校的学习氛围更浓，教师教学积极性更高。农村学生数量少不仅阻碍了学生之间形成适当竞争、积极学习的良好氛围，也阻碍了在教师内形成积极教学的氛围。农村学校布局调整之后，新学校规模变大，这促进了教师积极教学和学生积极学习的良好氛围的形成。这在对教师的访谈中得到印证。

> （在 S 小学的时候）教师资源还是有的，就是学生太少了，那个四年级就 6 个学生，没有办法讲啊，咱们辛辛苦苦写的教案，准备很充分，上去只有 6 个人听课，好像没有那个气氛，教学的那个气氛。对于学生来说，学习形成不了一种学风。（G – DZ – 141118 – T – LJ）
>
> 学生多了竞争性就强，有一个五年级的张同学在以前 D 小学时，

那有 10 个学生，第一名，来到我们现在这个学校后她家长来找老师了解情况，他说我家张同学在 D 小学的时候第一名，怎么过来没有名次了，前十都进不去，因为那时我们有 50 多个人。所以……学生少，没有过于拔尖的学生，在学生之间也没有竞争性。我就是第一名，不学都是第一名。人多的时候你不学，我学，大家比着学。（G－LM－141117－M－L）

最后，很多教育教学活动得到开展。一定规模的学校有能力和有条件开展必要的教育教学活动。在学校布局调整之前，许多农村学校一些必要的教育教学活动难以开展。在学校布局调整之后，一方面，很多学校通过组织教师进行观摩课、听课等活动提高教师专业能力；另一方面，很多学校还会组织一些体育和文艺活动丰富学生的日常学习生活。这些在对一位教师的实地访谈中得到印证。

　　学生和老师都有，像我们这儿每周老师都有一次观摩课，老师都要去。除此之外还有个名师讲坛。在下面（被撤并学校）没有，因为那边人特别少嘛。比如四个人就是四个年级，一个人就是一个年级。因为人手不够，你去听其他人的课的时候，你们班就被搁置下来了，就空着……对于学生来说，在下面教学点没有这个仪式，除了重大节日可以升旗。你像我们这儿星期一升旗必不可少。除此之外，学校主要有两个活动，一个是秋季运动会，另一个就是校园艺术节。（G－LM－141117－M－L）

3. 教师队伍结构优化、素质提升

实现城乡教育均衡发展的关键在于教师。一支素质过硬、数量充足、结构合理的教师队伍是实现均衡发展的关键。在庄浪县农村学校布局调整之前，农村教师队伍面临学科结构失衡、部分农村教师素质不高等多重困境。以学科结构失衡为例，很多农村小规模学校由于学生数量少，通常只能开设语文、数学两门课程，其他课程通常要么不开设，要么则由语、数教师来兼任，缺少音、体、美等专任教师。庄浪县实施农村学校布局调整之后，清退了不合格的民办教师，提高了教师队伍的整体素质，并且通过

教师队伍的优化组合，使各门学科基本上都有专职教师。除此之外，农村学校布局调整还为教师提供了培训和交流学习的机会，有利于个人素质的提高。总之，庄浪县农村学校布局调整对教师队伍结构优化和素质提高有积极作用。

4. 农村学校办学条件得到改善

通过农村学校布局调整，庄浪县教育资源得到了整合，农村学校教学设备进一步优化，办学条件得到改善。学校布局调整后，庄浪县许多乡镇学校基本消除了危房，尽管一些新学校的校舍还没有完全建成，但是一些作为临时过渡的活动板房已经投入使用，农村中小学正在逐步配备图书室、电脑室以及基本生活设施，农村学校的校均校舍面积、生均教学面积、生均体育场面积以及生均图书量配备达标学校数等都有了较大提高。以学生的校舍为例，自 2009 年开始，庄浪县执行《甘肃省关于合理使用中央校园安全工程的专项资金的决议》，进行校舍新建和扩建。从校舍建筑面积来看，2011～2013 年校舍建筑面积分别为 43.40 万平方米、47.24万平方米、49.91 万平方米，其年均扩建 3.26 万平方米。

5. 农村中小学教育质量提高

在庄浪县学校布局调整之前，庄浪县农村中小学与城镇中小学在办学条件、师资队伍等方面均存在较大的差距，由此导致庄浪县农村中小学教育质量在很长的一段时间内远低于城镇学校。学校布局调整之后，新学校办学条件不断改善，教师队伍结构优化，农村中小学校教育质量逐渐提高。这在对家长和学生的访谈中均得到印证。

> 以前在 L 小学的时候，孩子回家之后从来不知道写作业，现在来这边孩子晚上回来之后写作业从 7 点写到 10 点，这边抓得紧。在这边学得好，有效果，六年级有一百多个学生，孩子现在是前十名的学生，我们对 DZ 中心小学的教育质量还是挺满意的。(G - DZ - 141119 - P - WJ)

> 在那边（L 小学），老师就把作业布置下来让我写，啥也不管；在这边（DZ 中心小学），老师还给我讲咧。(G - DZ - 141119 - S - WJ)

另外，学校布局调整之所以能够提高农村中小学教育质量，除了教师队伍结构优化、办学条件改善外，教师的责任心增强也是教学质量提高的关键。这无论是在实地考察还是在访谈中都得到了证实。在政策执行的起始阶段，许多家长担心会因农村学校布局调整面临更多负担而抵制农村学校撤并，但感知到新学校教育质量更好后，很多家长还是愿意让他们的孩子到新学校就读的。他们尽管因此需要承担更重的经济负担，但看到孩子学习成绩提高，心里还是非常满意的。

（二）农村学校布局调整引发的新问题

随着学校布局调整的持续推进，庄浪县原有农村学校面临的一些严重问题得到了有效的解决，但同时又暴露出了学生上学距离变远、费用上涨、被撤并学校校产闲置等一些新问题，这些稀释着农村学校布局调整的效益。

1. 农村中小学学生上学距离变远，安全隐患增加

在庄浪县，一些乡镇由于在短时间内迅速撤并了大量的农村小规模学校或教学点，打破了原有一村一校的农村学校布局，力求将中小学向乡镇集中。由于地理环境、人口密度和现有条件的限制，部分农村学生需要远距离求学。据实地考察发现，实施农村学校布局调整后庄浪县农村学生上学距离变远，有的农村学生每天步行在家庭和学校间的往返时间为2个小时，有的学生每天用于往返于家庭和学校的时间甚至达到了4个小时。上学路途变远的同时，也增加了学生上学途中的隐患。特别是当遇到下雨和下雪天气时，上学途中的道路就会变得湿滑难走，在这种情况下，学生的安全无法得到保障。尤其在实地考察中让我们动容的是，许多学生为了上学不迟到，每天少睡两个小时，早晨天还没有亮就出发上学，中午为了避免回家就餐耽误学习，学生们自带一些冷食干粮，晚上再摸黑回家。

2. 家庭经济负担加重

学校布局调整后，部分农村学生由于家校距离变远，面临上学难、上学不安全的问题，需要寄宿在学校。但庄浪县农村学校配套宿舍需要较长的建设周期，短期内难以提供住宿，不能满足农村学生的住宿需求。在这种情况下，为了让孩子能上学、上好学，在没有寄宿条件的学校，家长只能被迫选择在学校附近租房子陪读。被迫式的陪读家庭比例较高，这在对新学校的多数教师访谈中得到印证。调研中有校长谈道：

我们学校总共有 200 多个人，校外寄宿的学生就有 70 多个。（G - LM - 141117 - M - L）

有教师说道：

陪读，陪读是一部分吧，还有通校（走读）是一部分吧……基本上我们普查的时候大概就是占 1/2。（G - DZ - 141118 - T - LJ）

然而到城镇陪孩子上学，一方面，家长势必需要因此承担更多的生活花费。另一方面，农村家长到城镇以后需要在照顾孩子上花费不少精力，已经没有更多精力投到农地进行农业生产，这导致来自土地的收入也随之减少。在这两方面的综合作用下，被迫陪读家庭的经济负担越来越重。在对家长的走访调查中，许多家长对此均有相似的陈述，以两个家长的相关陈述为例。

家里门都锁了，地都撂了，现在就全部搬到这边来住。以前娃娃在 L 村念书的时候，我们家种八亩小麦。但是自从孩子转过来之后，现在家里的地都荒了、撂了，连一粒麦子都没种。除了这个，到这边来了之后都是高消费，什么东西都得花钱。在这边一年比农村多花挺多钱的，具体我没有算过，但是确实是挺多的，家里挺紧张的……（G - DZ - 141119 - P - WJ）

生活上好一些的家庭，花销就多一些，像我家里条件不好的，就节省着花，但还是感觉花费大得很。像烧炭、用电、买菜等，花销也不少。我觉得自己手已经攥得很紧了，但还是感觉花销大得很，在这儿的一年，家里总的花销得一万多元呢。因为我身体也不太好，我就是做家务活，孩子父亲在外面打工也不得出去，一般都在这周围的庄子里打工，前半年他就在 DZ 乡打着工呢。在这周围打工，工价低得很，一天挣的一些只够家里的花销。（G - DZ - 141119 - P - LY）

此外，陪读家庭经济负担的加重对拥有不同的就学子女数的家庭所造成的压力不同。总的来说，多子女同时就学的家庭比仅有一个子女就学的家庭花费更多。以学习用具的花费为例，多子女同时就学的家庭花在必要的学习用具上的费用要比仅有一个子女就学的家庭花费更高，家长感受到的经济压力也更大。

3. 校产处于闲置状态

农村学校的校产归属涉及学校所在村村委会、村民以及教育行政部门之间的博弈。学校布局调整后，被撤并学校的校产处理问题也受到社会各界的关注。《规划》明确规定："对在布局调整中因撤并闲置的学校资产，依法通过资产置换、有偿转让、竞价拍卖等方式进行处置，资产处置所得资金全部用于学校布局调整。"① 在实地考察中发现，一些被撤并学校的校舍和校产被合理利用，而另一些校产在处置过程中却没有得到合理的利用，甚至出现了闲置。这在对有过撤并经历的教师访谈的过程中以及调查团队的实地走访调查中得到印证。

> 我最有感受的就是老家的村子（中的学校），已经租出去了。现在也没有人追究，以前的那些桌椅板凳都还在。（G - LM - 141117 - M - L）

4. 农民切身利益受损害，产生稳定隐患

大规模布局调整不仅给农村学生就近入学带来困难，同时也加重了这些学生的家庭经济负担，这致使部分村民对农村学校布局调整的政策产生怀疑："他们就不能考虑下我们的实际情况？这所好端端的学校为什么要被撤并？为什么要让孩子走那么远去学校读书？"尤其是在那些追求急速撤并的乡镇，撤并后作为接收方的学校与撤并前一些较好的小规模学校或教学点在硬件、师资以及教学质量上并没有什么差异，农民看不到农村学校撤并对自己及孩子带来好的变化，开始对农村学校布局调整工作产生不满，一度导致一些乡镇干群关系紧张，多次发生农民群众因不满撤并当地学校而集体上访的事件。这在对两位有过撤并经历教师的访谈中也得到印证。

---

① 平凉市人民政府办公室：《关于印发平凉市中小学布局结构调整规划的通知》（平政办发〔2009〕111 号），2009 年 7 月 14 日。

当时有一个新农村推进项目，就是把那个 W 小学推掉，然后村民闹的没办法，就把学校恢复了。恢复后（学生）就回来了，四五个人……当时 W 村（撤校）撤出了好多问题，因为娃娃都小走路不方便，特别是一下雨一下雪就不方便，村子里村民、家长去闹，闹了半年，就和政府闹，闹到最后就把学校就又建起来了。（G - LM - 141118 - T - ZH）

当时走的过程中曾经和村民发生过争执，我试图澄清自己，但绝对澄清不了。现在（撤校）已经成了既定事实，所以说澄清不了。（G - LM - 141118 - T - LB）

五　庄浪县学校布局调整程序的评价

《平凉市中小学布局结构调整规划（2009 - 2015 年）》（以下简称《规划》）、《关于实施标准化学校建设工程的意见》和《庄浪县办好农村小规模学校指导意见》是指导庄浪县中小学布局调整的重要政策文件。其中《规划》是指导庄浪县进行农村学校布局调整的主要文件。因此，这一部分将以《规划》作为着重分析的对象，从其制定程序、政策内容以及政策实施过程进行讨论与分析。

（一）庄浪县布局调整政策文件制定程序的讨论

保障政策制定的程序正当，是科学制定学校布局调整政策的前提。不适当的政策在很大程度上是由不正当的政策制定程序造成的。只有周密、正当、合法地制定农村学校的布局调整规划，才能有效地贯彻实施农村学校布局调整政策，最大限度维护多元利益主体的利益，从而保障当地农村学校布局调整的有序进行。理想的政策制定过程是需要利益相关主体都有机会参与、发表自己的观点和意见，从而有效地维护自身利益的。也就是说，合理的农村中小学布局调整的政策制定过程，需要教育行政部门、学校、教师、学生、家长及社区等农村学校布局调整的利益相关主体，参与到政策制定过程中。在本研究中，由于庄浪县政府在 2008 年到 2013 年之间并没有出台本地的学校布局调整政策，而是沿用平凉市制定出台的《规划》来指导其学校布局调整，这意味着庄浪县政府部门之外的其他利益主体的代表不可能参与到政策起草的各个环节中，来表达自己的利益诉求。由此可知在《规划》制定过程中，庄浪县的大部分相关利益主体没有获得利益诉求的机会。

（二）指导庄浪县布局调整政策内容的分析

《规划》清晰地指出了当前平凉区域内学校布局中存在的问题，同时也制定了符合其教育发展的学校布局调整的目标。但《规划》仍然存在一些不可忽视的问题，容易引发政策难以实施或难以达到预期效果的问题。

1. 政策内容相互冲突

如果政策内容中涉及的多条规则没有优先次序之分，而是并列强调，这会使政策蕴含的多种逻辑存在相互冲突，导致政策执行偏离原来政策既定的方向。在《规划》中诸多规则被并列强调，缺乏优先次序及更高的指导规则，使这些规则之间难以相互平衡，导致政策逻辑之间相互冲突。例如，《规划》规定"既要着力解决部分农村学校规模小、布局分散的问题，也要防止因过度调整造成学生上学路途过远、交通困难的问题"，"既要尊重教育规律，加快布局调整和资源整合步伐，又要尊重群众意愿，充分考虑人口变动趋势和群众的承受能力"。这些规则如果单独使用可能效益较优，但这些规则缺乏优先次序，甚至内容冲突，结合在一起却给出相反、矛盾的指令，导致政策实施出现问题。这给地方政府自由裁量权留足了空间，当他们以自身最大化利益为追逐目标时，就容易对政策进行选择性执行，从而导致政策执行偏差，违背省区市政策制定的最初目标。

2. 政策内容缺乏具体实施步骤和标准

《规划》中确实有涉及关于学校布局结构调整实施步骤的内容，用来指导各县进行布局调整，但它的更多内容涉及每年撤并及扩建学校的数量计划，对具体农村学校撤并实施步骤却没有谈及，这会导致学校布局调整政策实施无法细化。例如《规划》要求"坚持以人为本，实事求是"，那么怎么才能做到以人为本？利益相关主体的利益受损时应该怎么处理？这些重要的内容却没有被提及。同样《规划》指出"既要着力解决部分农村学校规模小、布局分散的问题，也要防止因过度调整造成学生上学路途过远"，却未对合理的家校距离进行具体的规定，这容易导致乡教委盲目解决办学布局分散、追求集中办学，从而引发农村学生上学远等诸多问题。综上所述，由于庄浪县政策内容中缺乏对农村学校布局调整具体的实施操作规定，这为政策系统、有效地执行带来了困难。

（三）布局调整政策实施过程的讨论

甘肃省关于农村学校布局调整的政策初衷是使全省农村学校布局规划更为合理，但受多种因素的影响，政策在执行过程中偏离其既定的目标，并由此引发一系列问题，直接损害各利益相关主体的利益，影响政策的实施效果。厘清庄浪县政策执行偏差的影响因素，对进一步改进庄浪县农村学校布局调整有积极的政策和实践意义。

1. 县级政府及其相关部门的经济理性

庄浪县政府及其相关部门作为政策的执行者，会基于自身的考量，完成甚至超额完成上级政府下达的撤并学校数量的要求。如《规划》对全市农村学校撤并的数量要求进行了规定。传统的公共行政学有这样一种观点，"政府是公共利益的天然代表"，也就是说政府公务人员是毫不利己的人民公仆，各级政府组成了一个纯粹的公共利益代表体系。[1] 事实上，除非一个利益集团中成员很少，或者除非在强制或其他某些特殊手段下使个人按照他们的共同利益行事，否则有理性的、寻求自我利益的个人不会采取行动以实现他们共同的或集团的利益。[2] 也就是说，政府及其相关部门也是"经济理性人"，它们有自己追求的目标，这意味着庄浪县政府及其相关部门可能会按照自己的方式来执行农村学校布局调整政策，即对于有利于减少投入、提高教育管理效率的农村学校尤其是农村小规模学校的撤并，它们会迅速执行，而对那些在农村学校布局调整中需要付出较高成本如寄宿制学校建设和新学校设施的配备等内容则变通、延迟执行。基于以上分析，庄浪县政府及其相关部门作为"经济理性人"，在执行政策中既可以通过选择性执行付出较少的成本，又可以通过迅速撤并达到上级政府对农村学校撤并数量的规定而获得上级部门的肯定。

---

① 周国雄：《论公共政策执行中的地方政府利益》，《华东师范大学学报》（哲学社会科学版）2007 年第 3 期，第 90～94 页。

② 〔美〕曼瑟尔·奥尔森：《集体行动的逻辑》，陈郁等译，上海人民出版社，1995。

2. 政策执行的过程缺乏监督

若想保证一项教育政策得到顺利执行，对政策执行过程必要的监督是时刻保证政策执行行为与政策目标相一致的一个重要保障。《规划》要求坚持以人为本、实事求是等原则，在政策内容中多用"防止""原则上""注意"等具有较大弹性的表述，内容上更多涉及的是原则，很少涉及具体的操作步骤和标准，给地方政府留足自由裁量的空间，使地方政府能够根据自己的实际情况科学执行布局调整，这体现了政策的灵活性，也保证了政策执行能够适应地方特点与不断变化的需要。但是，同时这也给政策执行者谋求自身利益最大化，损害其他利益相关主体的利益和权利创造了空间，最终导致政策执行过程偏离政策执行目标。为此，需要建立相关制度对县级政府及其相关执行主体的政策执行过程进行监督和约束。然而调查团队在实地考察中发现，在庄浪县农村中小学布局调整的过程中，无论是甘肃省政府，还是平凉市政府，均未对庄浪县农村中小学布局调整过程给予有效的监督，庄浪县政府自身也没有主动接受社会的监督，向当地公众及时公布学校撤并、相关设施配备进度等信息，这容易引发一系列新问题，从而降低群众对农村学校布局调整政策的认同和政府的公信力。

3. 保障政策实施的经费不足

在有学者提出的最优政策执行的 10 个前提条件中，充足的时间和资源是一个十分重要的条件。[①] 当前，庄浪县一方面属于国家级贫困县，经济

[①] 10 个前提条件分别为：（1）执行机构的外部环境没有强加太多限制（The circumstances external to the implementing agency do not impose crippling constraints）；（2）项目必须有充足的时间和资源（That adequate time and sufficient resources are made available to the programme）；（3）有必要的资源整合（That the required combination of resources is actually available）；（4）执行的政策建立在有效因果关系理论基础上（That the policy to be implemented is based upon a valid theory of cause and effect）；（5）原因和结果的联系是直接的（That the relationship between cause and effect is direct and that there are few if any, intervening links）；（6）依赖性关系最小化（That dependency relationships are minimal）；（7）必须要对目标有充分的理解和共识（That there is understanding of, and agreement on, objectives）；（8）必须在先后顺序对目标详细分解（That tasks are fully specified in correct sequence）；（9）有良好的沟通和协调（That there is perfect communication and co-ordination）；（10）居于权威的人士能够获得良好认同（That those in authority can demand and obtain perfect compliance）。Hogwood, B. W., & Gunn, L. A., *Policy Analysis for the Real World* (Oxford, UK: Oxford University Press, 1984), pp. 199 – 206.

基础薄弱，县级财政可以用于布局调整规划的资金十分有限。另一方面，尽管国家和省区市政府分别会提供一定的专项资金支持其学校布局调整，但这部分配套资金相对较少且并不持续。在这两方面的交互作用下，庄浪县用于实施学校布局调整的经费难以满足《规划》完整实施与推进的需求。为了能够在政策实施过程中最大化地节约经费，具体执行主体对《规划》中的政策要求进行选择性执行，以期投入最少的经费。在这种情况下，学校布局调整会部分地增加当地农村居民的负担，例如出现陪读家庭，这降低了农村居民对农村中小学布局调整的认同，也导致了县级政府部门在执行政策中陷入孤军奋战的情况。而农民对政策执行表现出不关心、不参与甚至抵制的态度，这就使庄浪县政府部门在布局调整过程中一直在唱"独角戏"。

参考文献

著作期刊类

〔美〕曼瑟尔·奥尔森:《集体行动的逻辑》,陈郁等译,上海人民出版社,1995。

〔英〕雷蒙德·弗思:《人文类型》,费孝通译,商务印书馆,1944。

本刊特约通讯员:《高度重视多措并举全面推进县域内义务教育均衡发展——来自东丰县教育局的报告》,《吉林教育》2013年第15期。

范先佐:《农村学校布局调整与教育的均衡发展》,《教育发展研究》2008年第7期。

范先佐:《农村中小学布局调整的原因、动力及方式选择》,《教育与经济》2006年第1期。

范先佐:《中国中西部地区农村中小学合理布局结构研究》,中国社会科学出版社,2009。

费孝通:《乡土中国–生育制度》,北京大学出版社,2007。

高东胜、史耀疆、刘承芳、罗仁福:《上学距离对学生学习成绩的影响研究——基于陕西省农村小学的实证分析》,《西部发展评论》2007年第1期。

高学贵:《农村学校布局调整的效应及对策分析》,《中国教育学刊》2011年第5期。

郭清扬、王远伟:《我国农村中小学布局调整的总体评价》,《河北师范大学学报》(教育科学版)2008年第3期。

侯龙龙、张鼎权、卢永平:《西部五省区农村学校布局调整与学生发展》,《教育学报》2010年第6期。

贾勇宏、曾新:《农村中小学布局调整对教育起点公平的负面影响——基于全国 9 省（区）的调查》，《华中师范大学学报》（人文社会科学版）2012 年第 3 期。

雷万鹏、徐璐：《农村校车发展中的政府责任——以义务教育学校布局调整为背景》，《中国教育学刊》2011 年第 1 期。

刘利民：《城镇化背景下的农村义务教育》，《求是》2012 年第 23 期。

柳海民、娜仁高娃、王澍：《布局调整：全面提高农村基础教育质量的有效路径》，《东北师大学报》（哲学社会科学版）2008 年第 1 期。

庞丽娟：《当前我国农村中小学布局调整的问题、原因与对策》，《教育发展研究》2006 年第 4 期。

秦玉友、曾文婧：《农村学校撤并的社会代价反思》，《教育发展研究》2014 年第 10 期。

秦玉友、宋维玉：《农村学校布局调整的"经济"与"不经济"》，《南京社会科学》2018 年第 1 期。

秦玉友、孙颖：《学校布局调整：追求与限度》，《教育研究》2011 年第 6 期。

秦玉友：《农村学校布局调整的认识、底线与思路》，《东北师大学报》（哲学社会科学版）2010 年第 5 期。

容中逵：《当前我国乡村学校布局调整问题研究》，《中国教育学刊》2009 年第 8 期。

石人炳：《国外关于学校布局调整的研究及启示》，《比较教育研究》2004 年第 12 期。

石人炳：《用科学发展观指导中小学校布局调整》，《中国教育学刊》2004 年第 7 期。

万明钢、白亮：《"规模效益"抑或"公平正义"——农村学校布局调整中"巨型学校"现象思考》，《教育研究》2010 年第 4 期。

王定华：《关于我国农村义务教育学校布局调整的调查与思考》，《华中师范大学学报》（人文社会科学版）2012 年第 6 期。

王嘉毅、吕晓娟：《教育公平视野中的农村学校布局调整》，《甘肃社会科学》2007 年第 6 期。

王远伟、钱林晓：《关于农村中小学合理布局的设计》，《华中师范大学学报》（人文社会科学版）2008 年第 5 期。

文东茅：《我国城市义务教育阶段的择校及其对弱势群体的影响》，《北京大学教育评论》2006 年第 4 期。

吴宏超、赵丹：《农村学校合理布局标准探析——基于河南省的调查分析》，《教育发展研究》2008 年第 17 期。

夏雪：《农村中小学布局调整中的机会主义——一个新制度经济学视角》，《教育科学》2009 年第 3 期。

于海波：《农村学校布局调整要警惕辍学率反弹》，《求是》2009 年第 16 期。

赵丹、吴宏超、Bruno Parolin：《农村学校撤并对学生上学距离的影响》，《教育学报》2012 年第 3 期。

田慧生：《我国小学六年级学生学业成就调查报告》，《教育研究》2011 年第 1 期。

周国雄：《论公共政策执行中的地方政府利益》，《华东师范大学学报》（哲学社会科学版）2007 年第 3 期。

原春琳：《学校布局调整不当造成义务教育倒退》，《中国青年报》2006 年第 3 期。

政府文件类

东丰县政府办公室：《东丰县 2012 年政府工作报告》，2012 年 12 月 24 日。

东丰县政府办公室：《东丰县 2013 年政府工作报告》，2014 年 1 月 23 日。

国务院：《关于基础教育改革与发展的决定》（国发〔2001〕21 号），2001 年 5 月 29 日。

教育部：《规范农村义务教育学校布局调整的意见（征求意见稿）》，2012 年 7 月 22 日。

国务院办公厅：《关于规范农村义务教育学校布局调整的意见》（国办发〔2012〕48 号），2012 年 9 月 6 日。

平凉市人民政府办公室：《关于印发平凉市中小学布局结构调整规划的通知》（平政办发〔2009〕111 号），2009 年 7 月 14 日。

台州市教育局：《关于进一步做好进城务工人员随迁子女教育工作的

通知》（教基〔2014〕114号），2014年7月21日。

温岭市发展改革局：《关于调整温岭市民办民工子弟学校收费标准的通知》（温府价〔2014〕6号），2014年8月12日。

温岭市发展改革局：《关于调整温岭市民办学校收费标准的通知》（温府价〔2012〕7号），2012年8月28日。

温岭市发展和改革局，温岭市教育局：《关于印发〈温岭市教育改革和发展"十二五"规划（2011－2015年）〉的通知》（温发改〔2011〕31号），2011年4月8日。

温岭市教育局，温岭市机构编制委员会办公室，温岭市财政局，温岭市人力资源和社会保障局：《关于进一步推进义务教育学校教师交流工作的试行意见》（温教人〔2013〕87号），2014年4月8日。

温岭市教育局，温岭市人民政府教育督导室：《关于实行温岭市新一轮团队学校共同发展制度进一步提升农村学校办学品质的实施意见》（温政教督〔2009〕18号），2009年12月28日。

温岭市教育局：《关于进一步推进义务教育学校教师交流工作的试行意见》（温教人〔2013〕87号），2013年6月5日。

温岭市教育局：《关于做好2014年义务教育阶段学生招生工作的通知》（温教〔2014〕112号），2014年6月11日。

温岭市教育局：《关于建立农村义务教育学校一体式发展共同体的实施意见》（温教计〔2013〕63号），2014年5月10日。

温岭市教育局：《温岭市农村义务教育学校布局专项规划（2013－2015）》，2013年7月25日。

温岭市教育局办公室：《关于要求下发〈温岭市"十一五"（2006年至2010年）学校布局和区域教育发展规划〉的请示》（温教计〔2007〕24号），2007年2月27日。

温岭市人民政府：《关于进一步加强和改进流动人口子女教育工作的通知》，2011年4月25日。

温岭市人民政府教育督导室、温岭市教育局：《关于实行温岭市新一轮团队学校共同发展制度进一步提升农村学校办学品质的实施意见》（温政教督〔2009〕18号），2009年12月28日。

中华人民共和国住房和城乡建设部：《中小学校设计规范》（GB50099－

2011），2010 年 12 月 24 日。

中央编办、教育部、财政部：《关于制定中小学教职工编制标准意见的通知》（国办发〔2001〕74 号），2001。

中华人民共和国教育部：《关于当前加强中小学管理规范办学行为的指导意见》（教基一〔2009〕7 号），2009 年 4 月 22 日。

庄浪县教育局：《关于实施标准化学校建设工程的意见》，2012 年 3 月 21 日。

庄浪县教育局：《关于印发〈庄浪县办好农村小规模学校指导意见〉的通知》（庄教字〔2015〕54 号），2015。

《2013 庄浪县国民经济和社会发展统计公告》，庄浪县统计信息网，2014 年 4 月 22 日。

外文类

Alexander, K. L., Entwisle, D. R., Dauber, S. L., "Children in Motion: School Transfers and Elementary School Performance," *The Journal of Educational Research* 90（1996）：3 - 12.

Bickel, R., & Howley, C., "The Influence of Scale on Student Performance: A Multi-Level Extension of the Matthew Principle," *Education Policy Analysis Archives* 8（2000）：1 - 32.

Davies, B., & Zerchykov, R., "Parents as an Interest Group," *Education and Urban Society* 13（1981）：173 - 192.

Bowles, T. J., & Bosworth, R., "Scale Economies in Public Education: Evidence from School Level Data," *Journal of Education Finance* 28（2002）：285 - 300.

Wholeben, B. E., "How to Determine Which School to Close," *NASSP Bulletin* 64（1980）：7 - 12.

Hogwood B. W., & Gunn, L. A., *Policy Analysis for the Real World*（Oxford, UK: Oxford University Press, 1984）.

Du Bois, C. A., "Book Reviews," *American Anthropologist* 73（1971）：1291 - 1292.

Cotton, K., *School Size, School Climate and Student Performance*（School

Improvement Research Series Research You Can Use, 1996）.

Meier, D. W. , "The Big Benefits of Smallness," *Educational Leadership* 54 （1996）: 12 – 15.

Lehman, D. , *Bringing the School to the Children: Shortening the Path to EFA* （The World Bank education, 2003）.

Fredua-Kwarteng, E. , "School Closures in Ontario: Who has the Final Say?）" *Canadian Journal of Educational Administration and Policy* 46 （2005）: 1 – 26.

Falch, T. , & Strorm, B. , "Teacher Turnover and Non-pecuniary Factors," *Economics of Education Review* 24 （2005）: 611 – 631.

Fowler Jr, W. J. , "School Size and Student Outcomes," *Advances in Educational Productivity* 5 （1995）: 3 – 26.

Fowler Jr, W. J. , & Walberg, H. J. , "School Size, Characteristics, and Outcomes," *Educational Evaluation and Policy Analysis* 2 （1991）: 189 – 202.

Fox, W. F. , "Reviewing Economies of Size in Education," *Journal of Education Finance* 6 （1981）: 273 – 296.

Jackson, J. L. , *School Size and Program Quality in Southern High Schools.* （Nashville, TN: Center for Southern Education Studies, George Peabody College for Teachers, 1966）, pp. 33 – 36.

Sher, J. P. , & Rachel, B. , "Tompkins. Economy, Efficiency, and E-quality: The Myths of Rural School and District Consolidation," In Sher, J. P. （Ed. ）, *Education in Rural America: A Reassessment of Conventional Wisdom* （*Boulder*, Colorado: West View Press, 1977）, p. 46.

Macdongald, J. , *The Process and Impact of School Closures in Four Rural Nova Scotion Communities* （Rural Communities Impacting Policy, 2003）.

Barty, K. , Thomson, P. , Blackmore, J. , & Sachs, J. , "Unpacking the Issues: Researching the Shortage of School Principals in Two States in Australia," *The Australian Educational Researcher* 32 （2005）: 1 – 18.

Leithwood , K. , & Jantzi, D. , "A Review of Empirical Evidence About School Size Effects: A Policy Perspective," *Review of Educational Research* 79 （2009）: 464 – 490.

Margaret, M. , *Culture and Commitment: A Study of the Generation Gap* (New York: Doubleday, 1970), p. 1.

McRobbie, J. , "Are small school better? School Size Considerations for Safety and Learning," *WsetEd* 10 (2010): 1 –6.

Mehana, M. , Reynolds, A. J. , "School Mobility and Achievement: a Meta-analysis," *Children and Youth Services Review* 26 (2004) : 93 –119.

Monk, D. H. , "Secondary School Size and Curriculum Comprehensiveness," *Economics of Education Review* 6 (1987): 137 –150.

AlexanderN. A. , "Race, Poverty, and the Student Curriculum: Implications for Standards Policy," *American Educational Research Journal* 39 (2002): 675 – 693.

Nitta, K. , Holley, M. , & Wrobel, S. , "A Phenomenological Study of Rural School Consolidation," *Journal of Research in Rural Education* 25 (2010): 1 –19.

OECD, *Citizens as Partners: Information, Consultation and Public Participation in Policy-making* (Paris: Organisation for Economic Cooperation and Development, 2001), pp. 21 –22.

Hanley, P. F. , "Transportation Cost Changes with Statewide School District Consolidation," *Socio-Economic Planning Sciences* 41 (2007): 163 –179.

Peshkin, A. , *Growing up American: Schooling and the Survival of Community* (Chicago: The University of Chicago Press , 1978), p. 161.

Govinda, R. , & Josephine, Y. , *Para Teachers in India: A Review* (International Institute For Educational planning, 2004) .

Bickel, R. , Howley, C. , Williams, T. , & Glascock, C. , "High School Size, Achievement Equity, and Cost: Robust Interaction Effects and Tentative Results," *Education Policy Analysis Archives* 9 (2001): 1 –32.

Spence, B. , "Long School Bus Rides: Stealing the Joy of Childhood," *Covenant House, Charleston, West Virginia* 4 (2000): 1 –13.

Sullivan, M. J. et al. , "School Change, Academic Progress, and Behavior Problems in a Sample of Foster Youth," *Children and Youth Services Review* 32 (2010): 164 –170.

Turner, C. C. , & Thrasher, J. M. , *School Size Does Make A Difference* (San Diego, CA: Institute for Educational Management, 1970), p. 1.

Lu, Y. C. , & Tweeten, L. , "The Impact of Busing on Student Achievement," *Growth and Change* 4 (1973): 44 – 46.

附录　调查问卷

校长调查问卷

尊敬的校长：

　　您好！

　　感谢您在百忙之中抽出时间来回答本问卷。请按您的实际情况选择题目的各选项，各选项没有好坏之分，不会对您产生任何不良影响，希望您能认真作答，真诚希望您的配合，谢谢！

　　学校所在地：_____省_____市_____县（区）_____镇（乡、街道办事处）_____村

　　学校名称_____

一　个人基本信息部分

1. 您的性别（　　　）

　　A. 男　　　　　　B. 女

2. 您的出生年月：_____年_____月。

3. 您的教龄：_____年；

　　您的本校教龄：_____年(注：可以填写小数)。

4. 您任校长多少年了：_____年；

　　您在本校任校长多少年了：_____年(注：可以填写小数)。

5. 您现在的职称是（　　　）

　　A. 中教高级　　B. 中教一级　　C. 中教二级　　D. 中教三级

　　E. 小教高级　　F. 小教一级　　G. 小教二级　　H. 小教三级

6. 您的第一学历是（　　　）（注：第一学历指您刚从事教师职业时的

学历）

A. 小学　　　　　B. 初中　　　　　C. 高中　　　　　D. 中师

E. 中专　　　　　F. 大专　　　　　G. 本科　　　　　H. 研究生

7. 您的最高学历是（　　　）（注：最高学历指您目前已获得的最终学历）

A. 小学　　　　　B. 初中　　　　　C. 高中　　　　　D. 中师

E. 中专　　　　　F. 大专　　　　　G. 本科　　　　　H. 研究生

8. 您的最高学历获得方式（　　　）

A. 全日制　　　　B. 函授　　　　　C. 自考　　　　　D. 三沟通

E. 其他_____

9. 您每周给学生上_____节课（　　　）

A. 不上课　　　　B. 1 节　　　　　C. 2 节　　　　　D. 3 节

E. 4 节　　　　　F. 5 节　　　　　G. 5 节以上

10. 您给学生上课的科目有（　　　）（注：可多选）

A. 不上课　　　　B. 语文　　　　　C. 数学　　　　　D. 外语

E. 历史与社会　　　　　　　　F. 地理　　　　　G. 物理

H. 化学　　　I. 品德与生活/品德与社会/思想品德

J. 生物　　　K. 体育/体育与健康　　　　　L. 信息技术

M. 音乐　　　　　N. 美术　　　　　O. 艺术　　　　　P. 科学

Q. 综合实践活动　　　　　　　R. 地方或校本课程

11. 您的月工资为_____元。

二　学校基本信息部分

12. 您所在的学校属于（　　　）

A. 完全中学　　B. 高中　　　　　C. 初中

D. 九年一贯制学校　　　　　E. 中心小学

F. 一般完全小学（有 1~6 年级）

G. 教学点（非完全学校）

13. 贵校位于（　　　）

A. 市区　　　　　B. 市郊　　　　　C. 县城　　　　　D. 镇

E. 乡　　　　　　F. 村屯

14. 贵校所在地的地形属于 （　　　）

    A. 高原　　　　B. 盆地　　　　　C. 平原　　　　　D. 丘陵

    E. 山地

15. 贵校大多数学生往返学校的路况是怎样的 （　　　）

    A. 非常好　　　B. 比较好　　　C. 一般　　　　D. 比较差

    E. 非常差

16. 贵校现有教师可以满足日常的教学需求吗 （　　　）

    A. 完全能满足　B. 基本能满足　C. 不能满足

17. 总体而言，贵校教师的教学工作积极性怎么样 （　　　）

    A. 非常高　　　B. 比较高　　　C. 一般　　　　D. 比较低

    E. 非常低

18. 总体而言，贵校教师的教学效果怎么样 （　　　）

    A. 非常高　　　B. 比较高　　　C. 一般　　　　D. 比较低

    E. 非常低

19. 据您所知，在贵校走读的学生中，离家最远的学生大约_____里（注：可填小数）。

20. 贵校现有_____个班级；贵校现有_____名学生；

    贵校现有教职员工共有_____名，其中专任教师有_____名。

21. 贵校所有班级中，规模最大的有_____名学生，规模最小的有_____名学生。

22. 从纪律管理的角度，您认为一所学校有_____名学生是最理想的，一所学校有_____个班级是最理想的。

23. 从教师管理的角度，您认为一所学校有_____名教师是最理想的。

24. 从课程开齐开足、方便排课的角度，您认为一所学校有_____个班级是最理想的。

再次感谢您的帮助，辛苦了！

学生调查问卷

亲爱的同学们：

你好！感谢你抽出时间对本问卷进行作答，问题没有对错之分，你只需依据你的实际情况作答即可。本问卷采取不记名方式，不会对你的学习和生活产生影响，再次感谢你的配合，谢谢！

_____市_____县（区）_____镇（乡）_____村 学校名称_____

1. 你是（　　　）

   A. 男生　　　　　B. 女生

2. 你的出生日期是_____年_____月。

3. 你现在是（　　　）

   A. 一年级　　　B. 二年级　　　C. 三年级　　　D. 四年级

   E. 五年级　　　F. 六年级　　　G. 七年级　　　H. 八年级

   I. 九年级

4. 你家所在地是（　　　）

   A. 县城　　　　B. 乡镇　　　　C. 村屯

5. 你父亲的受教育程度是（　　　），母亲的受教育程度是（　　　）

   A. 没上过学　　B. 小学未毕业　C. 小学毕业

   D. 初中未毕业　E. 初中毕业　　F. 高中（中专）毕业

   G. 大学（大专与本科）　　　H. 研究生

6. 据你所知，你住的地方到学校大约是_____里。（1 里 = 500 米，1 公里 = 1000 米）

7. 你一般从家到学校大概需要（　　　）分钟，从学校到家大概需要（　　　）分钟。

8. 上学期期末考试中语文 _____ 分；数学 _____ 分；外语（英语） _____ 分。

9. 你通常每天是怎么到学校的？（　　　）

    A. 步行　　　　　B. 骑自行车（电动车）　　　　C. 坐摩托车

    D. 坐公交车　　　E. 坐校车　　　　F. 坐自家的汽车（轿车）

    G. 乘坐租用的面包车、三轮车等

    H. 乘坐畜力车（马车或者驴车等）　　　　　　I. 其他

10. 与同学的相处中，你更喜欢和本村同学相处吗？（　　　）

    A. 非常喜欢　　B. 比较喜欢　　C. 一般　　　D. 不太喜欢

    E. 完全不喜欢

11. 当你生病时老师关心你吗？（　　　）

    A. 非常不关心　B. 比较不关心　C. 一般　　　　D. 有点关心

    E. 非常关心

12. 下课后，你愿意与老师主动交流吗？（　　　）

    A. 非常不愿意　B. 比较不愿意　C. 一般　　　　D. 比较愿意

    E. 非常愿意

13. 当你生病时同学很关心你吗？（　　　）

    A. 非常不关心　B. 不太关心　　C. 一般　　　　D. 有点关心

    E. 非常关心

14. 在上学的路上，你感觉害怕吗？（　　　）

    A. 非常害怕　　B. 很害怕　　　C. 一般　　　　D. 不太害怕

    E. 完全不怕

15. 父母为你购买上学所需的全部学具了吗？（　　　）

    A. 全部　　　　B. 大部分　　　C. 一半　　　　D. 小部分

    E. 没有

16. 父母经常跟老师沟通吗？（　　　）

    A. 总是　　　　B. 经常　　　　C. 一般　　　　D. 偶尔

    E. 从不沟通

17. 通常情况下，你每天早上到学校后感觉？（　　　）

    A. 非常累　　　B. 比较累　　　C. 一般　　　　D. 比较轻松

    E. 非常轻松

18. 在最符合你的那项上画√，谢谢同学们！

	完全不符合	不太符合	基本符合	非常符合	完全符合
1. 我喜欢上学					
2. 我在学校过得很开心					
3. 我认为学习是件快乐的事情					
4. 我心里面从来没有过不想上学的想法					
5. 我希望通过自己的努力使成绩更好					
6. 我希望可以上大学					
7. 如果有一天父母突然不让我上学了，我会非常难过					
8. 放寒暑假之后没过几天，我便会盼望上学					
9. 我每次生病都尽量不请假，不想错过上学的每一天					
10. 我认为读书很有用					
11. 我来上学是想学习知识					
12. 我是为了给家人争光才上学的					
13. 干一件不感兴趣但很有意义的事情，我能坚持把它干完					
14. 当天气状况很不利于上学时，我也会坚持去上学					

19. 你是学校所在村的孩子？（　　　）

    A. 是　　　　　B. 不是

20. 从家到学校你上学的道路状况基本上是？（　　　）

    A. 柏油马路　　　　　　　B. 宽阔平坦的土路

    C. 狭窄但平坦的土路　　　D. 山路（羊肠小路）

    E. 其他

21. 上学路上谁陪你一块？（　　　）

    A. 父母或其他长辈　　　　B. 哥哥姐姐或弟弟妹妹

    C. 小伙伴　　　D. 自己　　　E. 其他

22. 在学校，同学欺负你吗？（　　　）

    A. 每天都欺负　B. 总是欺负　　C. 经常欺负　　D. 偶尔欺负

    E. 从没欺负

23. 教你课的老师会特别照顾学校所在村的孩子吗？（　　　）

　　A. 所有老师都会特别照顾　　　　B. 大部分老师会照顾

　　C. 一半老师会特别照顾　　　　　D. 很少老师会照顾

　　E. 没有老师会照顾

24. 如果你不在本村上学，你会感到不适应吗？（　　　）

　　A. 非常不适应　B. 比较不适应　C. 一般　　　　D. 比较适应

　　E. 非常适应

25. 你在学校的小伙伴数量是？（　　　）

　　A. 没有　　　　B. 有点少　　　　C. 一般　　　　D. 比较多

　　E. 非常多

26. 你觉得现在的学习课程难吗？（　　　）

　　A. 非常难　　　B. 比较难　　　　C. 一般　　　　D. 比较简单

　　E. 非常简单

27. 父母为你提供舒适温馨的学习环境了吗？（　　　）

　　A. 非常舒适　B. 比较舒适　　C. 一般　　　　D. 不太舒适

　　E. 完全不舒适

28. 父母为你提供的条件，你非常满意吗？（　　　）

　　A. 非常满意　B. 比较满意　　C. 一般　　　　D. 不太满意

　　E. 完全不满意

29. 你心里面觉得上学的路途是？（　　　）

　　A. 非常遥远　B. 比较遥远　　C. 一般　　　　D. 比较近

　　E. 非常近

30. 你觉得从家到学校的路好走吗？（　　　）

　　A. 非常好走　B. 比较好走　　C. 一般　　　　D. 比较不好走

　　E. 非常不好走

31. 你早上上学迟到的情况？（　　　）

　　A. 总是迟到　B. 经常迟到　　C. 很少迟到　　D. 偶尔迟到

　　E. 从不迟到

32. 你父亲的职业：（　　　），你母亲的职业：（　　　）（职业是可以相同的）

　　A. 农民　　　　B. 农民工　　　C. 城市里无工作者

D. 工人　　　　　E. 个体工商户（小业主、工商户、个体户）

F. 军人　　　　G. 商业服务人员　　　　H. 公司员工

I. 专业技术人员（如医生、教师、工程师等）

J. 政府工作人员

33. 如果你早上到学校后感到疲惫，你通常什么时候能集中精力学习？
（　　）

A. 从不感到疲惫　　　　　B. 第一节上课时

C. 第二节上课时　　　　　D. 第三节上课时

E. 第四节上课时　　　　　F. 午休以后

34. 每天放学后，你的学习时间（包括做作业的时间）充足吗？（　　）

A. 非常充足　　B. 比较充足　　C. 一般　　　D. 不太充足

E. 非常不充足

35. 当你生病时，老师关心你吗？（　　）

A. 非常不关心　B. 比较不关心　C. 一般　　　D. 有点关心

E. 非常关心

36. 在学校，周围的同学们喜欢你吗？（　　）

A. 非常喜欢　　B. 比较喜欢　　C. 一般　　　D. 不太喜欢

E. 非常不喜欢

37. 你是否有独立的学习空间？（　　）

A. 有　　　　　B. 没有

38. 在学校上学，你会感到烦躁吗？（　　）

A. 总是　　　　B. 经常　　　　C. 有时　　　D. 很少

E. 从不

39. 教你课的老师会格外照顾你吗？（　　）

A. 所有老师都会　　　　　B. 大部分老师都会

C. 一半老师会　　　　　　D. 很少老师会

E. 没有老师会

40. 每天放学回家后，你会用_____小时_____分钟的时间来学习（包括写作业的时间）。

41. 你每天放学回家后，玩耍的时间是_____小时_____分钟。

42. 你每天晚上的睡眠时间大约是_____小时。

后 记

学校布局调整问题是教育研究中的重大理论、政策与实践问题，是本人持续关注的一个问题。早在 21 世纪之初，我们就对学校布局调整进行了调查与研究，并在调研的基础上，于 2001 年 12 月在《东北师大学报》（哲学社会科学版）上发表《县域学校布局调整战略研究》，此后持续关注学校布局调整问题，并且陆续发表研究成果。2012 年，本人申报并获批教育部人文社会科学重点研究基地重大项目"农村学校布局调整评价研究"（课题批准号：12JJD880009）。2012 年，本人入选教育部新世纪优秀人才支持计划，在该计划中，"农村学校布局政策"被确定为研究主题。2014 年，本人被评选为吉林省人民政府"长白山学者"特聘教授，并将"城乡教育资源合理配置战略"作为未来持续加强研究的三个重要主题之一。2015 年，本人被评选为教育部"长江学者奖励计划"首届青年学者，并把"农村学校布局调整深化研究"作为未来重要研究主题之一。这些项目为本人持续深入研究农村学校布局调整提供了重要平台，本书就是"农村学校布局调整评价研究"课题的研究成果。同时，依托这些人才计划项目，本人不断对农村学校布局调整评价进行深化研究。相关的研究成果与思考部分反映在本书之中，从这个意义上讲，本书也是这些人才项目的研究成果。

本书由本人负责整体框架设计，并最终统稿定稿。具体写作任务：导论（秦玉友、赵忠平）；第一章"农村学校布局调整的价值诉求"（宋维玉、秦玉友）；第二章"农村学校布局调整的社会代价"（单成蔚、曾文婧、秦玉友）；第三章"校长视角下的理想学校规模研究"（曾文婧、秦玉友）；第四章"家校距离对农村学生上学影响的实证研究"（李维、赵雅婧、于龙）；第五章"人口流入主导型县域学校布局调整研究：浙江温岭"（曾文婧、秦玉友）；第六章"人口稳定型县域学校布局调整研究：吉林东丰"（单成蔚、曾文婧）；第七章"人口流出主导型县域学校布局调整研究：甘肃庄浪"（李维、曾文婧、赵忠平）。郑美娟、杨柳、许怀雪、张金龙、张宗倩、刘康洁、孙阳阳、隋悦、陈英英、綦文惠参与了书稿的校对工作，赵忠平、曾文婧最终校对了书稿。

　　本书能够出版，首先感谢教育部社科司立项课题的支持，感谢课题评审专家对课题开展提供的建议。感谢给本课题研究直接指导或通过他们研究工作给本课题重要启发的专家学者，感谢后续人才计划对深化研究农村学校布局调整评价的项目支持。感谢参与本课题研究的教师和同学，感谢在调研过程中对本研究给予支持和帮助的地方领导、学校领导、教师、学生、家长和村民等。感谢社会科学文献出版社的负责同志与编辑的细致工作。

秦玉友
2018 年 1 月于长春